普通高等教育"公共基础课系列"精品教材

大学生创新创业

吕　娜　鲁　玲　主编

中国原子能出版社
China Atomic Energy Press

图书在版编目（CIP）数据

大学生创新创业 / 吕娜，鲁玲主编. -- 北京 ：中国原子能出版社，2020. 9 （2021.9重印）
ISBN 978-7-5221-0856-8

Ⅰ. ①大… Ⅱ. ①吕… ②鲁… Ⅲ. ①大学生-创业-教材 Ⅳ. ①G647. 38

中国版本图书馆 CIP 数据核字（2020）第 169887 号

大学生创新创业

出版发行 中国原子能出版社（北京市海淀区阜成路 43 号 100048）
责任编辑 蒋焱兰 刘佳
责任印制 潘玉玲
印 刷 三河市南阳印刷有限公司
发 行 全国新华书店
开 本 787 mm×1092 mm 1/16
印 张 13. 5
字 数 340 千字
版 次 2020 年 9 月第 1 版 2021 年 9 月第 2 次印刷
书 号 ISBN 978-7-5221-0856-8
定 价 68. 00 元

网址：http：//www. aep. com. cn E-mail：atomep123@126. com

PREFACE

前　言

党的十九大报告提出，要“提供全方位公共就业服务，促进高校毕业生等青年群体、农民工多渠道就业创业”，并且还明确指出，“必须坚定不移贯彻创新、协调、绿色、开放、共享的发展理念”“培养造就一大批具有国际水平的战略科技人才、科技领军人才、青年科技人才和高水平创新团队”。其实，早在2015年5月，国务院办公厅就印发了《国务院办公厅关于深化高等学校创新创业教育改革的实施意见》（国办发［2015］36号），明确要求地方和高校树立先进的创新创业教育理念，加强创新创业教育，注重大学生创新精神和创新创业能力的培养。

为了指导大学生创新创业，编者团队结合当前大学生创新创业的现状，总结多年从事大学生创新创业教学和指导工作的实践经验编写了本书。

本书具有以下特点。

1. 系统性与针对性相结合

创新指导创业，创业实现创新。本书的写作目的是帮助大学生树立创新的意识，指导大学生创业。

2. 体例科学，栏目丰富

本书设有引导案例、延伸阅读、思考练习等栏目。书中用引导案例导入课程相关知识点，在讲述知识的同时，通过延伸阅读加深学生对创新创业基础知识的理解。每章后设置思考练习帮助学生进行复习和巩固。

3. 深入浅出，贴近实际

本书以通俗的语言介绍了创新创业的基础知识，对一些理论性较强的知识辅以案例进行重点讲解，并引导大学生运用案例分析的方法进行学习，培养其独立思考问题、分析问题和解决问题的能力。

本书的编写参阅了教材和其他文献，在此谨向作者致以衷心的谢意。限于编者水平，书中难免存在不妥之处，望读者批评指正。

编　者

CONTENTS

目　录

CHAPTER

第一章 创新创业教育概论

引导案例

探秘哈佛大学创业教育——不仅教人开公司

在美国教育界流行着这样一种说法，如果说哈佛大学是全美所有大学中的一顶皇冠，那么哈佛商学院就是这顶皇冠中最璀璨的一颗宝石。

而哈佛的创业教育，更是被誉为美国创业界的“伊甸园”。哈佛大学的创业教育内容全面综合，几乎囊括了各行各业，50%的哈佛商学院毕业生在毕业后10~20年内都成了企业家。

微软、Facebook、高盛、彭博，这些划时代的符号，都由哈佛学子创造。哈佛大学的创业教育对整个行业是一种引领性的存在。

◆创业伊甸园

美国高校创业教育的历史，可以追溯到20世纪40年代。第二次世界大战后，从太平洋战区回来的哈佛大学教授迈尔斯·梅斯发现，政府急需大量新企业刺激经济。为此，他开设了一门名为“新企业管理”的选修课。这被视为创业教育的起源。

“我们认为创业教育并不是一门心理学。创业教育是要教给学生一种管理的方式，它是后天习得的真才实学，并非与生俱来的空洞说辞。”哈佛大学阿瑟·洛克创业中心的媒体发言人詹姆斯对《第一财经日报》记者表示。

哈佛大学商学院没有专业之分，所有的MBA都要学习综合管理课程，但可以选择不同的发展方向。他们也没有教科书，所有的课堂都是案例学习。

世界各地商学院所运用的案例中，80%是在哈佛商学院制作的，而在过去的10年中就有1200多个案例是关于创业的。

哈佛商学院会尽力把每一位案例中的主人公请到校园来。试想，如果在做Facebook的案例分析时，马克·扎克伯格就在课堂上，无疑将是最生动的案例和学习机会。

“所有的人都在教学，所有的人又都在学习，包括学校的教职员工。”哈佛大学阿瑟·洛克创业中心主管梅雷迪思告诉《第一财经日报》记者，“这就是哈佛的课堂。”

目前，“如何在中国创业”也在哈佛商学院掀起了一股热潮，教授该课程的教授伊莉莎白认为，中国是完全不同的“生态系统”，有不同的政策，如何和当地建立关系，开启一个企业和天使投资，都值得研究。

◆企业家精神才是最重要的

从2010年以后，阿瑟·洛克创业中心开设了一个新的项目“洛克加速奖”，以帮助学生制造出最小化的实验产品，并投入市场，梅雷迪思告诉《第一财经日报》记者。

与其相对应的是原创部落，每周有150个部员聚集在一起，进行一场头脑风暴，数月下来，最终挑选出最好的想法和投资人。

最小化可行产品基金和暑期奖学金都可以用来支持学生的创业互动，而创意实验室也将提供给他们足够的空间。

一间宽敞明亮的几百平方米的实验室，灰色的地毯上是不规则摆放的大桌子、椅子或者沙发，人们自行地把它分成了不同的区域，中间错落着写满文字或符号的白板。他们看着电脑，或者在拼接不同的纸样图片，或者在讨论，或疯狂地打着游戏，这里就是哈佛大学创意实验室最常见的景象。

除了拥有创业实验室外，哈佛大学所在地波士顿还拥有广大的人脉资源。“在聚集了哈佛、麻省理工等众多名校的波士顿，经常会有各种创业论坛、会议或者名人讲座，几乎每天都有这样的活动便于你去发展和积累人脉资源。”在哈佛商学院和肯尼迪政治学院攻读双学位的塞尔希奥告诉《第一财经日报》记者。

一所顶级学府的教育如果只是在等待像比尔·盖茨那样的天才出现是远远不够的，教育者们会将每一位普通学子推向理想的航向。

“我们不是只教人如何开设一个新的公司，我们也看重他们在成熟大公司里可以扮演的角色。他们的影响力，让他们成为改变世界的人物，让他们可以驾驭新思想，创造市场和新的就业机会。他们的企业家精神和思维才是最重要的，这就是贯穿这所学校的精髓。”梅雷迪思对本报记者表示。

第一节　大学生创新创业教育概述

一、大学生创新创业教育的概念

（一）创新创业的概念

1. 关于创新

创新是人们认识、发现、改变及改造自然和社会的一种实践活动，就是去创造发明一些新的东西或在已有的基础上做某些改变、改进的过程。

在创新的认识方面，无疑，最具权威的首推奥地利经济学家、创新理论的奠基人熊彼特。他认为“创新”就是建立一种新的生产函数，也就是把一种新的生产要素和生产条件的“新组合”引入到生产体系中。按照熊彼特的理解，创新应该包括五种情况：一是引进一种新产品，二是引入一种新的生产方法，三是开辟一个新的市场，四是采用一种新的原材料，五是建立一种新组织（或制度）等。当代著名的管理学大师德鲁克在其所著的《创新与企业家精神》一书中还发展了熊彼特的创新理论，他认为创新是赋予资源以新的创造财富能力的行为。

总之，创新是一个民族进步和国家发展的不竭动力，是当今任何个人和组织生存发展的立足之本，是竞争制胜的法宝。可以说，人类社会发展的历史就是一部充满了创新、创造性思维实践和创造力发挥的历史。

2. 关于创业

《辞海》中关于“创业”一词的解释是“创立基业”，即指人类的创举性活动，或带有开拓、创新精神，并具有积极意义的社会活动。

杰夫里·蒂蒙斯（Jeffry A. Timmons）在其《创业学》中对创业的解释是：创业是一种思考、推理和行为方式，它为机会所驱动，需要在方法上全盘考虑并拥有掌控全局的领导能力。

当今学者在理论上并没有给创业一个普遍接受的定义，主要从狭义和广义的角度做出了理解。狭义上的创业指的是创建一个新的企业，广义上的创业指的是创造新事业的过程。

本书对创业的定义是：创业是创业者在充分认识创业环境的基础上，把握商机，创造创业条件，经过创业策划，建立并运行经济组织，为社会和个人创造价值和财富的活动过程。

3. 创新与创业的关系

创新是创业的基础和前提，其核心和本质是为创业服务的。而创业是创新的载体和外在表现形式，是创新的目的与归宿，反过来也会推动创新。很多时候，创业成功与否取决于创新的程度，所以从这个意义上来说，创业就必然需要创新，但创新不一定是创业。

（二）大学生创新创业教育的概念

1. 创新创业教育

创新创业教育的概念，源自联合国教科文组织在1989年面向21世纪教育国际研讨会上提出的一个全新的理念，即“事业心和开拓技能教育”，此后被我们引申为创新创业教育。目前国内学界对创新创业教育的理解主要有两个学派：一派把它等同于创新教育或创业教育；另一派把它理解为两者的兼顾与结合。个人认为要正确理解创新创业教育，必须以理解创新教育和创业教育为基础。

创新创业教育是知识经济时代的一种全新教育观念和教育形式，结合我国的国情与国民素质条件，从广义上来说，是创造一种开展新事业的教育；从狭义上来讲，是一种创造新职业、新工作岗位的教育。这种教育的内涵是要培养被教育者的事业心与开拓能力，目标是培养具有创新创业意识、创新创业思维、创新创业能力和创新创业人格的高素质应用型人才，即培养被教育者适应社会生存和发展的能力，以及掌握自我创业的方法和途径。因而，创新创业教育是一种主体性教育，是一种更高层次的素质教育。注重开创性和个性发展，以培养和提高人的创新精神和创业能力为主，从而形成创新创业基本素养。

2. 大学生创新创业教育

我国大学生创新创业教育是前教育部部长袁贵仁于2010年4月，在北京召开的为推进高等学校创新创业教育专题工作会议上提出的，强调各地和高等学校要着力提高学生的创新精神和创业能力，大力加强创新创业教育。大学生进行创新创业教育是当前教育改革发展的方向，是为了开发大学生创新思维、点燃创新创业激情，为适应社会和经济发展需要而开展的一种新型教育教学实践活动，也是高等学校教学理念与实践深入改革的发展趋势。

大学生朝气蓬勃，接受新生事物的速度快，自主能力强，掌握着丰富的理论知识，有着强烈的创新创业欲望，是国家和社会未来发展的中坚力量。所以对大学生进行创新创业教育，使这些未来的决策者和建设者成为实现创新型国家发展战略的践行者，是我国高等教育的一项重要战略。针对大学生进行创新创业教育，提高大学生的创新创业能力意义重大且深远。大学生创新创业教育旨在提高大学生创新创业的基本素质，培养他们的创新创业能力，全面推进素质教育，使他们成为我国具有开拓精神的创新型人才。

二、大学生创新创业教育的目标和内容

（一）大学生创新创业教育的目标

作为继学术教育、职业教育之后的“第三本教育护照”，创新创业教育是世界教育发展的趋势和方向，也是21世纪中国高等教育改革的重点和必然选择。大学生创新创业教育的基本目标是结合我国高等教育的实际，大力推进从应试教育向素质教育的转变，适应世界教育发展和改革的趋势，开发和提高学生的创新创业基本素质，培养大学生的事业心、创新和创业精神，把学生培养成具有创新创业基本素质和企业家思维的新一代复合型经济与管理人才，教授给学生捕捉商机的眼光和组织资源的能力，为学生发展开拓出更大的发展空间。

创新创业教育提倡探索精神的培养，强调在学习实践过程中善于发现新鲜事物、运用新方法，鼓励开发创造的潜能，提高学生灵活运用所学知识创造性地解决问题的能力。因此，从广义的角度理解，创新创业教育的目标是要培养大学生基本的创新创业素质，以弘扬人的主体精神、个性和潜能的开发为宗旨，促进大学生创新创业能力教育发展体系的构建，营造一个有利于创新创业教育全面实施的全民教育和终身教育的环境。

（二）大学生创新创业教育的内容

创新创业教育内容极其丰富，涵盖面十分广泛，主要包括创新创业意识、观念、素质、精神、能力、心理品质、综合知识等各方面的培养。教育内容涉及创新教育、创业教育、心理教育和专业教育。在教育的方式上多种多样，可以通过课堂教学、校内实践和校外拓展等。与此同时，还要提供学生创新创业咨询、信息服务和相关的技术支持，为大学生设立创新创业扶持资金、专项基金，搭建各种科研平台等；并对大学生开展有针对性的创新创业课程培训和实训，提供创新创业场所和基地。

1. 创新创业意识熏陶

创新创业意识是指人对创新创业活动自觉的反映，它会对创新创业者行为起到促进和产生动力的个人心理倾向的作用，包含需要、动机、意志等心理成分。需要是源，动机是泉，意志是刃，支配着创新型创业者的态度和行为。创新创业意识是创新创业活动的根本原因。大学生创新创业意识教育属于普及化程度的教育，旨在对学生进行商业扫盲和树立理想目

标。只有具有了创新创业的意识，才具备了创新创业行动的思想基础。如果将其外延扩大，也可以理解成“开拓意识”，也就是通俗意义上所说的“闯劲”。结合我国实际情况，可以说大部分地区创新创业文化和氛围不强，在创新创业教育的初期，培养全体学生的开拓意识，对提升国家和社会对创新创业的认可和整个国家的开拓进取精神具有重要的意义。

2. 创新创业观念教育

创新创业观念属于思想的范畴，是对创新创业的意义、目标以及行为的理解和认识。大学生创新创业观念教育可以帮助学生更新创业观念，避免走入创新创业误区，引导学生积极主动地去探索和思考毕业后前进和努力的方向。我们需要帮助大学生更新“大学生是天之骄子”的思想观念，避免“守株待兔”的被动就业，避免守业型教育与知识经济时代对人才需求的不适应现象发生。

3. 创新创业素质提升

一位国外物理学家认为，现在重要的不是获取知识，而是发展思维的能力。大学生要迈出创新创业的第一步，就需要具备明显的素质和个性特征。创新创业素质包含了政治思想素质、道德素质、心理素质、技能素质及身体素质等。政治思想素质事关创新创业者努力的方向，道德素质对创新创业的行为起到规范作用，心理素质表现为对创新创业面临的风险和困境的反应态度和压力的承受程度，技能素质关系到创新创业成败的结果，身体素质是做好一切创新创业工作的前提和基础。

4. 创新创业精神激励

创新创业精神是创新创业者在创新创业活动中表现出来的勇于进取、开拓创新、艰苦奋斗、勇担责任、团队合作等精神品质。美国斯坦福大学教授推孟在 30 年中追踪研究了 800 人的成长历程，发现其中成就最大的 20% 与最小的 20% 最明显差异就在于个性的不同，高成就者具有自信、进取心、敢为、坚持性等特征。所以，要培养大学生成为一名成功的创新创业者，就必须鼓励大学生树立开拓创新与敢为人先的精神，教育大学生学会自我发展和自我管理。

5. 创新创业心理品质塑造

健康的心理品质是创新创业成功的主要条件。创新创业心理品质是指在创业实践活动中对人的心理和行为起调节作用的个性意识特征，也就是我们通常所说的情感与意志，主要包括与创新创业有关的人格方面的心理素质，以及情感过程与意志过程等。在大学生创新创业教育过程中，要针对大学生心理脆弱、素质缺陷等问题，重塑大学生敢于面对风险、经得起挫折和失败打击、善于与人合作、稳重待人处事等心理品质。

6. 创新创业能力强化

创新创业能力是创新创业型人才所应具备的核心素质，指在面对不同的创新创业环境，创新创业者具备开展创新创业活动，圆满解决创新创业过程中的问题，并确保创新创业活动取得成功的本领。笔者认为创新创业教育中应主要对创新创业者强化培养的能力包括：创新创业认知能力（认知环境、自我和把握机会的能力）、专业职业能力（经营管理，科技运用，分析、解决问题，应变能力等）、社会能力（社会交际和适应能力）等。

7. 创新创业综合知识构建

阿基米德说："给我一个支点，我就可以撬起整个地球。"知识就是创新创业的支点。没有或者只有单一的知识，单凭能力和热血，创新创业是不可能成功的。创新创业活动是一项系统工程，涉及多领域、多学科的知识范围，创新创业者必须根据创新创业活动需要构建综合知识体系。创新创业综合知识体系应该包括与创新创业活动相关的专业知识、技术知识、经营知识、管理知识和法律知识等。比如，创新创业过程中所需涉及的基本政策法规、税收制度、市场环境等内容的分析以及经济核算方法、企业经营管理特点、商务谈判技巧、公共关系运作等要素的手段、方式、途径等多方面内容。

三、大学生创新创业教育的特征和功能

（一）大学生创新创业教育的特征

创新创业教育作为一种全新的教育理念和教育模式，与传统教育相比，有显著的优越性。其显著特征如下。

1. 先进性

创新创业教育是一种前沿性全新理念，它的提出和发展史并不长，尤其在我国还是近几年的事情，在世界范围内也还没有一个完整的模式可供参考，在实践中更没有一个统一的样板可资借鉴，需要我们不断去探索。创新创业教育所瞄准的是未来教育发展的趋势和需要。因具有先进性，所以创新创业教育的实施对社会环境提出了更高的要求，因此，创新创业教育紧扣着时代脉搏，发展了创新型国家理论，体现了时代精神，是一种先进的、科学的、全新的教育理念和模式。

2. 系统性

每一位大学生的背后都寄托着一个家庭的殷切希望，大学生创新创业教育关乎着数百万家庭的幸福与和谐，可以说也寄托着社会各界乃至整个国家发展的希望与期盼。教育部颁发的有关文件就特别强调指出，要把创新创业教育纳入高等学校专业教育和素质教育体系，制订教学计划和学分体系，把创新创业教育课程建成多层次、立体化的教育教学体系。由此可以看出，创新创业教育是一个复杂而庞大的系统，它的教育过程需要通过各种可利用的教育方式来实现，不仅有理论，也有实践，而且要在不断探索中前进；它的内容涉及社会、经济和文化各个层面的交叉；它的实施不仅需要高校的教学教育，而且需要社会各界的支持与理解。只有通过广泛联系与交流，它的科学系统性才能发挥良好的效果。

3. 实践性

要想用最简捷的办法让学生知晓创新创业的流程、知识、技巧以及通常遇到的一些问题，做到准确把握，有的放矢，在教育教学实践中就必须改革传统的以教师为主的教学模式，让学生成为创新创业教育的主体，增强实践锻炼。因此，在人才培养的过程中，应组织有经验的一线老师，借鉴先进院校的做法，更多地为学生搭建实践性平台，全面推广实践教学，在实践过程中掌握创新创业的本领，着重强调受教育者社会行动能力的培养，在实践中学到书本上没有的社会生存和处事的方式与方法，让学生尽快适应和融入社会生活。加强社

会实践活动是创新创业教育的一个重要环节，通过社会实践，使受教育者能正确地面对社会现实，并根据社会需要提高相关职业能力和自身的素质。

4. 灵活性

相比于其他教育模式而言，创新创业教育没有固定的模式，可以通过各种方法、途径去实现，具有非常大的灵活性。创新创业教育是以市场为导向，以能力培养为目标的教育。新颖的体例、鲜活的内容、恰当的实训、创业的思考等都可以灵活运用。教育活动中素材的选择和应用会随着环境的不同而变化，在实践中为适应不同层次的需要所产生的价值也会不同，从而能较好地满足不同学生的学习需要。创新创业教育可以锻炼、培养、提高学生各方面的能力，要灵活设计教学环节，采取多种多样的教学手段，因地制宜，因时制宜，做到个性化教育。

（二）创新创业教育的功能

创新创业教育是一个完整的系统，具备服务社会、深化教育改革和促进大学生全面发展等功能。

1. 服务社会功能

创新创业教育作为一种社会实践教育活动，对于服务国家、促进经济发展方式转变、建设创新型国家等起着非常重要的作用。一个国家的社会创新创业教育水平越高，社会效益和经济效果就越好，社会培养的创新创业型人才成长就越快，人们的物质文化生活水平增长也就越快，从而极大地推动社会的发展繁荣与进步。创新创业教育无疑已经成为社会经济增长的一个非常重要的积极的促进因素。创新创业教育还有利于从根本上解决社会就业难题，消除社会不稳定因素的存在，建设和谐社会。现在我国经济正处于稳定增长状态，发展创新创业教育对推进社会稳定，建设人力资源强国显得尤为重要。发挥好创新创业教育的社会功能，将有助于使受教育的学生将来成为社会财富的创造者和社会发展的有力推动者。

2. 深化教育改革功能

高等学校通过把创新创业教育纳入学校改革发展规划，纳入教育教学评价体系，从根本上对传统教育理念进行深层次改革，确立与之相适应的新的人才培养模式，制订专门计划，明确职能部门，改革现有的专业教育和课程体系，将对提高高等学校人才培养质量，保证高等教育持续、健康发展起到重要作用。通过树立科学发展观，开展教学内容、教学方法与评价方式的创新，将有助于大学生创新创业教育走出传统教育理念的局限性，推进教育方法的启发性与参与性，使课堂教学的体验性和开创性得到有效发挥，不断实现教育功能的跨越式发展，培养出具有开拓创新精神和国际竞争力的创新创业型人才。由此可见，创新创业教育将深化高等学校改革，更好地适应市场经济对人才培养规格的要求，适应国家对知识型、创新型创业人才培养的发展战略需要，适应世界高等教育发展的新趋势。

3. 促进大学生全面发展功能

创新创业教育是一种培养学生走向成才和成功的教育，强调全面开发人的潜能，培养学生创新性思维方式，培养学生的专业技术、社交和经营管理等多方面技能，通过树立正确的人生观、价值观、世界观，从而确定自己的职业生涯，获得人生的成功。创新创业教育始终坚持以人为本，坚持面向全体，弘扬人的主体性和自由个性，帮助学生学会处理好个人、集体、社会三者之间的关系，提供一个可以自由翱翔和设计的空间，通过完善自身的技能，不断提高自己的创造力，为在未来职业工作中打下良好的基础。通过努力成功创业，可以升华自己的人格，实现自己的理想，证明自己的价值。所以创新创业教育的学习和实践，既能培养学生健全的人格，又能拓展知识和能力，从而有益于拓展大学生素质，促进人的全面发展。

延伸阅读

"90后"创业女大学生成功开店

穿着背带裤、短袖T恤，剪个妹妹头，"90后"小女孩小徐在云南某大学小有名气，同学们都称呼她"徐老板"。这个小女孩当年用6000元本钱开店，摸爬滚打两年，月营业额已经达到3万元左右。她的成功给很多大学生创业者树立了典范。对资金、能力、经验都有限的大学生创业者来说，一定要根据自身特点，找准"立锥之地"，才能闯出一片新天地。

一、创业全靠6000元积蓄

小徐大一进校时，刚17岁的她就趁课余时间做兼职，发过传单、卖过牛奶、当过信用卡业务员、代理过茶艺师培训资格申请，积累了不少经验。"其实我还是想创业。"怀着梦想，小徐四处搜集开店信息。她最初打算开一家餐饮加盟店，但最后因加盟费太高而放弃，她只有6000元积蓄。怎么办呢？小徐决定选一个门槛较低的行业。经过考察分析，她决定在家乡宣威开家女装店。

说干就干，她先以350元的月租盘下一间铺面，交了2100元的房租。为了省钱，她自己装修，花200元买来麻绳，再花100元买来乳胶漆刷墙，又花50元买了个旧柜台，花150元买来灯具，花200元买衣架、模特等，700元就搞定了室内装修。剩余的3000多块钱，小徐进了第一批货，并雇用了一名店员。一年过去，这家小店赚了2万块。

二、成功全靠摸清市场

虽然大学生创业的有很多，但他们大部分因为经验欠缺、能力不足、意识偏差等，创业成功率较低。小徐则不太一样，第一桶金给了她不少信心，尽管过程很辛苦，但她觉得很值。不过，小徐并不满足现状。

2019年10月，小徐经过市场调查后发现，学校周围仅有两家花店：一家花艺技术不高，顾客对此有意见；另一家价钱较高，学生承受不起。小徐当即决定，在学校附近开一家花店，销售鲜花和盆栽，力争做到"花艺精美，价格低廉"，"让所有同学都能消费得起这份浪漫"。她随即将服装店以5000元转让，用此前赚的2万元积蓄开始了第二次创业。

再次打点店铺，小徐仍是自己动手装修、粉刷。由于顾客主要是年轻大学生，小徐还给店铺取了个浪漫的名字——那时花开。自花店开张以来，由于物美价廉，生意一直较好，附近许多大学生前来光顾，每个月的营业收入在3万元左右。小徐又一次令人艳羡不已。

"对于没有资金、没有背景的大学生来说，我们只有双手和想法。如果想创业，别找借口说自己没钱，我的启动资金也是靠自己平时积攒的；别找借口说自己没能力，能力都是锻炼出来的，只要有胆量和激情就够了，因为我们还年轻，应该用拼搏去迎接明天。"小徐寄语同龄大学生，引起共鸣。

第二节　大学生创新创业教育的必要性

大学生拥有最好的学习环境和最优的学习资源，再加上活跃的思维使得大学生成了最具有创新能力的群体。作为中国未来发展的主要参与者和领导者，大学生同时还承担着实现“创新型国家”这一伟大历史使命，所以正确地引导大学生的创新思维和培养大学生的创业观念极其重要。创新创业教育就自然而然地成为高校教育的一门重要课程。

创新创业教育最为成功的当属美国，根据 1996 年美国斯坦福大学商学院的统计显示，从斯坦福大学出来的学生创新创业的收入占到了当时整个硅谷总收入的 60%，这说明大学生创新创业教育对于整个国家的科技和经济发展都能起到不可小觑的作用。

世界经济已经步入了知识经济时代，大学生创新创业是这个时代的主导之一。原因有如下几点：其一，知识经济是以高新科技为载体的经济，本质就是创新，大学生最富有创新精神和冒险精神，同时还掌握着高新技术，拥有专业知识，他们将责无旁贷地担负创新创业职责；其二，随着市场的发展，社会的需求越来越多样化，产品的多品种、小批量变成了当今社会需求的新特点，在这种情况下拥有高新技术的小型企业具有打入及占领市场的相对优势；其三，随着高等教育从精英教育改革成为大众教育以后，就业竞争演变得越来越激烈，大学生创业不仅能解决自身的就业问题，同时还提供了大量的工作岗位，有利于社会的稳定和发展。

清华大学经管学院中国创业研究中心完成的第七份全球创业观察中国报告中显示：第一，中国的创业活动在全球仍然处于活跃状态，在全球 60 个参与成员中排名第 15 位；第二，就创业动机而言，尽管机会型创业的比重高于生存型创业，但是机会型创业的比重与之前相比并没有显著的提高；第三，高学历创业者排在全球创业观察的 60 个参与成员的第 22 位，明显低于总体创业活动比较中中国的全球排名。也就是说，中国目前创业环境良好，但是具有较高素质的大学生创业比例较低，整个中国未来创业的“质量”有待大学生们来为之奋斗，使之提高。因此，开展大学生创新创业教育非常必要。

一、高校推进自身建设改革的需要

近年来，在国家和社会的支持下，我国的高等教育在素质培养上取得了较大的成绩，但在国家创新型发展战略面前，如何启发学生的思考力，加快培养学生的实践力，改革现行人才培养模式，对作为人才摇篮的高校提出了新的课题。因此，开展大学生创新创业教育对高校自身的建设与改革无疑起着至关重要的基础性作用。高等教育的前瞻性、实用性、系统性成功与否，直接关系到高校能否为社会输送符合要求的高技能人才。目前高校教育结构和培养目标的调整却相对滞后，高校应按照素质人才培养方案要求，严格遵循教育教学规律，最大程度地体现高等教育的特点及时代发展的要求，做出从传统的“接受继承”教育转为以“创新创业”为主的新型教育模式的重大转变。通过深化教育体制改革，加快开展创新创业教育步伐，提高人才培养水平，使之不落后于我国经济发展状况对人才的需求。创新创业教育是高校积极应对经济发展要求的表现，是市场经济条件下高校培养高素质创新创业型人才的必然选择。

高校承担着培养高素质技术、技能型人才的重任，随着我国经济的腾飞，创新创业型人才的缺乏会越来越成为影响经济进一步快速健康发展的瓶颈。创新创业教育是全社会的事情，更是高校义不容辞的责任。这一现状对于我国高等教育的改革和发展而言，既是挑战，更是机遇。

高校的基本功能是教学、科研和社会服务，根本任务是人才培养。“学生适应社会和就业创业能力不强，创新型、实用型、复合型人才紧缺”，这是我国教育当前面临的严峻的现实问题。当今世界各国都已充分认识到高校在创新型国家建设中具有提供有力的人才和智力支持的重要作用，从而把高校纳入国家创新体系的重要组成部分，大力推进创新创业教育。创新创业教育的理论体系建立在众多学科的交叉点上，是一门新型综合应用社会科学，众多学科相互渗透，为创新创业教育奠定了极其厚实的理论基础。创新创业教育作为培养创新精神、提高创新能力的主要部分，随着国家教育战略主题的进一步明确而必然得到加强。高校不仅是作为知识传播、人才培养、发展科学技术的场所，也将是哺育知识型企业的重要依托。所以说，高校必须不辱使命，顺应时代要求，深化改革，大力推进创新创业教育。

二、培养创新创业型人才的重要手段

适应市场经济发展需要、建设创新型国家、培养高素质创新创业型人才，是社会赋予创新创业教育的历史重任。知识经济时代的发展使得创新型人才成为高校培养的目标是全社会的迫切需求。而创新创业教育是培养并造就大批创新型高素质人才的重要手段。以知识、信息和能力为主要支撑的知识经济，为大学生创新创业型就业提供了现实可能性，同时也对大学生各方面的能力提出了更高的要求。

自20世纪晚期人类进入了“知识经济”时代以来，创新就一直成为知识经济发展的核心动力，也是提高国家综合国力的重要武器。各经济主体竞争的焦点不仅包括资金、技术等传统资源，还包括以人力资本为基础的创新能力。为实现人才培养目标，通过实施创新创业教育，来增强学生的创新创业意识，提高学生的社会实践能力和技巧，培养善于创新的新型人才，从而全面提高高等教育人才质量。建设创新型国家的关键是培养创新型人才，切实有效的创新创业教育不仅对经济的快速发展起着极强的推动作用，同时，对于构建社会主义和谐社会来说也是必要之举，以创新为核心的创业精神在新创企业和已存在的企业中都被看成是非常重要的竞争因素。

据统计，我国中小企业提供了城镇75%的就业岗位，其中15%快速成长的新企业占了94%的新职位净创造。统计还发现，我国70%的发明专利和82%的新产品开发都是中小型企业完成的。其中，近1/3的快速成长企业通常集中在互联网、生物科技、设计等高科技和文化产业。由此可以看出，高科技创业企业创新型人才在引导技术改良和生产力增长的创新中发挥了重要作用，也体现了对创造新职位吸纳劳动力的优势。温家宝同志也曾做出培养创新人才的重要讲话。在百所大学校领导聚首中南大学畅谈高校创新创业教育的会议上，大家一致认为高校教育持续发展的重点是提高人才培养的质量，而提高质量的重点在于培养创新创业型人才，所以在全面提高学生素质的基础上，重点还应培养学生的创新精神和创造能力，不仅要为社会输送各种合格的技术应用型人才，还应为国家培养优秀的创新创业型人才。

三、大学生缓解就业压力实现自我的捷径

近年来，随着我国大学毕业生人数剧增，就业压力加大成为全社会关注的焦点，需要学生、家长、学校和社会都保持清醒头脑，正确认识和处理。为了都能够顺利走上工作岗位，党和政府除了制定“创业带动就业”的方针外，还出台了一系列支持和鼓励创新创业的政策措施。创新创业教育成为缓解当前就业压力成效较明显的重要内容，且愈来愈受到重视。在创新创业教育的指导和服务下，一部分大学生将会成为自主创业者，不仅可以解决自己的就业问题，还可以为社会其他人员提供更多的就业岗位，这对缓解我国大学生就业压力具有非常重要的现实意义。

作为一个全面发展的大学生，对创新创业的认知和践行是大学生综合素质体现的重要内容，是大学生全面发展、融入社会、正确评估自己、给自己合理定位、实现自我价值的基本要求。面对严峻的就业形势，创新创业便成为打开就业难局面的关键。鼓励学生开拓创新创业意识，使有开发潜力的学生真正走上创新创业的道路，也是他们能够很快融入社会、服务社会的前提。大学生接受过高等教育，是最具创新创业潜力的精英群体，不仅是现有职位的占有者，更是未来职业的创造者。通过一定的创新创业教育传授，培养学生如何适应社会生存、经济竞争，学习自主择业、自谋职业的方法和途径，提高他们的创新精神和创业能力，使大学生成为高素质创新型人才，增强自身发展能力。在创新创业过程中使自我价值得到实现，在现代化建设大业中施展才干，无疑是大学生自我实现的捷径。

四、迎合世界高等教育发展潮流的标志

从世界范围来看，在高等教育中发展创新创业教育正受到各国政府的重视，这方面的研究和活动日益引起各界的关注。在世界高等教育大力发展创新创业教育的大潮中，高校学生表现出来的创新精神和创业能力已经崭露头角。创新创业教育在西方发达国家起步较早，他们经验丰富，已经普遍将其纳入课程体系，且取得了令人瞩目的成效。以美国、英国为代表的西方发达国家开展的创新创业教育方兴未艾，正逐步形成一个完整的社会体系和教学研究体系，纳入到国民教育体系之中。德国、法国等国高校不仅拥有优良稳定的创业教育教学科研队伍，而且非常重视学生的创新创业实践体验，并提供了大量技术及资金支持。澳大利亚也是世界上较早开展创业教育的国家，已经形成了一个相当完善的体系，并且开创出了自己的独特模式。所以说，实施创新创业教育已成为当今国际高等教育发展的重要组成部分和新趋势。创新创业教育在促进就业、发展经济、推动技术创新方面的作用更是不容小觑。

在世界其他国家创新创业业教育发展水平面前，我国的创新创业教育才刚刚起步。我国

绝大多数高校并没有把创新创业教育看作高等教育中主流教育体系中的一部分，在教学管理、师资力量方面没有给予充分的重视。应认识到实施创新创业教育对于高素质技能应用型人才的培养有着非常重要的意义，它不仅是解决当前社会就业矛盾的突破点，也是我国高等教育培育人才发展的客观要求，符合国家发展战略，适应经济和社会发展的需要。正是在世界政治、经济、文化一体化的背景下，顺应世界高等教育发展潮流，创新创业教育的开展已成必然趋势。大力发展创新创业教育现已引起教育部门的高度重视，从中央文件意见和教育部会议中已看出这一点。所以我们可以放心大胆地推动教育改革，面向未来，面向世界，借鉴西方发达国家教育的成功经验，取其精华，去其糟粕。因此，推行创新创业教育有着巨大的发展空间，也是我国高等教育适应国际高等教育发展潮流的标志，应该发扬光大，为引领时代教育潮流做出积极响应。

第三节　大学生创新创业教育的发展现状

2010 年，我国颁布了《国家中长期教育改革和发展规划纲要 2010—2020》，对未来一段时期，我国如何培养创新创业型人才提出了要求。在大学生中开展创新创业教育，不仅能使大学生在就业的过程中具备更强的竞争能力，而且促进了大学生自身创新能力的提高。因此，开展大学生创新创业教育，不仅能够推动高等教育的改革，而且有利于最终实现我国创新型国家的战略目标。

我国大学生创新创业教育在政府部门、高等院校和社会各界的大力支持和推动下，越来越受到重视，大学生的创新创业激情在不断高涨。但总体而言，大学生创新创业教育行业水平还不高，效果还不够突出，在我国要全面推行创新创业教育活动的任务还很艰巨。

一、重视程度不够，学生的积极性未充分调动起来

目前，我国开设创新创业教育课程的高校逐渐增多，但重视程度不够，教育方式落后，未能充分调动起学生学习的积极性。据有关统计数据表明，我国每年选择创业的大学生比例仅为 5%，相比发达国家 20%~30%的大学生选择创业的比例还有很大差距，而就在这 5%的创业人数中，全国大学生创业平均成功率只占 3%。在我国已经开设了创新创业教育课程的高校中，普遍存在授课和考查流于形式的问题，经常发生学生在汇报学习成果之前临时抱佛脚，随意应付教师，而教师不加检验即允许学生汇报通过的情况。一些学生对创新创业教育积极性不高，究其原因，主要有以下几方面：一是学生受传统教育理念、教育模式影响，缺乏自主学习意识，不主动接受创新创业思维与能力训练，缺乏团队合作精神和开拓创新的精神，对一些创新创业实践训练环节参与的积极性不高；二是一些高校的创新创业活动形式单一，缺乏新意，无法让学生对创新创业教育产生浓厚兴趣；三是一些学校在资金、师资、技术、设备等方面不能提供有力的保障。

二、理念不成熟，定位不明确

创新创业教育是一种全新的人才培养教育模式，在教育中必须突出以学生为主体的教育理念，突出分类指导的理念，突出知识的创造性应用理念，突出创新的理念等。但在高校目前的创新创业教育课程中，许多教师还是秉持传统的以教师为主体的理念，采取大众化的统一教学模式，以讲为主而不是以做为主，即使重视实践教学，在有限的课堂教学时间里，做什么、怎么做、怎么做得有效果等缺乏相应的对策，没有形成与创新创业教育相一致的成熟教育教学理念。

目前，创新创业教育定位也不明确，还远未成为我国高校一个独立的专业和学术领域，大多数高校没有把创新创业教育作为高等教育中主流教育体系中的一部分，更没有形成相对成熟的理论体系和框架。在高校内部，虽然为学生开展了一些创新创业的工作，但仍旧普遍存在功利性创新创业的教育理念，一些高校教学管理人员认为创新创业教育就是为大学生的毕业就业或创业提供指导，创新创业教育就是为就业有困难的专业或者学生提供创业思路和方向。由此可以看出，大多数高校没有在教育层面上实施创新创业教育，也没有把它纳入到学校的人才培养规划中。部分措施还仅仅停留在技术创新和理论创新阶段，忽视了对创意型创业和社会创新的关注。

三、课程体系不够完善，内容有待更新

在大多数高校中，创新创业教育还是作为一种边缘教育，未真正融入到各专业的人才培养方案中。课程体系不完善，教学大纲不完备，大多以几门简单的未成体系的选修课或讲座形式进行，学生很难在不成体系的教育教学中掌握连贯的体系脉络；教学内容缺少跨学科、跨专业的横向联系，教学模式依然采取以传统的教师为主，以传授灌输知识为主的传统模式，缺乏创新创业理论与创新创业实践活动开展的结合，这些都使得创新创业教育不能顺利推进，无法真正培养出学生的创新意识和创业素质。

创新创业教育必须重视“新”，要随着社会的发展和环境的变化不断更新教学内容，但是在实际操作中，教学内容陈旧、教学方法单一却成了制约创新创业教育发展的重要因素。以我国较为发达的北京、天津、广州、杭州等开展创新创业教育较早的一些高校的创新创业教育为例，在开设相关课程的高校中，所开设课程类型比较单一，多被设置成选修课，并且教学内容比较陈旧，多年使用相同的教材，而内容也仅以入门知识为主。

四、师资力量薄弱，同专业教育脱节

决定创新创业教育质量的关键是师资队伍建设，目前我国多数高校的创新创业师资主要是来自于本校从事专业教学的教师或者是从事学生工作的辅导员和管理人员。由于这些师资缺乏创业经验，只能进行理论教学，教师在此类课程中教学指导方式单一，更为重要的是，教师的知识结构单一，往往难以满足创新创业教育的多元化要求，创业课程尤其是优质课堂难以开设，教师自身的创新能力比较薄弱，也很难培养出创新型人才。虽然部分高校或者专

业可以从外界请来政府部门的工作人员或企业管理人员进行讲学，甚至充当兼职教师，但这样仍旧缺乏系统的教育体系。在普通高校有限的办学经费中，各高校很难在创新创业教育方面投入大量的教学经费和配套资源，加之一些政策和措施落实不到位，教师指导或讲授创业课程的积极性普遍不高，在本来就繁重的科研、理论教学工作上，对此投入的精力和时间更是有限。

我国创新创业教育同专业教育的脱节现象也非常严重。目前我国许多高校已经意识到创新创业教育的重要性，并开始推行创新创业教育，却大多限于操作和技能层面，还未将创新创业教育纳入到专业教育的培养方案和体系之中。同时，也没有制定对创新创业教育的考量制度。高校一直以来是以就业率来评定教学质量的高低的，没有动力将创新能力纳入学生的评价体系，从而导致创新创业教育与专业教育的脱节，这种脱节造成很多从事高等教育的教师认为创新创业教育只需要开展所谓的“第二课堂”活动，其着落点依旧是创业技能训练。很明显，创新创业教育体系并没有被纳入学校的学科建设规划、人才培养方案以及质量评价体系之中。此外，创新创业学科建设时间过短，建设内容也不够完善，课程设置在各高校随意性很大，大多是根据各自师资队伍的情况来设置相关创业课程，这也造成与专业教育体系的结合度不高，尚未形成以创新创业教育为目标的课程体系，阻碍了创新创业教育的推广。

五、实践平台不完整，实践结果不理想

创新创业教育仅停留在理论知识的传授上，是无法满足大学生在创新创业方面的需求的。一些高校不重视创新创业的实践基地的建设，缺乏必备的硬件设施，不能让学生的能力在实践中得到真正的提升。另外，在教学方案制定和教学计划安排中，缺少创业实践实习环节或实践环节，安排的学时、内容等不尽合理，使学生无法结合所学专业知识和社会需求开展创业实践。

由于主客观条件的限制，大学生知识、经验、意识、能力等主客观因素的欠缺，导致我国大学生创新创业成功比例很低，实践效果不是很理想。据不完全统计，中国每年只有约3%的大学毕业生走向创新创业之路，而美国有 30%左右，日本有 18%左右，这充分说明大学生创新创业教育在我国的实践结果不够理想。

第四节　大学生创新创业教育体系的构建

人才是强国之本，创新是民族进步之魂。要把我国建设成创新型国家，培养创新型人才必须先行，而大学生又是创新型人才中的主力军。因此，我们要高度重视大学生的创新创业教育，要构建一套完善的大学生创新创业教育体系来更好地履行历史使命。

一、构建大学生创新创业教育体系的意义

大学生创新创业教育体系的构建是一项长期的、关系多个主体的系统工程。从大的方面

来说，它对提高国民经济的整体素质和国家的整体竞争力具有重要意义。具体而言，则对系统所包含的各个主体均起到长效性的积极作用。

（一）推动高校育人模式的改革

当前，我国高校育人模式仍然深受计划经济的影响，高等教育大一统的模式并未改变，全国相同专业，乃至相近专业培养的人才都整齐划一，高校教学理念、目标、内容、方式等仍停留在简单的“知识传递”阶段，即“以教学内容的稳定性和单一性为基本出发点，以知识的记忆和重现为基本目标，把教学过程理解为简单的知识积累的过程，形成了单一的教师讲、学生听的单向教学模式，以及以模仿、背诵、操练为主要特征的学习方式。”显然，这种传统的育人模式远不能满足创新创业型人才培养的需求。创新创业教育的本质是培养学生创新创业的意识、思维和能力的教育活动。这种教育模式与当前我国高等教育的改革方向吻合。它采用多样化的教学方法，以培养学生创新创业能力为核心，在获取专业知识的基础上，提高学生的综合素质。高校以创新创业教育为突破口，对建立与时俱进的、符合时代要求的育人模式具有重要的推动作用。

（二）大学生自身素质和适应社会能力

高等教育是大学生步入社会的最后阶段，他们需要的不仅仅是掌握知识，更需要适应社会的能力。创新创业教育重视大学生综合能力的培养，能够挖掘大学生的创新创业潜能。在培养过程中，综合了系统理论知识的教育，同时进行多层次、全方位、系统化的思维训练、方法培养和技能实践，促进了受教育者个性的发展和提升。在教学方法的运用上，创新创业教育重视课堂教学、情景模拟以及亲身实践相结合。创新创业教育通过对大学生实践能力的培养和就业尝试的培训，使学生提早体验社会，在学习过程中认识自我、调整自我，使其真正具备适应社会的应变能力。

（三）缓解大学生的就业压力

大学生就业压力的出现是高等教育大众化的必然结果。自 2003 年以来，高校毕业生数量急剧膨胀，大学生就业难题变得越来越严峻和突出。基于此，国家出台了多种政策解决大学生就业问题，这其中就有鼓励高校毕业生自主创业的政策。一方面，大学生通过创新创业教育提升了自身素质，增加了就业竞争力；另一方面，部分大学生通过自主创业，在一定程度上减少了求职人数；同时，自主创业成功为社会提供了更多的就业岗位，进一步缓解了就业压力。

（四）为社会提供更多优质的人才和技术

创新创业教育不仅培养了大学生创新思维和创业意识，还引导着学生开展创新实践和创业实践，而且取得了不少成果。例如，“挑战杯”竞赛获奖者中已经产生了两位长江学者，6 位国家重点实验室负责人，20 多位教授和博士生导师。此外，每年都会产生一大批大学生的科技发明、创业项目、新型技术等，这些成果为我国科学技术的发展和社会的进步起到了一定的作用。

二、大学生创新创业教育体系的构建

体系是指若干有关事物或某些意识相互联系的系统构成的一个有特定功能的有机整体。大学生创新创业教育体系是指围绕大学生创新创业教育的各种要素构成的有机整体，是由多种社会资源和政策环境组成的系统。大学生创新创业教育仅仅依靠高校是无法实现的，必须由政府、高校、企事业单位以及大学生等多个主体共同参与构成一个“三位一体”的联动配合系统，这个系统应包含政策支持、教育支持、资金支持、基础设施支持、服务支持等多个子系统，如图 1-1 所示。

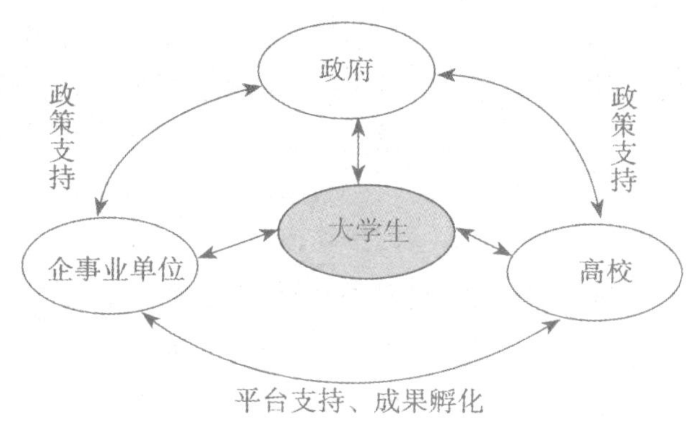

图 1-1　大学生创新创业教育体系

在创新创业教育体系中，各个主体发挥着各自的功能，由此组成了一个联动的有机整体，是整个体系得以存在、发展的基础。

高校是大学生创新创业教育任务的主要承担者和主要力量，其主要功能是通过执行教育任务来培养大学生创新创业的理念、意识，以及实现途径和方法，并提供一定的场地、人员、资金和技术支持。政府在大学生创新创业教育体系中主要发挥着政策支持的作用，通过政策支持来引导大学生创新创业，为大学生创造良好的外部环境，并提供社会保障和一定的公共资源的支持。企事业单位在大学生创新创业教育体系中主要发挥着提供实践平台、孵化成果等作用。大学生则是创新创业教育的受众，是整个体系的核心，接收着来自高校、政府以及企事业单位的各种教育的服务和支持。

三、当前我国大学生创新创业教育体系存在的问题

当前，在国家政策的引导和支持下，社会形成了良好的创新创业教育氛围，政府、高校、企事业单位以及大学生等各层面，均对创新创业有了更深层次的认识，并已经卓有成效地开展了工作，取得了一定的成绩，但也存在着以下一些问题。

（一）未形成创新创业教育的合力

高校、政府、企事业单位以及大学生，这种三位一体的系统未形成有机整体，各主体相互之间的联动效应不明显，未形成创新创业教育的合力。首先，在教育方面高校与地方政府职能部门合作形式单一，政府主要为大学生创新创业提供场地的支持，其他方面的合作较少涉及；其次，高校与企事业单位的合作也不够深入，通常与高校有合作的企事业单位，在形式上往往局限于为大学生提供实习机会，没有充分发挥其资金优势和成果孵化功能的优势；最后，政府对参与大学生创新创业教育的企事业单位缺少政策支持，难以调动企事业单位的积极性。

（二）高校创新创业教育的条件不足

目前，绝大多数高校的创新创业师资主要来源于从事企业管理学科教学的专业教师和从事学生就业工作的就业指导教师，这部分教师往往存在创业实际经验不足，只能进行理论教学的问题。其他少部分师资来自政府部门的工作人员或商界人士的兼职教师，他们主要以讲座的形式开展创新创业教育，缺乏系统的教育体系。专门教师的缺乏已成为创新创业教育发展的瓶颈，迫切需要解决。

资金缺乏也是高校开展创新创业教育的一大难题，办学经费不足已是我国高校的一个普遍问题，各高校在保证正常的教学条件外，很难在创新创业教育方面投入大量的经费，社会投入也因创新创业教育存在较长的周期性和不确定性而积极性不高。

（三）大学生创新创业的政策不够完善

尽管我国各级政府部门已针对大学生创新创业制定了相应政策和实施办法，但从实际情况来看，仍存在政策体系欠完善的问题，使得许多政策措施、资源保障因缺少配套政策无法兑现，影响了创新创业教育工作的开展。例如，一些地方政府职能部门中的工商、税务等部门，在大学生创业项目审批和税收优惠上没有制定政策或者有政策不执行。政府部门以外的国有企业，如银行、保险等，本身以盈利为目的，缺少支持大学生创新创业的动力。诸多因素导致支持大学生创新创业教育的政策不连贯、不配套，各项优惠政策难以落实，对大学生创新创业教育工作带来了不利的影响。

四、完善大学生创新创业教育体系的建议和对策

（一）加强创新创业教育各主体要素之间的合作

1. 加强政府和高校之间的合作

在我国，政府是最大的资源支配者和财政资源的掌握者。做好资源的协调是政府的基本职责，政府也是唯一的实现者。能否构建完善的大学生创新创业教育体系，政府的支持力度是关键。现有政府和高校的合作已形成了一定的基础，但力度仍不够，需要进一步合作的有：一是共同完善大学生创新创业的环境，包括完善的制度、成熟的市场、有力的保障以及到位的监督等；二是政府应加大对高校创新创业教育的资金支持，在我国现有高等教育体制下，高校办学经费自身能力不足，主要依赖于政府拨款和学费，政府应充分考虑创新创业这一新的育人模式对资金的需求；三是教育行政主管部门要加强对高校创新创业教育模式改革创新的指导，在相关教学改革项目的设置上予以支持，为高校创新创业教育改革创造良好的平台等。

2. 加强高校和企事业单位之间的合作

企事业单位拥有丰富的创新创业教育资源，尤其在大学生教育实践基地、科研成果孵化、创业项目转化等方面，企事业单位有着无可替代的地位和优势。高校则是企事业单位人才引进、人才储备、技术创新等的重要支持者。所以两者本身就相互依赖、不可分割。在创新创业教育上，高校和企事业单位的合作还有较大的提升空间：一是共同建立大学生科研成

果孵化、创业项目转化的平台，为大学生成功创新创业创造条件；二是发挥企事业单位的资金和技术优势，支持大学生创新创业教育；三是利用企事业单位丰富的实践经验，为大学生创新创业教育提供师资、项目指导、咨询服务等。

3. 加强政府和企事业单位之间的合作

企事业单位，尤其是企业，具有天生的逐利特性。在支持大学生创新创业教育上，由于利益实现存在时间周期长、不确定因素多等问题，企业很难给予大力支持。所以，政府应发挥其宏观调控的能力，在资源整合上对那些投身大学生创新创业教育的企事业单位倾斜，可以通过税收、资金投入等方式鼓励企事业单位参与大学生创新创业教育。

（二）高校要完善创新创业教育的必备条件

1. 完善创新创业教育的教学条件

首先，要明确创新创业教育在高校教学中的地位，包括课程体系设置的性质，即必修课、选修课的配置，课程内容涵盖的广度和学时的设计，哪些学生为授课对象等。并且要成体系地制订大学生创新创业教育教学规划，明确创新创业教育的指导思想，合理规范地设置课程，注重与专业课程的有机融合。

其次，在课程体系设置上，要注重与专业课程体系、其他学科课程的有机结合，加强课程的创新性和实用性，构建一套多层次、立体化的创新创业教育课程体系。

最后，在教学方式上要注重大学生创新创业意识、创新创业精神和创新创业实践能力的培养，加强课堂教育、模拟训练和创业实践相结合的培养体系。

2. 加强创新创业师资队伍建设

首先，高校可以在本校内选拔、培养部分教师，专门从事创新创业教育，并有计划地开展培训和交流，及时更新专业知识和教学技能。

其次，鼓励和引导外部师资的介入，由于创新创业教育对师资实践经验有较高要求的特点，社会专业的人力资源、创业指导与咨询等机构的师资力量，可成为高校师资的有力补充，对创新创业教育实现社会化、专业化的发展具有重要意义。

此外，企业家、政府人士也可作为大学生创新创业兼职导师参与其中，他们所拥有的丰富的实践经验、社会资源，能对大学生创新创业提供更好的指导。

3. 加强高校创新创业基础设施建设

创新创业教育对配套的基础设施有较高要求，在教学场地上除了配备一般课堂教学所需的公共设备和设施之外，还需要场景模拟、创业者模拟演练沙盘等设备设施。在实践场地上，有条件的高校可以建立一定规模的基地，但重点要加强与政府及企业的合作，共同创建“创新创业园区”“成果孵化基地”等。

（三）政府要创新和完善大学生创新创业教育政策体系

1. 创新和完善大学生创新创业教育政策体系

政策创新和完善是一项复杂的系统工程，是公共政策生命周期之中必经的一部分。为了满足公共政策现实的需要，通过政策实施过程中的信息反馈，对现行政策不断地进行改革与创新，以增强其生命力，从而达到满足公众利益诉求的目的。大学生创新创业教育政策的创新和完善，一是要注重政策的完整性，要涵盖创新创业教育的全过程，要增加鼓励企业参与创新创业教育的支持政策；二是要注重各项政策之间的协调性，防止政策之间的相互矛盾，确保政策的匹配和衔接；三是要注重政策的实效性，要广泛听取大学生和高校的意见和建议来制定政策。

2. 完善大学生创新创业的法律制度建设

目前，我国制定的有关大学生创新创业的政策大部分以通知、意见等行政文件的形式存在，不具备法律效力，难以保证政策的连贯性和持续性，也使得大学生创新创业缺少专门的法律制度保障。完善的法律制度不仅能保证各项政策的实施效果，还能让大学生在接受创新创业教育的同时培养法律意识。

3. 加大大学生创新创业政策的实施力度

任何政策无非是对其所掌握的资源的一种安排。政策的实施需要政府对相关利益方进行协调。鼓励高校实施大学生创新创业教育，政府不能只停留在宏观的制定政策层面上，还应该抓好各项政策的落实工作，确保支持大学生创新创业政策的兑现。

4. 加强创新创业政策执行的监督

政府作为政策的主要制定者，同时也是政策执行的主要监督者。对政策执行的监督本身是政府的一项基本职能，尤其是在当下我国社会组织监督体系不完善的情况下，政府的监督最为权威、最为重要。所以，当下加强大学生创新创业教育政策执行的监督，是政府不可或缺的、紧迫的责任。

第五节　大学生创新创业教育管理模式

建立一套系统的、完善的大学生创新和创业相结合的一体化教育管理模式，以大学生的创新活动带动创业，以创业活动促进创新教育，相互联动，形成新的教育模式，推动创新、创业型人才的培养。

一、建立课程模式

课程体系是大学生创新、创业教育的核心内容。当前我国大学生创新、创业课程还处于零星摸索的状态，迫切需要建立多层次、多类型的课程体系，包括创新创业意识、知识、能力、实践等方面内容。我们要将设计制订科学合理的创新创业人才培养计划贯穿于整个大学生四年教育的全过程，将创新创业课程一起设计，统筹考虑，两者相互交融。可以考虑主要设置三大层次的课程。

第一层次：通识课程。该层次的课程主要以激发学生创新、创业意识，培养创新创业精神为主，面向全体学生，作为大学生的一项基本素质贯穿在整个大学教育的全过程。

第二层次：专门课程。该层次的课程主要针对那些有较强创新、创业意愿和潜质的学生

而设置，通过案例、情景等教学，提高学生创新创业的基本知识、技能和技巧。

第三层次：实践课程。通过精心设计各类创新创业实践活动，以项目、活动为引导，课程与项目、活动相结合，有针对性地增强学生创新创业的实战能力。

三大层次课程模块形成一个整体，构成一个系统的创新创业教育课程管理结构体系，见表1-1。但总的来说是以素质为前提、知识为指导、实践为媒介，三者相互联系、相互作用、相互补充，不可偏颇。

表1-1　大学生创新、创业课程设置表

课程类型	课程性质	课程名称	主要内容	面向对象
意识类	通识课程	创新思维与方法，创业学原理，大学生创新、创业基础，创意学，管理学原理，经济学原理等	激发学生创新、创业意识和精神，创新、创业思维和品质，团队合作意识的养成，创造能力开发，信息搜集等	全体学生
知识和能力类	专门课程	大学生SYB创业基础，供应链管理，市场营销学，电子商务，现代企业管理，税收理论与实务，经济信息预测与决策，人力资源管理，管理心理学等	创新、创业技术和方法，市场营销，法律、法规及政策制度，信息处理和利用，沟通管理和协调能力，应变能力等	较强意愿、潜质的学生
实践类	实践课程	创新创业团队组建与管理，融资理论与方法，商机获取与筛选，商业模式创新，创新创业实训指导，风险管理等	商机选择，组织团队，资本筹集，融资和资本运作，商业计划书制订，企业的建立，危机管理等	有课题、项目的学生

二、创新人才培养模式

人才培养模式是创新创业教育质量的首要问题，也是高校教学改革的主要内容，创新创业人才培养模式主要有四种模式可供选择。

（一）纵向拓展型人才培养模式

实行技术专业+经济学辅修、技术专业+管理学辅修等模式，对传统专业技术人才培养模式进行改革，注重从产品的专业技术设计、生产，向销售、营销等延伸，加强与企业的合作办学，大力拓展专业内涵，扩大学生的服务面向，使学生不仅掌握专业技术，也懂生产和经营，实现了产前、产中与产后的结合。

（二）横向拓宽型人才培养模式

对经济类、管理类、法学类、外语类等专业，在保证学生掌握相关学科专业基本理论、基本知识与基本技能的基础上，增设反映专业技术等方面基本知识与理论的课程模块，向相关专业领域及相近学科专业拓宽，拓宽学生的专业面，增强学生对社会的适应能力。

（三）基础+模块人才培养模式

为培养适应社会急需人才，在专业内灵活设置专业方向，使学生能根据自己的兴趣爱好及社会需求选择课程模块。

（四）学、研、产相结合人才培养模式

实施大学生科研计划，积极鼓励学生参与教师的科研和企事业单位的实践工作，积极创造条件让教师参加科研、产业开发和企业经营管理，教师将最新成果和产业实践及时反馈到课堂，选入教材，使教学延伸到科研和市场第一线，优化学生的实践教学环节，学生在参与科学研究活动的过程中，强化创业意识和务实创新的科学精神，增强实践能力。通过教学模式的变革，真正培养宽口径、厚基础、一专多能的创新创业型复合人才，如图1-2所示。

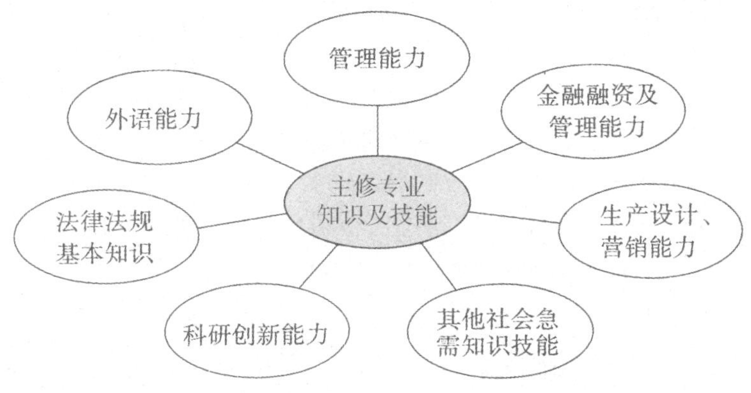

图 1-2 创新创业型人才知识、技能结构图

三、实践教学模式

（一）影响大学生创新创业活动的成败因素分析

创新创业活动的成败受多方面因素的影响，主要有创新创业的激情、良好的心态、新颖的创意、自己的团队、必要的管理经验、市场运作策划能力等。

（二）实践教学模式

大学生创新创业教育成败的关键在于能否培养出创新创业的实际能力，高校必须构建出有利于学生创新创业能力培养的实践教学模式。根据我国一些创新创业教育起步早、效果比较好的高校的做法，可以按照以下的做法构建大学生创新创业实践教学模式。

1. 建立职业规划指导研究中心

创新创业是复杂的、综合性很强的过程，它的模糊性、不确定性和风险性，使得创新创业者一开始就要注重学习、掌握市场规律、组织协调、整合资源、经营管理等各个方面的知识，同时必须具备一定的战略眼光，要能身兼多职，有具体的经营技能。因此，高校在创新创业教育中应建立职业规划指导研究中心，该机构主要负责对大学生从事职业进行规划指导和研究。为了取得好的效果，高校在实施中应实行双导师指导制度，即指定优秀的专业导师和邀请成功企业家担任学生的创新创业导师，专业导师以专业素质提升为重点，提高学生专

业的科研能力，以科研促进创新创业的成长和发展；企业家给学生讲授创新创业经验、市场现状、专业技能等方面的知识，扩大学生的创新创业平台。

2. 营造创新创业氛围

在校园营造浓郁的创新创业氛围对于培养创新创业人才十分重要。高校可以利用广播、校报、橱窗等工具，大力推进创新创业精神的宣传；积极树立勇于创新创业的榜样、典型，把校园创新创业精神形象化、具体化；充分利用校内外教育资源，组织高质量的创新创业报告、论坛。这种文化氛围有利于唤醒师生的创新创业意识，激发师生对创新创业教育的热情，激励师生提高自身创新创业素质。通过各方面的努力，使学校形成鼓励师生去创新创业，支持师生创成业，帮助师生创好业的校园创新创业氛围。

3. 开设 SYB 创新创业专训班

高校可以开设 SYB 创新创业专训班对大学生进行创新创业过程模式培训。通过 SYB 可以为大学生提供更加系统的创新创业知识培训和更为深化的创新创业精神体验，以案例式教学法为主，激励学生从专业切入，培养创新创业实践能力。同时，将市场化运作的社团活动和项目化运作的社会实践、大学生对外拓展等活动，作为大学生校内创新创业的实践载体。组建“虚拟公司”，学生在虚拟公司中轮流担任不同角色，体验真正的创新创业型公司的运作全过程，提高在实际操作中解决各种突发事件的能力。

4. 促进学校产、学、研一体化发展

依托高校知识创新的基础，把技术优势转化为产品优势，发挥产、学、研发展过程中老师的指导作用，对学生实施传、帮、带，为开展创新创业活动提供科研指导。根据学生创新创业团队的特长和需求，每个团队都可自己聘请专业导师和创新创业导师。同时，学校将帮助团队联系和推荐合适的校内外导师，并对每位导师进行聘任，学校对于优秀的导师还可以给予一定的精神和物质奖励。

5. 依托专业社团开展大学生创新创业实践活动

学校可以将专业教育与社会实践相结合，建立专业性学生社团和专业学习实践基地，并充分利用这些基地提高学生的实践能力。

6. 借助竞赛帮助大学生实现创新创业的社会转化

学校每年可以举办校系大学生创新创业竞赛，推荐优秀队伍参加省市创新创业比赛项目和全国“挑战杯”等创新创业比赛。通过比赛普及创新创业知识，展示创新创业成果，评价创新创业能力，倡导创新创业文化，发现和培养创新创业人才，积极帮助学生吸引风险投资，将比较成熟的创新创业团队推向市场，完成学生创新创业从学校到社会的顺利转化。

7. 成立“创新创业俱乐部”供大学生交流学习

创新创业俱乐部的成员包括有创新创业需求的大学生、创新创业校友、创新创业导师、企业家和风险投资机构负责人等。增加互动环节，请校友、企业家和风险投资机构负责人指导在校学生，举办沙龙、论坛等活动，通过邀请更多的企业家参与培训、评审等活动，指导学生创新创业；开展素质拓展训练，寓教于乐，对大学生们的团队意识、组织管理能力等方面进行培训。

8. 创办大学科技开发与创新创业服务中心

大学科技开发与创新创业服务中心是一种更靠近技术创新主体、更容易为创新创业者提供创新支持的孵化器。中心是充分利用大学的师资、技术、试验设备等知识资源，以大学为主创办的机构，并成为大学生创新创业教育配套设施与活动的高级形式。

四、优化管理模式

高校创新创业教育管理要在政府相关职能部门及社会各界的整体配合下，依赖校内各个子系统的紧密合作、联动管理，形成一个高效优质的服务和管理体系，对活动各个时期进行全过程、全方位的咨询、跟踪、诊断、服务和精细化管理。

1. 筹备期

这个阶段主要进行意识、品质、精神和能力的教育培训和训练，提高创业学生的基本知识、素质和能力，这主要通过学校教育培养来完成。

2. 初期

初期主要是为创业学生提供必要的政策、融资、技术和场所等支持，配备导师及时指出他们的不足，解决遇到的实际困难，这不仅需要学校的教育、培训支持，更重要的是需要得到政府的政策扶持、社会各界的宽容理解和正确引导。

3. 中期

中期则主要是为创业学生提供恰当的跟踪、诊断和咨询服务，引导其健康成长，学校要将他们取得的经验和教训反馈到大学生的创新、创业教学中去，使大学生能够及时地体验到他们成功的喜悦和失败的教训。

第六节　大学生创新创业教育路径

一、创新创业教育路径选择的考虑因素

（一）教育部关于大学生创新创业教育的指示精神

教育部在《关于大力推进高等学校创新创业教育和大学生自主创业工作的意见》（教办〔2010〕3 号）中明确提出，创新创业教育是一种教学理念与模式。据此指示精神，创新创业教育应考虑以下四点：一是教育的基础是建立在学生的创业需求和创业方向上，学生的专业背景只是考虑的因素之一；二是创业课教学呈现出“实务课”和“经验课”的显著特征，课程设置应带有明显的“培训课”性质；三是教材建设应以实践教学为主线设计；四是教师的主要职责是为学生的创新创业提供指导和服务，教学过程以学生的创业体验和创业实践为主，通过学生的自我教育，积累创业经验，提升创业技能。

（二）大学生创新创业需求现状

根据相关研究成果和高校调研的结论，在大学生群体中，愿意接受系统创业培训的学生

约占30%，具有较强烈创业意愿的学生约占10%，具备创业潜质、具有创业兴趣、拥有一定创业条件的学生约占5%，而对毕业1~3年的学生调查数据显示，创业成功率在1%左右。因此，要依据不同需求的大学生群体，开展不同层面的创新创业教育。

（三）高校对创新创业教育的接受程度

高校传统的教育模式是以专业教育为核心，进行学科建设、课程设置、实验设备配置和师资队伍建设，培养学生适合某一职业方向的定向式教育；而以学生为核心的创新创业教育模式，高校还需要一定的时间适应。同时，高校还有一个固定观念，就是大学生创业是毕业后的事情，在校大学生不适合创业。这种观点不无一定道理，但对于占1%左右的学生来说，是有失偏颇的。开展大学生创新创业教育，应选择容易被大家接受的路径作为突破口。

（四）创新创业教育条件的许可程度

开展大学生创新创业教育，是需要一定的条件支撑的，如领导重视和支持程度、创新创业管理体制和运行机制情况、师资队伍建设情况、创新创业基金和创业孵化园设置状况、创新创业信息化建设状况及扶持大学生创新创业政策的制定和实施情况等。创新创业教育工作者应积极开展工作，克服“等、靠、要”的思想，采取科学的教育路径，通过教育成果来推动学校创新创业教育工作的开展。

二、创新创业教育的路径选择

目前我国以下面三种创新创业教育为主，见表1-2。

表1-2　我国创新创业教育路径

类型	具体做法	代表院校
类型一：以课堂教学为主导的创新创业教育	强调创新创业教育“重在培养学生创新创业意识，构建创新创业所需知识结构”，将第一课堂与第二课堂相结合来开展创新创业教育。开设“企业家精神”“风险投资”“创新创业管理”等创新创业教育课程	中国人民大学
类型二：以提高学生创新创业知识、创新创业技能为侧重点的创新创业教育	建立大学生创新创业园，教授学生如何创新创业，并为学生创新创业提供资金资助以及咨询服务	北京航空航天大学
类型三：综合式的创新创业教育	一方面将创新教育作为创新创业教育的基础，在专业知识的传授过程中注重学生基本素质的培养；另一方面为学生创新创业（创办公司）提供所需要的资金和必要的技术咨询。以“三个基点”（素质教育、终身教育和创新教育）和三个转变（专才向通才转变、教学向教育的转变、传授向学习的转变）为指导思想，确立创新人才培养体系的基本框架和内容	上海交通大学

大学生创新创业教育实施的路径，是由创新创业普识教育、专修教育、创业项目孵化、

新创企业社会移植四个节点的大学生创新创业教育工作系统，以及与之相适应的保障机制等，组成大学生创新创业教育工作线路。

（一）创新创业普识教育

普识教育是在开设大学生职业生涯规划课程的基础上，面向全体学生，在大学的第二或第三学期开设的创新创业课程，以 20 学时为宜，主要讲授创新创业意识、创业环境与创业者素质、创业流程和创业风险及应对等内容。目的是指导大学生树立创新创业意识，对自己的创业能力进行评估和澄清，提高创业兴趣，为下一步专修教育提供条件。

（二）专修教育

专修教育是对于具备创业潜质，具有创业兴趣，拥有一定创业条件的学生，进行 48 学时的创新创业专修教育。专修教育通过面试和创业能力测评的方式选择学生，以实训课为主要教学形式，主要讲授创业能力拓展、创业准备、创业流程、新创企业管理和创业风险应对等五个模块的内容。授课过程应与学生组建创业团队、选择创业项目、创业体验和进入创业过程结合在一起。目的是指导学生具备创业知识，拥有创业能力，积累创业经验，为将来的创业奠定基础。对于部分学生（创业团队）具有可行性和可操作性的创业项目，移植到创业孵化园中进行培育。

（三）项目孵化

项目孵化是在孵化园中，学生（创业团队）的创业项目由萌芽、成活到新创企业的培育过程。项目孵化需要：建设孵化场地和配置相关设施；设立“大学生创新创业基金”，制定基金管理办法；组建创业导师团队，采用责任制的方式，帮助学生创业项目顺利孵化；组建孵化项目管理团队，对学生的创业项目移植到孵化园进行审批，对学生使用的创业基金进行审批和管理；建立扶持大学生创新创业的政策。通过上述工作，充分发挥高等教育孵化园的孵化功能，学生的创业项目进入实施阶段，新创企业的多项条件成熟后移植于社会。

（四）社会移植

学生（创业团队）的创业项目进入社会后，导师团队和项目管理团队要建立跟踪支持系统，在 1~2 年内对学生的新创企业进行扶持和帮助，使学生的新创企业顺利成长。

在这四个节点中，普识教育是基础。在大学生创新创业意识树立的前提下，使一部分具有创业潜质的学生脱颖而出，进入创业的强化教育和创业体验阶段；专修教育是核心。通过创业体验和创业实践，获取创业经验，在教学团队和企业家导师团队的指导与服务下，催生创业项目，撰写商业项目书，使之具体化和可操作化，为进入孵化园孵化创造条件；项目孵化是关键。它既是创业专修教育成果的具体表现，也是提高大学生创业成功率的重要措施，更是提升创新创业教育影响力、营造创新创业氛围的关节点；社会移植是结点。大学生新创企业的顺利成长，真正落实了以创业带动就业的教育目的。

延伸阅读

北大才子杀猪8年　身家超100亿

一、一个天地壹号积累百亿身家

2015年8月20日成功挂牌后，天地壹号迅速进入状态。这个状态是融资。20日挂牌当天，同时还以17.5元/股的价格定向发行股票，募集1.75亿元资金，这些资金的其中一个主要用途便是布局天地壹号O2O。而两个月后的26日晚间，天地壹号又马不停蹄地公布了第二笔融资预案。计划以25元/股的价格再次融资6.25亿。不到两个月，定增价格攀升43%，这个速度恐怕只能在新三板里才能出现。对于此次定增的原因，天地壹号未明说。但陈生在其他场合已做了表达。陈生说，快消品行业的强营销特性决定了它强大的资金需求，一旦涉及行业整合并购，企业需要的就是“大钱”。实际上，这也是天地壹号选择挂牌新三板的原因。

按照陈生的说法：我们希望有更大的资金，比如说几十个亿，在满足自我发展的同时，在战略层面上对行业进行整合和并购。不过，作为新三板领域市值、利润均排名靠前的公司，天地壹号的财务报表反映出了公司良好的业绩。2015年半年报显示，天地壹号上半年实现营业收入6.39亿元，增长99.20%；净利润1.48亿元，增长421.29%。而过去几年中，天地壹号的营收规模也一直维持在10亿元以上。数据显示，2013年、2014年、2015年1~3月，天地壹号分别实现营收11.73亿元、11.26亿元、2.66亿元，净利润分别为3.14亿元、2.53亿元、2547.44万元。这种营收规模和利润水平也支持了天地壹号的市值。作为公司的实际控制人，定增前，陈生总共持有天地壹号股份3.287355万股，占公司总股本的82.18%。同样以25元/股的价格计算，陈生的持股市值将高达82亿元。但现在天地壹号股价要高出25元许多。现在，天地壹号的股价基本维持在30元/股附近，而按此价格计算，陈生持股市值高达98亿元。在刚颁布的胡润百富榜中，九鼎董事长吴刚以180亿元的身家位列120位，陈生现在的理论身家只在吴刚之下。

二、第二富的另一面——北大“杀猪佬”

目前，天地壹号的股权绝大部分集中在“自己人”手中。除了持股82.18%的陈生外，两位核心高管王广和张銮也各持有公司5%左右的股份。另外，天地壹号的员工股权激励平台“天地共富”也持有公司股份146.45万股，占公司股权比例为0.37%。如今这部分股权的价值已达到4500万元。在未来，这些人的财富会再次随着老板而增长。你可别小看了陈生，其赚钱的业务壹号土猪尚未登陆资本市场，但早已威名在外多年。壹号土猪的规模、利润尚未披露。但陈生在2015年8月对外公开回应已给出答案：我们的饮料产品就好像是十八岁的小姑娘，这是最好的年华，亭亭玉立、人见人爱；而壹号土猪则处在十二三岁，虽然销售额也有十个亿了，但还像个小豆芽，有生机但还没有站起来。

其实，陈生最亮眼的故事并非天地壹号，而是“杀猪”。

2013年4月，北大杀猪毕业生回校谈创业曾一度名扬全国。在北大的讲台上，因干上杀猪一行而闻名的北京大学毕业生陆步轩说，我给母校丢了脸、抹了黑，我是反面教材。当时，陆步轩受北大就业指导中心邀请来到“北大职业素养大讲堂”的讲台，作为一名“另类”的创业成功者与面临就业压力的学生分享心得。其实，在当天的讲台上，与陆步轩一起的另外一个人就是陈生。当时的陈生讲了这么一句话：“演员不仅有漂亮的，还有赵本山、潘长江那种长得不好看的丑角，我们就是北大的丑角。”不过，现在的陈生并非北大的丑角，而是创业者的偶像。因为，他把猪肉卖出了北大水平。当然了，发财致富了的陈生也没忘本。最新的公开报道称，陈生自己出资近2亿元为220户村民每户免费建一套别墅，聘请村民到养猪基地“上班”，按劳动力每户分配500~1000头猪，按标准出栏统一收购，每户年纯收入最高10万元。

思考练习

1. 何为大学生创新创业教育？我国推动创新创业教育对培养新型人才有何意义？
2. 我国大学生创新创业教育与国外相比，主要存在哪些问题？如何缩小与国外的差距？
3. 我国推动大学生创新创业教育的有效途径是什么？

CHAPTER

第二章 创新创业机会

引导案例

在校大学生创业是盲动还是预热

新学年开学已经有一段时间了，许多进入大四的学生也开始了自己的找工作之旅。近几年，国家一直鼓励大学生自主创业，不少大学生走上了创业之路，尽管其中有成功也有失败，但并不妨碍大学生创业的热潮从毕业生向在校生蔓延，一部分在校大学生也开始尝试自己的创业之路。

西北大学大三学生尚加林是一个不能让自己闲下来的人，用他的话说，他就是爱折腾，而且考虑到未来的就业前景，他早早就决心加入创业一族，这不，开学的时候看到有些新生入学需要床上用品，他就和几个同学一起在周边一些学校做起了这个生意。可是，一开始就被泼了一盆凉水。

尚加林说："首先就是在西安电子科技大学新校区，结果第一炮没有打响，因为我们在那边摆了两天的摊位，结果发现只卖出去 4 套床上用品，当时我们对这个行情和这个学校的情况确实了解不深。"

几经周折，尚加林终于在西安邮电学院抓住了市场。

尚加林说："在西安邮电学院里面找了一个摊位，那天下着雨，结果我们那天销售的情况非常好，一天的销售额大概 2 万块钱，那天是最开心的一天，最后综合一下考虑是稍微赚了一点点。"

尚加林说，除了在学校的这个生意外，他还和亲戚合伙开了一个小驾校，但由于对相关政策不了解，现在很难维持下去。不过，这似乎都不影响他那颗爱折腾的心。

尚加林说："每个人都有自己的生活方式吧，这就是我的生活方式，忙碌，喜欢认识很多很多人，喜欢做生意。"其实，在大学校园里，尚加林并不算是异类，几乎每所大学都有这样一些有着创业梦的学生。

记者：有在校大学生创业的吗？

尚加林：有啊，晚上的时候就在校园里卖些小饰品什么的，还有本子啊、笔啊。

记者：多吗？

尚加林：还行吧，挺多的。

采访中记者发现，大学生在校经商，多数基本上都是小本生意，小打小闹，但他们认为这就是他们的第一桶金。

大学生在校期间到底应不应该开始创业？对于这个问题大家一直在争论。一方面是国家鼓励毕业大学生自主创业，另一方面是在校大学生受多方因素限制，学业压力、创业条件等都制约了他们的行动，在这样的制约之下，在校大学生的创业注定艰难。

记者走访了西安市的几所大学，学生们关于在校大学生创业的问题，支持与反对的声音都有，支持的学生认为，在校创业不管成与不成对以后都有好处。

在校大学生：其实我挺支持的，我也挺佩服他们的，能用自己的双手去挣一些钱。

而另外一些学生又认为大学生创业会影响学习，造成本末倒置。

在校大学生：我感觉在学校最主要是以学习为主，如果你的能力足够的话可以在外面做些小生意，但如果做生意影响你的学业那就不必要了。

同时，绝大多数学生表示，他们的家长也不支持自己在校期间创业，不光是因为影响学业，而且家长还认为，在学校做个小生意根本不能算是创业。西安文理学院招生就业处副处长冯宁表示，在校学生创业，动机没有错，但实施起来会有很多缺陷。比如说缺少人脉资源，比如说他们对社会的了解不足，比如说他们对市场的掌控能力不足，还有他们个人的风险评估和风险防范能力相对较弱，这都是大学生创业中普遍存在的一些不足的地方。

从目前情况来看，大学生创业会面临很大的困难，尤其是在校大学生如果真想创业，就不能盲目冲动，需要多方了解、综合考虑。

冯宁：在创业的时候最好能结合到他们自己的专业学习，要发挥自己的专业优势，和他们各人的特长，来确定他们的创业方向。尽量选择他们最熟悉的环境，他们最熟悉的领域，同时选择他们最熟悉的群体。

另外，在校大学生首先要在学有余力的前提下考虑创业，而且至少要熟悉了相关知识和业务之后才能开始，这样的创业即便没有成功，也将为他们以后的创业之路做好准备。

第一节 创新创业环境分析

创新创业环境在时间、空间和内容上都直接制约着创新创业者的各种活动，不同国家和地区的社会制度、生产力状况、社会结构的特点、科技发展水平、教育事业发展程度以及民族习俗、阶级属性、社会传统和文明水平等，都会对创新创业产生影响。

一、创新创业环境概述

（一）创新创业环境的概念及构成要素

1. 创新创业环境的概念

创新创业环境是指创业者周围的境况，是在创新创业者在创新创业的整个过程中，围绕着创新创业企业生存和发展变化，对其产生影响或制约创新创业企业发展的一系列外部因素及其所组成的有机整体，是创新创业者及其企业产生、生存和发展的基础，是创新创业活动的基本条件。

2. 创新创业环境的构成要素

其构成要素主要涉及金融支持、政府政策（地方政府对创业的积极政策、税收优惠）、政府项目支持（政府项目中的资金和政策类支持项目）、教育与培训（创业与工商管理教育）、研究开发转移（新技术从发源地的转移）、商业环境和专业基础设施、国内市场开放程度、有形基础设施、文化与社会规范等九个方面的因素。

3. 大学生创新创业环境

大学生创新创业环境是指对大学生创业活动产生影响的外部各种因素的总和，也是创新创业环境的子环境。目前，我国在社会和文化规范、政策、创业教育、税收等方面，为大学生创业提供了更为宽松的环境。

（二）创新创业环境的划分

1. 从宏观的层次看

创新创业环境从宏观层次可以分为经济环境、政治法律环境、科学技术环境、社会文化环境和地理环境等。从微观的层次看，创新创业环境的微观因素是决定企业生存和发展的基本环境因素，除了企业能够直接控制的内容环节之外，还包括企业生产的产品或服务的性质、特点，以及它们在国民经济中所起作用的不同而形成的行业。这是企业生存与发展的具体环境，创新创业者应特别重视对创新创业环境的微观因素分析，要分析研究市场、行业等。

2. 按构成要素的影响程度分

创新创业环境的构成要素对创新创业企业的影响有间接和直接之分。间接影响因素包括政治环境、经济环境、社会文化环境、科学技术环境、地理环境等。直接影响因素指创新创业企业的发展直接受其制约，具体包括产业概貌和动态、市场结构、竞争者和消费者状况等。

3. 按创新创业环境的区域层次分

创新创业环境是有区域层次的，可以分为国家创新创业环境、地区创新创业环境、城市创新创业环境和街区创新创业环境等。各级创新创业环境与各级区域经济社会实体相对应，各有其不同的内容特征。

4. 按软硬环境分

硬环境又称环境硬件或有形环境，是指创新创业环境中有形要素的总和，是创业园区及其所在城市在各种硬件设施方面的情况或条件，包括能源环境、邮政通信环境、市政环境、交通环境、物业环境、采购环境、市场环境七项指标。软环境相对于硬环境而言主要是指无形的创新创业环境要素，亦称无形环境，是创业园区及其所在城市在非物质方面的条件，包括法律法规环境、行政管理环境、人力资源环境、信息环境、金融支持环境、人文教育环境、人身财产安全和城市管理与规划环境等。

（三）创新创业环境的影响作用

1. 对创新创业机会的影响

创新创业机会受环境因素的影响和制约，较简单的文化与较发达的文化相比，这种制约作用表现得更为明显与突出，且会使之成为决定性的因素。例如，美国的 IT 高新技术产业密集区——硅谷，由于其优越的地区环境条件和以斯坦福大学为代表所形成的先进科学技术与文化环境，吸引了一大批高新技术公司及职工，使 IT 高新技术产业迅速发展起来，成为世界瞩目的 IT 高新技术发祥地。但是，把握创新创业环境和创新创业机会之间的关系，不能只进行表象分析，而要用科学的发展观来衡量和透视，进行深层次的分析，充分地研究和考量创新创业环境可能出现的多种情况及在不同状态下对创新创业机会的影响。

2. 对产业布局的影响

产业发展的布局包括：优先领域确定、重点产业的选择、重点发展地区的布局。既要考虑各地区的地理环境、人文环境，又要考虑技术环境、经济环境等，正确的布局是这些因素的综合反映。创新创业者应针对创新创业环境，重视分析其对产业布局的影响。

3. 对技术扩散方向和梯度转移的影响

在社会经济发展的过程中，区位的发展是不平衡的，由此将产生不同的经济梯度。高梯度地区有强大的科技力量、发达的交通、完备的基础设施和协作条件、雄厚的资本和集中的市场，创新创业环境优越。低梯度的地区可通过各种各样的经济联系从高梯度地区的发展中得到一定的利益，促使梯度发生转移，从而使创新创业环境得到改善。因此，不同的经济梯度给予创新创业企业不同的创新创业环境，但是现存的梯度秩序是可以改变的。对经济区域而言，一旦发展到一定阶段，就会产生经济起飞，之后就具备自我发展能力，能不断积累有利因素，从而提高自己的梯度层次。

（四）我国创新创业环境的特点

2013 年 11 月 8 日，习近平致“2013 年全球创业周中国站活动组委会的贺信”中指出，青年是国家和民族的希望，创新是社会进步的灵魂，创业是推动经济社会发展、改善民生的重要途径。青年学生富有想象力和创造力，是创新创业的有生力量。希望广大青年学生把自己的人生追求同国家发展进步、人民伟大实践紧密结合起来，刻苦学习，脚踏实地，锐意进取，在创新创业中展示才华、服务社会。全社会都要重视和支持青年创新创业，提供更有利的条件，搭建更广阔的舞台，让广大青年在创新创业中焕发出更加夺目的青春光彩。

1. 平民化创新创业时代的到来

当前，我国创新创业活动最明显的特征就是表现出平民化趋势，我国成为世界上创新创业活动最活跃的地区之一。这种平民化趋势主要体现在以下几个方面：创新创业门槛降低，适宜平民进入；创新创业主体趋向社会基层；平民化的营销思路更具发展前景；平民化创新创业企业的旺盛生机。

2. 创新创业教育蓬勃兴起

创新创业教育是指与创新创业有关的理论教育和实践教育的统称。创新创业能力是一种生存能力，创新创业教育是一种培养和提高生存能力的教育。

3. 创新创业培训亟待普及

创新创业培训是一个国家创业成熟度高低的重要标志，更是一个国家和地区创业能力强弱的主要影响因素之一。创新创业培训是一种对具有创业意向和创业条件的人员，进行提升创业能力的一种培训。当前，在全民创新创业热潮中，我国的创新创业培训正在悄然兴起。据不完全统计，有70%左右的美国企业在创立之初曾得到过美国小企业局（SBA）的资助和辅导。在我国台湾地区，绝大部分中小企业特别是资讯科技企业都得益于创新创业综合辅导计划。在我国香港，不仅设有创新创业辅导的公共服务平台，而且在政府相关部门都设有中小企业服务机构，约有七成以上的中小企业接受过政府的创业辅导和援助。我国依据《中小企业促进法》赋予各级政府部门的职责，已经将建立中小企业创新创业培训体系作为完善城市功能、实现国家长治久安的重要举措，确定了深圳等一批试点城市，拨专款设立“民营与中小企业发展专项资金”，重点扶持建立各类中小企业。创新创业者利用好这样的平台就能演绎出无数创新创业快速崛起的神话。

4. 创新创业孵化器发展迅速

创新创业孵化器也称企业孵化器，是一种新型的创新创业经济组织，是为创新创业企业成长和发展提供系统支持和资源网络的经济组织形式。它起源于20世纪50年代，是由美国的乔·曼库索于1959年首次提出的。它通过提供低成本的研发、生产、经营的用地，通信、网络办公等共享设施，系统的培训和咨询，政策、融资、法律和市场推广等方面的支持系统，使创新创业企业的创业成本得以降低，创新创业风险得以规避，创新创业成功率得以提高的一种适于中小企业生存和成长的发展环境和发展空间。我国当前已经进入创新创业孵化器大国行列。2012年年底我国已有创新创业孵化器1000余家。它的主要功能是将初始阶段的创新创业企业发展成为健康成长的企业，将创新创业者培养成为企业家。它已经成为培养成功的创新创业企业家的摇篮和风险投资的理想投资场所。

5. 创新创业扶植力度不断加大

为加速群体性创新创业活动的开展各地陆续出台了许多鼓励创新创业，扶植创新创业企业快速崛起的政策。为了缓解大学生就业的压力，中华人民共和国国家工商行政管理总局出台了对普通高等学校毕业生从事个体经营有关收费的优惠政策。不仅如此，各地的政策正在进一步细化和配套化。这些政策对创新创业者的创业活动的开展起到了一定的促进作用。

6. 创新创业协会的普遍建立

当前，清华大学、海南大学、吉林化工学院、南京航空航天大学等100多所院校已经建立了创新创业者协会。不仅如此，这种创新创业者协会还进行了横向扩展和纵向延伸，已经发展了青年创新创业者学会、中关村创新创业者学会、外出务工创新创业者学会等众多的创新创业协会组织。这种遍及国内外的、形式多样的创新创业学会对于创业者的创新创业活动给予多种帮助和指导，对其成长起到了重要的作用。

二、创新创业环境评价原则

1. 科学性原则

创新创业环境评价指标体系一定要建立在科学的基础上，指标必须意义明确，测定方法标准，统计方法规范，这样才能保证评价结果的真实性和客观性。

2. 客观性原则

创新创业环境评价指标体系要从实际出发，以事实为依据，既要能切实反映某个城市创新创业环境的现状，又要能用其监测和预警创新创业环境的变化。

3. 可比性原则

对于创新创业者来说，选择合适的创新创业地点对整个创新创业过程的成功影响较大。因此，评价创新创业环境的指标体系应能为上述比较提供依据。

4. 有效性原则

评价某一区域创新创业环境应尽可能包含有效部分，剔除无效或无关部分，使创新创业环境的评估尽可能准确，力求反映一个区域创新创业环境的本质。

5. 可操作性原则

应该根据数据的可靠性与获取的难易程度，尽量选择一些主要的指标，强调代表性、典型性，避免选择意义相近、重复的指标，保证指标可以量化计算，并且指标选取多少的标准应当是尽可能减少工作量而又能较充分反映区域创新创业环境的现实情况。

第二节　创新创业项目的机会发现

（一）创新创业机会的主要来源

创新创业机会无处不在、无时不在，而机会主要来自五个方面。

（1）创新创业的根本目的是满足顾客需求。顾客需求在没有满足前就是问题。寻找创新创业机会的一个重要途径是善于去发现和体会自己和他人在需求方面的问题或生活中的难处。比如，上海有一位大学毕业生发现远在郊区的本校师生往返市区交通十分不便，创办了一家客运公司，就是把问题转化为创新创业机会的成功案例。

（2）创新创业的机会大都产生于不断变化的市场环境。环境变化了，市场需求、市场结构必然发生变化。著名管理大师彼得·德鲁克将创新创业者定义为那些能“寻找变化，并积极反应，把它当作机会充分利用起来的人”。这种变化主要来自产业结构的变动、消费结构升级、城市化加速、人口思想观念的变化、政府政策的变化、人口结构的变化、居民收入水平提高、全球化趋势等诸方面。比如居民收入水平提高，私人轿车的拥有量将不断增加，这就会派生出汽车销售、修理、配件、清洁、装潢、二手车交易、陪驾等诸多创新创业机会。

（3）创造发明带来了新的创业机会。创造发明提供了新产品、新服务，更好地满足顾客需求，同时也带来了创新创业机会。比如随着电脑的诞生，电脑维修、软件开发、电脑操作的培训、图文制作、信息服务、网上开店等创新创业机会随之而来，即使不发明新的东西，也能成为销售和推广新产品的人，从而带来商机。

（4）比竞争对手做得更好产生创业机会。如果你能弥补竞争对手的缺陷和不足，这也将成为你的创新创业机会。看看你周围的公司，你能比他们更快、更可靠、更便宜地提供产品或服务吗？你能做得更好吗？若能，你也许就找到了机会。

（5）新知识、新技术的产生带来创业机会。例如随着健康知识的普及和技术的进步，围绕“水”就带来了许多创新创业机会，上海就有不少创新创业者加盟“都市清泉”而走上了创新创业之路。

（二）发掘创新创业机会的方式

发掘创新创业机会的做法，大致可归纳为七种方式。

1. 经由分析特殊事件，来发掘创新创业机会

例如，美国一家高炉炼钢厂因为资金不足，不得不购置一座迷你型钢炉，而后竟然出现后者的获利率要高于前者的意外结果。再经分析，才发现美国钢品市场结构已产生变化，因此这家钢厂就将往后的投资重点放在能快速反应市场需求的迷你炼钢技术。

2. 经由分析矛盾现象，来发掘创新创业机会

例如，金融机构提供的服务与产品大多只针对专业投资大户，但占有市场七成资金的一般投资大众，却未受到应有的重视。这样的矛盾，显示提供一般大众投资服务的产品市场，必将极具潜力。

3. 经由分析作业程序，来发掘创新创业机会

例如，在全球生产与运筹体系流程中，就可以发掘极多的信息服务与软件开发的创新创业机会。

4. 经由分析产业与市场结构变迁的趋势，来发掘创新创业机会

例如，在国有事业民营化与公共部门产业开放市场自由竞争的趋势中，我们可以在交通、电信、能源产业中发掘极多的创新创业机会。在政府刚推出的知识经济方案中，也可以寻得许多新的创新创业机会。

5. 经由分析人口统计资料的变化趋势，来发掘创新创业机会

例如，单亲家庭快速增加、妇女就业的风潮、老年化社会的现象、教育程度的变化、青少年国际观的扩展……必然提供许多新的市场机会。

6. 经由价值观与认知的变化，来发掘创新创业机会

例如，人们对于饮食需求认知的改变，造就美食市场、健康食品市场等的新兴行业。

7. 经由新知识的产生，来发掘创新创业机会

例如，当人类基因图像获得完全解决，可以预期必然在生物科技与医疗服务等领域带来极多的新事业机会。

虽然大量的创新创业机会可以经由系统的研究来发掘，不过，最好的点子还是来自创新创业者的长期观察与生活体验。创新创业就好像十月怀胎，创新创业构想在创新创业者心中不断地思索酝酿、反复钻研，一直到创新创业者感觉时间到了。

总之，创新创业是建立在机会基础上的。在企业创建时期，真正的商业机会比团队的智慧、才能或可获得的资源更为重要。随着创新创业研究的逐渐深入，在近年来的创新创业研究中，越来越多的研究人员也开始认识到创新创业机会是创新创业的核心要素，创新创业过程是围绕着创新创业机会的识别、开发、利用的一系列过程。因此，以创新创业机会为线索研究创新创业过程，更能把握创新创业过程的基本特征。

（三）创新创业机会的特点

通过以上不同的划分标准和划分结果，我们可以大致归纳出创新创业机会的特点：①创新创业者识别机会是个主观的过程，但机会本身是客观存在的，而不是主观臆断的；②机会来源于变化，包括市场、政策、文化、信息等的变化；③机会可以为创新创业者提供潜在的利润；④机会的识别和开发与创新创业者自身特质有一定的关系；⑤机会的开发受到外部环境、社会网络的影响。

二、创新创业机会的识别

（一）创新创业机会识别的过程

创新创业过程开始于创新创业者对创新创业机会的把握。大学生创新创业者从成千上万繁杂的创意中选择了他心目中的创新创业机会，随之不断持续开发这一机会，使之成为真正的企业，直至最终收获成功。这一过程中，机会的潜在预期价值以及创新创业者的自身能力得到反复的权衡，创新创业者对创新创业机会的战略定位也越来越明确，这一过程称为机会的识别过程，一些研究也称之为机会开发过程，或者机会规划过程。一些学者认为机会的识别和开发是创新创业的基础，应该是这个领域研究的焦点。一部分学者认为创新创业过程的核心部分是机会的创造及识别。机会识别是创新创业者机敏发现的结果。这是因为获得创新创业利润的机会是可能存在的，但是只有在认识到机会的存在并且机会具有价值时创新创业者才可能获得利润，因此对机会的发现和开发的解释是创新创业的一个关键内容，识别和选择正确的机会是创新创业者成功开展新业务的重要能力之一。

在关于创新创业的大部分文献中，机会识别包括三个截然不同的过程：①感觉或感知到市场需求和尚未利用的资源；②认识到或发现在特殊的市场需求和特别的资源之间“相匹配的东西”；③这种“相匹配的东西”以新业务的形式展现出来。这些过程分别代表了感知、发现和创造，而不仅仅是“识别”。

我们认为，机会识别过程实际上应当是一种广义的识别过程，因为它事实上囊括了大部分研究中提到的机会发现、机会鉴别、机会评价等创新创业活动。我们将这一过程分为三个

阶段。

阶段一，机会的搜寻。这一阶段创新创业者对整个经济系统中可能的创意展开搜索，如果创新创业者意识到某一创意可能是潜在的商业机会，具有潜在的发展价值，就将进入机会识别的下一阶段。

阶段二，机会的识别。相对整体意义上的机会识别过程，这里的机会识别应当是狭义上的识别，即从创意中筛选合适的机会。这一过程包括两个步骤：首先是通过对整体的市场环境，以及一般的行业分析来判断该机会是否在广泛意义上属于有利的商业机会；第二步是考察对于特定的创新创业者和投资者来说，这一机会是否有价值，也就是个性化的机会识别阶段。

阶段三，机会的评价。实际上这里的机会评价已经带有部分尽职调查的含义，相对比较正式，考察的内容主要是各项财务指标，创新创业团队的构成等，通过机会的评价，创新创业者决定是否正式组建企业，吸引投资。

事实上，机会识别和机会评价是共同存在的，创新创业者在对创新创业机会识别时也有意无意地进行评价活动。在他们的分析框架中，机会识别和机会评价并非完全割裂的两个概念，创新创业者在机会开发中的每一步，都需要进行评估，也就是说，机会评价伴随在整个机会识别的过程中。在机会识别的初始阶段，创新创业者可以非正式地调查市场的需求，所需的资源，直到断定这个机会值得考虑或是进一步深入开发。在机会开发的后期，这种评价变得较为规范，并且主要集中于考察这些资源的特定组合是否能够创造出足够的商业价值。

（二）创新创业机会识别的主要影响因素

1. 创新创业者的能力

大学生创新创业者能力对于机会识别的影响主要表现为以下两点。①创新创业者识别机会的能力，主要指创新创业者的警觉性。创新创业者一个特有的角色就是通过对经济的不均衡警觉来发现和探索新机会，而这个机会是不为他人所知的。②创新创业者创造机会的能力。这种观点认为机会可以是事先不存在的，是可以通过创新创业者的创造力、创新能力造就的。同时，许多学者认为创新创业者的知识水平对于机会的识别和创造也具有重要的影响。当创新创业者对于某一行业拥有的知识和信息越多，越有可能发现和创造机会。

2. 创新创业者的社会网络

大学生创新创业者的社会网络是指在创新创业过程中，与创新创业者存在直接或间接联系的其他主体之间所形成的关系网络。一般来说，创新创业者的社会网络是由创新创业者本身、顾客、供应商、制造商、分销商、政府、中介机构等构成的。在这个关系网络中，信息和资源得到了更好的传递和交换，因此使得创新创业者能够更有效地识别出可能的商业机会。

3. 人口需求的变化

区域人口需求对新企业形成的影响主要表现为以下两个方面。一是当人口需求增加时会促使大量新企业的形成。需求存在与否是企业能否存在的前提条件之一，是促使创新创业者创新创业的主要拉动力。而需求的大小受区域内人口密度的影响，即人口密度大的地区，人口需求越大，创新创业机会就越多。二是人口需求的转变、消费者需求特点和偏好的改变会导致利基市场的出现，这种新市场为潜在创新创业者提供了较好创建企业的机会来填补新的利基市场空白。另外，当人均可支配收入增加，对于产品和服务的需求就会增加，进而促进新企业的形成，人均可支配收入对新企业形成的影响又通过人口需求反映出来。

4. 行业波动性

当行业发展受市场变化影响较大时，该行业就会发生波动，这种波动导致现有市场均衡状态的偏离、市场断层产生、新的利润机会出现，进而促进更多的新企业来满足这种差异化的需求。并且，这种行业的波动是不能事先预测和确定的，而且行业波动的不确定性越大，产生的市场机会就越多。因此，波动性较强且频率较大的行业更有利于新企业的形成。

5. 地方文化氛围

一个地区的创新创业文化氛围影响新企业的形成。创新创业文化氛围由两个相互联系的方面组成，一是地方人口的创新创业导向；二是政府、金融等机构对创新创业的态度。即创新创业文化氛围较好时，由于政府和金融机构的支持，新创企业发展的机会也会较多。人们的生活模式是由文化所决定的，当人们的生活模式追求自我雇佣和自我独立时，创新创业者更会积极地寻求创新创业机会。

三、创新创业机会的开发

（一）创新创业机会的发现

投资创新创业要善于抓住好的机会，把握住了每个稍纵即逝的投资创新创业机会，就等于成功了一半。发现创新创业的机会的方法，具体表现在以下几个方面。

1. 变化就是机会

环境的变化，会给各行各业带来良机，人们透过这些变化，就会发现新的前景。变化可以包括：产业结构的变化，科技进步，通信革新，政府放松管制，经济信息化、服务化，价值观与生活形态变化，人口结构变化。

2. 从“低科技”中把握机会

随着科技的发展，开发高科技领域是时下热门的课题，但公司的机会并不只属于高科技领域。在运输、金融、保健、饮食、流通这些低科技领域也有机会，关键在于开发。

3. 集中盯住某些顾客的需要就会有机会

机会不能从全部顾客身上去找，因为共同需要容易认识，基本上已很难再找到突破口。而实际上每个人的需求都是有差异的，如果我们时常关注某些人的日常生活和工作，就会从中发现某些机会。因此，在寻找机会时，应习惯把顾客分类，认真研究各类人员的需求特点，机会自见。

4. 追求“负面”就会找到机会

追求“负面”，就是着眼于那些大家“苦恼的事”和“困扰的事”。因为是苦恼，是困扰，人们总是迫切希望解决，如果能提供解决的办法，实际上就是找到了机会。

（二）创新创业机会的选择

在现实经济生活中，适于创新创业的机会并不是很多。创新创业者需要借助“机会选择漏斗”，经过一层又一层筛选，在众多机会中筛选出真正适于自己的创新创业机会。

首先要筛选出较好的创新创业机会。一般而言，较好的创新创业机会多有五个特点：一是在前景市场中，前五年中的市场需求会稳步快速增长；二是创新创业者能够获得利用该机会所需的关键资源；三是创新创业者不会被锁定在“刚性的创新创业路径”上，而是可以中途调整创新创业的“技术路径”；四是创新创业者有可能创造新的市场需求；五是特定机会的商业风险是明朗的，且至少有部分创新创业者能够承受相应风险。

然后就是要筛选出利己的创新创业机会。面对较好的创新创业机会，特定的创新创业者需要回答四个问题，一是创新创业者能否获得自己缺少但他人控制的资源；二是遇到竞争时，自己是否有能力与之抗衡；三是是否存在该创新创业者可能创造的新增市场；四是该创新创业者是否有能力承受利用该机会的各种风险。

（三）创新创业机会的把握

大学生创新创业者不仅要善于发现机会，更需要正确把握并果敢行动，将机会变成现实的结果，这样才有可能在最恰当的时候出击，获得成功。把握创新创业机会，应好好注意以下几点。

1. 着眼于问题把握机会

机会并不意味着无须代价就能获得，许多成功的企业都是从解决问题起步的。问题，就是现实与理想的差距。顾客需求在没有满足之前就是问题，而设法满足这一需求，就抓住了市场机会。

2. 利用变化把握机会

变化中常常蕴藏着无限商机，许多创新创业机会产生于不断变化的市场环境。环境变化将带来产业结构的调整、消费结构的升级、思想观念的转变、政府政策的变化、居民收入水平的提高。人们透过这些变化，就会发现新的机会。

3. 跟踪技术创新把握机会

世界产业发展的历史告诉我们，几乎每一个新兴产业的形成和发展，都是技术创新的结果。产业的变更或产品的替代，既满足了顾客需求，同时也带来了前所未有的创新创业机会。

4. 在市场夹缝中把握机会

创新创业机会存在于为顾客创造价值的产品或服务中，而顾客的需求是有差异的。创新创业者要善于找出顾客的特殊需要，盯住顾客的个性需要并认真研究其需求特征，这样就可能发现和把握商机。

5. 捕捉政策变化把握机会

中国市场受政策影响很大，新政策出台往往引发新商机，如果创新创业者善于研究和利用政策，就能抓住商机站在潮头。

6. 弥补对手缺陷把握机会

很多创新创业机会是缘于竞争对手的失误而“意外”获得的，如果能及时抓住竞争对手策略中的漏洞而大做文章，或者能比竞争对手更快、更可靠、更便宜地提供产品或服务，也许就找到了机会。

第三节　创新创业项目可行性分析

一、创新业项目可行性分析报告

（一）概况

（1）申请企业的基本情况；企业负责人、项目合伙人及项目负责人简况；企业人员及开发能力论述；企业负责人的基本情况、技术专长、创新意识、开拓能力及主要工作业绩。

（2）项目主要合伙人的基本情况、技术专长、创新意识、开拓能力及主要工作业绩。

（3）企业管理层知识结构；企业人员平均年龄；管理、技术开发、生产、销售人员比例。新产品开发情况、技术开发投入额、占企业销售收入比例。

（4）简述项目的社会经济意义、目前的进展情况、申请孵化资金的必要性。

（二）技术可行性分析

（1）项目产品的主要技术内容及基础原理：需描述技术路线框图或产品结构图；尽可能说明本项目的技术创新点、创新程度、创新难度，以及需进一步解决的问题，并附上权威机构出示的查新报告和其他相关证明材料，已有产品或样品须附照片或样本。

（2）产品的主要技术性能水平与国内外先进水平的比较。

（3）本产品知识产权情况介绍。合作开发项目，须说明技术依托单位或合作单位的基本情况，并附上相关的合作开发协议书。

（4）技术成熟性和项目产品可靠性论述。技术成熟阶段的论述、有关部门对项目技术成果的技术鉴定情况；本项目产品的技术检测、分析化验的情况；本项目产品在实际使用条件下的可靠性、耐久性、安全性的考核情况等。

（三）产品市场调查和需求预测

（1）国内外市场调查和预测。

（2）本产品的主要用途，目前主要使用行业的需求量，未来市场预测；产品经济寿命期，目前处于寿命期的阶段，开发新用途的可能性。

（3）本产品国内及本地区的主要生产厂家、生产能力、开工率；在建项目和拟开工建设项目的生产能力，预计投产时间。

（4）从产品质量、技术、性能、价格、配件、维修等方面，预测产品替代进口量或出口量的可能性，分析本产品的国内外市场竞争能力；国家对本产品出口及进口国对本产品进口的政策、规定（限制或鼓励）。分析本产品市场风险的主要因素及防范的主要措施。

（5）产品方案、建设规模。产品选择规格、标准及其选择依据。生产产品的主要设备装置，设备来源，年生产能力等。

（四）项目实施方案

（1）项目准备，如已具备的条件，需要增加的试制生产条件，目前已进行的技术、生产准备情况。

（2）特殊行业许可证报批情况，如国家专卖、专控产品、通信网络产品、医药产品等许可证报批情况说明。

（3）项目总体发展论述，包括项目达到规模生产时所需的时间、投资总额、实现的生产能力、市场占有份额、产品生产成本和总成本估算、预计产品年销售收入、年净利润额、年交税总额、年创汇或替代进口等情况。

（五）新增投资估算、资金筹措

（1）项目新增固定资产投资估算：应逐项计算，包括新增设备、引进设备等。根据计算结果，编制固定资产投资估算表。

（2）资金筹措：按资金来源渠道，分别说明各项资金来源、使用条件。对孵化风险资金部分，需详细说明其用途和数量；利用银行贷款的，要说明贷款落实情况；单位自有资金部分应说明筹集计划和可能。

（3）投资使用计划：根据项目实施进度和筹资方式，编制投资使用计划。对孵化风险资金部分，需单独开列明细表说明。

（六）经济、社会效益分析

（1）项目的风险性及不确定性分析：对项目的风险性及不确定因素进行识别，包括技术风险、人员风险、市场风险、政策风险等。

（2）社会效益分析：对提高地区经济发展水平的影响，对合理利用自然资源的影响，对保护环境和生态平衡以及对节能的影响等。

二、创新创业项目技术可行性分析

（一）创新创业项目技术可行性分析基本原则

1. 先进性原则

创新创业项目拟采用的技术，其先进性具体表现为工艺的先进性，设备选型的先进性，设计方案及产品方案的先进性，技术经济基础指标参数的先进性。从设备的选型来看，生产工艺设备的先进性，不仅要求主机先进，与之配套的辅机及备品备件也应是先进的。在坚持技术先进性的同时，还应与科学性，即与技术合理性相统一。

2. 适用性原则

技术上的适用性是指拟采用的工艺和设备能适应生产要素的现有条件。适用的先进技术应该成为技术评价和选择的一项基本原则。一般来说，判断技术适用性的标准主要有以下两方面。

（1）能否提高劳动生产率，并充分地、合理地、有效地利用有限资源，降低原材料，特别是能源的消耗，相对地节约资金。

（2）能否改善产品质量，并有利于新兴产业和创新产品的开发，提高企业的技术水平和管理水平。

3. 经济性原则

经济性是指创新创业项目拟采用的技术，应能以一定的消耗获得最大的经济效益。对项目技术分析，必须对投入与产出进行研究与衡量，说明需要投入多少费用。衡量和评价其经济上的合理性，这是技术经济性的核心内容。

（二）创新创业项目技术分析的基础及方法

在可行性研究的技术评价过程中，首先要分析对象技术的性质，只有对技术的性质有了比较清楚的认识以后，才可能对技术进行分析评价。技术的性质包括三个方面：首先是技术的形态，有物质和方法的区别，如机械制造系统的自动化专机生产线、生产所具有的技术形态应不尽相同；其次是技术的相关领域影响技术的主要方面，技术连接的相关程度；最后是涉及的基础技术学科领域，通过对对象技术的分析研究，明确对象技术的性质，这样才能找出比较相近的技术方法和竞争技术，从而加以对比和分析评价。

1. 技术分析的一般内容

一般来说，对于创新创业项目可行性研究的技术分析主要涉及技术的内容，其主要有以下几个方面。

（1）产品工作原理、工作机构、构成要素、使用方法、生产方法等技术问题。

（2）制造过程动作原理、装置的组成及材料的消耗、输入输出物（包括原材料、产品、排出物、中间产物等）的联系。

（3）服务方式。使用方法、采用装置及基本原理等技术问题，以及建筑方式、结构和功能，地区风貌及建筑风格。周围环境、交通状况，气候条件，工业布局等有关问题。可行性研究的技术分析主要围绕着这些内容展开的，最主要内容是工艺与设备分析和选择。

2. 技术分析的方法

方法一：

（1）确定分析范围，明确进行技术分析的前提条件、技术范围，应该讨论和确定一些事项以及主要产生影响的种类、范围等；

（2）说明对象技术的概要，如相关的一些技术和竞争技术的分析对比；

（3）确定对象技术的先进性程度和技术实现的可能性；

（4）寻找对象技术给人类社会与自然界带来的和将要带来的影响；

（5）明确这些影响所属的领域，明确这些影响的特点，并就采用的相应对策做简单的说明，还要有详细的研究对策，明确评价的标准。对对象技术的先进性，实现的可能性及影响的分析结果和对策做综合评价，从而确定采用对象技术。

方法二：

（1）根据对象技术的概要，明确技术应用的目的，了解社会的要求，确定技术的范围，把握现有技术，整理技术内容，确定对象技术的先进性及实现的可能性；

（2）影响的整理、分析，确定影响产生和原因，后果及影响涉及的方面和程度，寻找对象技术的影响，指出预想的影响，从多方面反复进行这一工作；

（3）研究对策，探讨为消除或减少预想的危害应采用的措施，综合评价，对最后的选择提出意见。

3. 创新创业项目生产工艺分析评价

生产工艺是技术设计的重要组成部分。工艺流程是从原料到成品的整个生产过程，它不仅直接涉及项目投资多少，建设周期长短，对未来产品质量和产量，对项目经济效果有直接影响。确定生产工艺路线时，还涉及采用不同设备，不同的工艺方法和其他工艺因素，即不同的实施工艺方案。要针对不同行业的特点，对具体的工艺方案进行分析比较，除技术因素外，还要考虑生产工艺过程中劳动与物化劳动的占用与消耗。为了选出既符合技术标准，又有较高经济效果的工艺方案，必须进行全面综合的工艺方案比较。工艺选择除遵循技术先进性、适用性，经济合理性、安全可靠性等总的原则之外，还要具体考虑以下几个方面。

（1）工艺技术的选择要考虑主要原材料影响：在某些情况，原材料对工艺选择有着决定性影响。对拟建项目工艺方案的技术分析时，需要确定同某种工艺相适应的主要原材料是否有长期稳定的供应。

（2）前后工艺要注意均衡协调，每一道工序要顾及前后工序的影响。评价工艺技术，主要应从生产过程角度看其总工艺技术的选择考虑是否合理，是否最优。

（3）工艺选择应考虑市场需求的影响。不同工艺可以得到不同性能、不同质量、不同品种的产品。市场需求经常在发展变化，工艺技术要灵活，要尽量保证产品多品种、多功能及产品升级换代需要做相应的调整和改变，要有应变能力。这一点，对于生产消费品的建设项目来说尤其重要。工艺技术应尽量满足综合利用，提高综合效益。

总而言之，在对创新创业项目进行可行性技术分析的时候，一定要注意与时俱进，力图选择精湛的技术工艺，为企业创造更大的经济价值与财富。

三、创新创业项目市场可行性分析

市场是生产经营的前提，是企业生存和发展的空间，没有市场，创业就是一句空话。选择项目要注意市场调研，指导项目的选择要依靠数据的理性分析而不能仅凭感性的主观意识。市场调查的目的在于发现可开发的市场空间，可选择的产品或服务，在市场调查过程中寻找机会，寻找项目。只有通过市场调查，才能搞清应该做什么，可以做什么。有一位创业者在南方打工十来年，决定回乡创业，准备投资开办一家高档卫生洁具店，那么他首先要考虑的问题，就是在他所处的这个地区有没有消费市场，市场容量有多大，市场饱和程度及可否进入等。项目选择取决于三个要素，即需求+专长+资源，专长是创业者主观方面的因素，需要对自己有一个全面的评价，而需求和资源，则需要通过市场调查。选择项目一般应从以下几个方面开展调查。

（一）供求状况调查

这是对市场主体的调查，包括对生产者和消费者两级的调查。首先是需求量的调查，包括实物需求量和购买力的调查，目的在于了解所选项目是否有需求，有没有能力实现需求；其次是供应量的调查，即目前市场上某种产品生产者投放市场出售的商品量，目的在于了解市场饱和程度，进入市场后的发展空间。同时，还要了解作为生产经营者可从市场上获得的原材料或货源量，这是制约企业发展规模的重要因素。

（二）商品变动调查

这是对市场客体的调查，包括供求变化、产品更新换代变化、替代品的变化、价格的变化等。商品变动情况调查，实质上是对商品生命周期进行的调查，通过调查以了解所选择的产品或服务的生命周期处在哪一个阶段，如果处在萌芽期或成长期，那么进入的价值就大。同时，与其相关的可替代品有什么变化，对所选择的项目有什么影响等。

（三）消费者行为调查

这里主要是指消费者购买行为，包括消费者购买动机、购买行为趋势及购买行为特性，目前及未来消费者的消费水平、消费心理、消费行为的变化以及影响消费心理和消费行为的各种因素。同一产品或服务，会因不同区域不同人群不同消费行为而表现出极大的差异性，在甲地区可行但在乙地区不一定可行，消费者行为调查的目的，就在于确保项目选择能遵循消费行为的变化规律。

（四）竞争者调查

这是对即将进入行业的调查，竞争者是指与企业生产经营相同或类似产品的企业和个人。企业的生产营销活动总会受到一群竞争对手的包围和影响，企业要想进入某一领域并在市场竞争中获得成功，就必须了解竞争对手。选择创业项目，必须是建立在对同行全面了解的基础上，才能确定是否可以进去，是否有发展空间，是否有能力参与竞争，是否有发展前途等，这是至关重要的不可或缺的环节。否则，进去后再退出来损失就大了。

（五）市场环境调查

市场环境是与企业生产经营活动相关的各种因素和条件，企业生产经营的关键，就在于企业能否适应不断变化着的市场环境。市场环境包括宏观环境和微观环境：宏观环境是一定区域人口、经济、政治法律、社会文化以及生态环境等一些大范围的社会约束力；微观环境是对企业的生产经营活动产生直接影响的环境因素，主要包括企业内部环境、供应商、中间商和服务商、顾客、竞争者等。此外，还有行业背景，包括行业发展规模、阶段、饱和程度，行业的区域分布、各类型所占份额等。

（六）市场预测

经营的关键在决策，决策的关键在预测。调查的结果是要对未来市场做出准确的判断，市场预测就是运用科学的方法，在对市场进行充分调查研究的基础上，分析和预见其发展趋势，为项目选择提供可靠依据。市场预测包括市场潜量预测、市场销售水平预测、生产经营资源预测、产品竞争能力预测以及价格即成本预测等。

四、创新创业项目财务可行性分析

对创新创业项目的财务可行性分析方法，有静态分析法和动态分析法。静态分析法是对若干方案进行粗略评价，或对短期投资项目做经济分析时，不考虑资金的时间价值，主要有投资回收期法（原始投资/每年现金净流量）、投资收益率法（年平均现金净流量/原始投资额）等，这类经济评价方法计算简单，在这里不再一一比较介绍。

动态分析法也叫贴现法，主要包括净现值法、内部收益率法、投资回收期法、获利能力指数法等方法。因为它考虑了资金的时间价值，较静态分析法更为实际、合理，因而在国内外企业中获得了广泛的应用。本文就普遍使用的净现值法、内部收益法、投资回收期法的具体操作予以介绍。

（一）净现值法（NPV 法）

净现值法是目前国内外评价工程项目经济效果的最普遍、最重要的方法之一。把不同时期发生的现金流量（或净现金流量）按一定的折算率折算为基准时点的等值额，求其代数和即得净现值。净现值为正，方案可行，否则不可行。净现值越大越好。净现值的关键是确定折现率，一是根据资金的成本来确定，二是根据企业要求的最低资金利润率来确定。

计算公式：

$$NPV(i_0)=\sum_{t=1}^{n}\frac{F(t)}{(1+i_0)^t}-I_0=\sum_{t=1}^{n}F_t(1+i_0)^{-t}-I_0$$

式中：NPV（i_0）——基准收益率等于 i_0 时的净现值；

i_0——基准收益率；

F_t——第 t 年的现金净流量；

t——现金流量发生的年份的序号；

I_0——初始投资额。

（二）内部收益率法（IRR 法）

内部收益率法是反映获得利润的可能性指标，是指可以使项目寿命期内净现值为零时的贴现率。将内部报酬率与资本成本（或行业平均报酬率）比较，前者大于后者，方案可行，否则不可行，内部报酬率越大越好。

计算公式：

$$NPV(i_*)=\sum F_t(1+i_*)^{-t}-I_0=0$$

求出 i_* 的值。

式中：NPV（i_*）——内部收益率为 i_* 时的净现值；

i_*——内部收益率。

当 i_* 大于基准收益率或投资者要求的收益率 i_0 时方案可行。

（三）投资回收期法

静态分析法中投资回收期计算方法，由于没有考虑货币的时间价值，所以存在很大的局限性。但是回收期可以指出一项投资的原始费用得到补偿的速度，也就是投资本息的偿还速度。投资单位一般都比较关心资金的补偿速度，如果在计算投资回收期时，考虑时间因素，那么投资回收期这个指标还是有用的。

计算公式：

$$n=\frac{-\log\left(1-\frac{Pi_0}{A}\right)}{\log\left(1+i_0\right)}$$

式中：n——投资回收期；

P——投资的现值；

A——年等额经营成本。

思考练习

1. 创新创业环境对创业有哪些影响作用？
2. 从哪些方面对区域创新创业环境进行评价？
3. 创新创业机会的来源有哪些？
4. 如何识别和开发创新创业机会？
5. 评价创新创业项目的方法有哪些？具体如何应用？
6. 创业模式主要有哪些种类？各自具有哪些优缺点？

CHAPTER

第三章 创新创业资源

引导案例

广州齐天下：整合资源促进成功创业

王卫是来自广东省潮汕地区的一名身材高大的小伙子，他是第一个完成单车环行中国的大学生，创造了中国吉尼斯纪录，他是首部广州亚运会志愿者宣传片主角，他是2008年奥运会、2010年亚运会的火炬手。如今，他是广州齐天下教育科技有限公司的创始人和总经理。他的创业之路，与众不同。他从未想到，一次勇敢的骑行尝试，竟然会让自己走向了创业的道路。

2004年，王卫考上了广州的一所普通大学。父母对自己的期望很高，但王卫心里有种隐隐的失望。虽然自己已经很努力了，也是村里成绩不错的学生，但因为教育水平终究比不上城里的，最后他只考上了专科。他担心，在专科学校，很难学得一身可以和重点大学的学生竞争的本领。大一的他，就已经萌发了想通过自己的努力，做一个有故事的人的想法。

由于自己爱好骑行，从小到大也是骑行上学的。一个大胆的想法在他心中发了芽。如果到全国不同的地方走走，去看社会百态，去开阔眼界，一定会对自己的成长有不一样的帮助。可是，没有钱，没有经验，周游全国谈何容易？在大家都以为他要放弃的时候，他竟然决定以骑单车的方式来周游中国。骑行，既可以锻炼身体，又可以磨砺意志，还可以节省经费。于是，他利用两个寒假和一个暑假的时间，完成了骑行全国的目标。他的人生从没有如此疯狂过，在西藏经历缺氧，翻车成了家常便饭。完成这次环行之后，王卫拿到了人生最为惊讶的一个荣誉：中国吉尼斯——“首位骑行全国的在校大学生”纪录证书。在2008年时，他凭着自己这一举动，鼓舞了无数大学生，并在中国迎来第一个奥运会之际，奇迹般地成为北京奥运火炬手。

2008年10月，王卫团队三名成员作为中方代表，参加由广州电视台和韩国光州电视台联合举办的《在路上》关于环保的骑行纪录片拍摄。从此，他们似乎找到了一条适合自己的宣传的路。

在广州白云山脚下的广东外语外贸大学校园里，王卫和几名热衷于行万里路游学的同伴在探讨着公益创业之路，受《西游记》和《礼记·大学》的启迪，他把团队取名为“齐天下”，从此踏上创业的道路。

他还有两个月就大学毕业了。电子商务科班出身的他，要找份好工作不难。可他心中早已另有所属。“亚运就在家门口，我不想错过这个广州2000多年才碰上的盛事，想为它做点儿什么。”一番思想风暴后，他毅然决定奔着向往去——当一名志愿信使，“用骑行方式，到各地宣传广州亚运。”

他想通了，可父母却气蒙了。潮汕人对儿子的前途寄很大希望，身为家中长子，好不容易上完大学，却不找工作，整天骑个破单车到处瞎逛，这不是“不务正业”吗?！父母认为很不可思议，但王卫不听，志向已定。老人一怒之下，与子“断交”。

“我每隔几天就给他们打电话，他们不接，后来我就一天打十几次，总会遇上他们心软的时候，就接了，但语气很冷淡……”后来，父母才渐渐原谅了他，并开始理解儿子。

“这三年我没有尽到做儿子的责任，没给过家里一分钱。我当亚运信使，都是自费的；而我自己的生活费，都是靠朋友资助或者向朋友借的。”创业，走出自己的路，让父母少担心，成了王卫心中不灭的追求。

“现在，我唯一能为他们做的，就是不伸手向家里要钱。幸好父母的负担就是供妹妹读书，还能承受。”

先做公益，打出名气和品牌，再赢利，是王卫实现创业的计划。获父母“支持”后，王卫更是将全身心投入亚运宣传。不久，他组建了一支亚运志愿信使骑行团，名“齐天下”。2009年9月，他们自筹经费，行程5000多公里，穿越东南亚六国，一路派发由时任广州市市长张广宁签名的《广州亚运邀请信》。

公益之路走得不容易，要打出“齐天下”的品牌，他们费尽心思。他利用媒体宣传“齐天下”，打造公益明星模式。在路上，齐天下的团队精神，或者是骑行游学精神陆续受到媒体、机构的聚焦与关怀。中华人民共和国文化部、亚运会组委会、人民日报、新华社、人民网、中央电视台、凤凰台、翡翠台、湖南卫视、广东卫视、南方电视台、广州电视台、广州日报、南方都市报、羊城晚报、新快报甚至是老挝、马来西亚、泰国等当地20余份华文报纸都关注了这群热血青年的追梦之旅。网上报道以及相关转贴有21 800 000多篇。他们受邀参加全国高校演讲（北京大学、中山大学、苏州大学……）高达数十场，在中国自行车游学领域初具影响力。

2010年5月，第16届广州亚运组委会志愿者部、广州共青团市委共同组织拍摄中国首部志愿宣传片《广州志愿者》，由中国著名导演陆川先生执导。该宣传片中展示了广州青年志愿者风貌，宣扬志愿服务精神。齐天下亚运志愿信使团作为主角之一参与了拍摄。同时，王卫也是陆川导演拍摄亚运宣传片时所选定的主角之一，并成为大导演眼中的“最可爱的人”。在广州的电视上，甚至人流量超大的地铁里，王卫成了电视上的明星，鼓舞着广州市民。

公益之旅从此踏上了康庄大道，他频频获邀或主动参与公益环保活动，提倡环保。在活动中，他常常与广东省委书记汪洋、省长朱小丹有互动。更是获得了中国志愿服务领域最高荣誉——中国青年志愿者优秀个人奖。

媒体效益出来后，他又在思考：做了这么多年公益，名气出来了，可是创业模式还没出来。思考再三，他终于在2011年2月正式注册创立了“齐天下教育科技有限公司”，立志未来10年影响中国百万大学生骑行游学。

创业之路开始了第一步，由公益到创业的完美转换也曾一度受到外界的质疑，如何把公益和创业结合，成了王卫的难题。

于是，他打起了文化牌，将骑行和传统文化相结合，将公益和创业结合。他将企业变成了混合体，既做公益，又做创业。而此时，他的企业，几乎还没有赢利，换句话说，他的企业只有空壳。2012年4月，齐天下汇集了3个六旬老人、3个残疾人、9个在校大学生、5个社会工作者，他们踏上了骑行伦敦奥运之路，通过亚欧骑行游学宣传奥林匹克、低碳环保、文化交流等精神理念，沿途拜访著名书法家为十米龙卷题“龙”字，并参加各种公益活动。“在伦敦我们和伦敦前副市长一起骑单车，跟当地华侨交流。安全到达伦敦就基本完成使命了。”他们的目标是把一路上收集的龙卷赠予伦敦奥组委。

在罗马的时候，他们遭遇小偷，手机、电脑、自行车等物品失窃，还未到达伦敦又遭遇了经费严重不足的情况。为了支持伦敦之行顺利完成，齐天下选择义卖深圳大运会火炬，募得经费2万多元，全部赞助他们继续前行。一路上得益于热心的外国友人和当地的华人华侨帮助，伦敦之行顺利完成。

义卖火炬这一做法得到了很多人的支持和宣扬，但也出现了一部分质疑的声音。王卫回应：“社会上永远会有两种不同的声音：支持与反对。有人说我们是吃饱没事做，只是在宣传喊口号等，我觉得每个人都有自己做事情的方式，我们能走出来，这就是很好的一步了。有人说我们没带够钱就敢出去，自找没趣。万事不可能都准备得十分完美，路上总有很多意外，所以我们很委婉地回应，是我们的不足，没做好应急工作，包括没有拉到赞助等。”

但有一点，王卫是做到了。他通过骑行收集了不少文化作品，这成了齐天下创业过程中较为重要的一笔，也成了齐天下游学护照最为关键的一点，那就是全国100个书画家写下的100个龙字背景，其后成为齐天下销售的一款产品。

如今，齐天下已往集团公司方向发展，旗下有广州齐天下游学馆连锁有限公司、广州齐天下文化传播有限公司、广州齐天下教育科技有限公司以及广东齐天下园丁游学计划(民办非企)。随着齐天下集团公司的筹备成立，王卫志在将自行车游学事业推广至全国，关注新青年成长，提倡环保低碳，使公司成为一个具有社会责任感的企业！在此过程中，他主要采用了以下招数。

第一，全省高校网罗核心精英，壮大创业力量。在创业过程中，虽然王卫自身有着强大的资源和个人魅力，但由于自己并非“富二代”或“官二代”，并没有足够的资金周转，加之业务范围广，需要人手众多，一系列的困难摆在王卫的面前。和他一同创业的伙伴换了一批又一批，旧的一批刚适应，却又担心耗不起青春，最终离开了团队；新的一批，既要重新接触团队，又略带一些迷茫。如此反复，实在是一大难题。但是王卫巧妙利用了大学生的需求，除承诺给予核心骨干一定比例公司股份，让他们无后顾之忧外，还用诸多优惠招募实习生，虽然没有薪酬，但是也能让学生在实习期得到较大锻炼，实现了双赢。王卫在用人方面大胆，充分信任团队中的伙伴，几乎给予了团队的伙伴最大的空间。他相信，只有彼此诚信，坦开胸怀，彼此接受，才能成为一个好的团队。

第二，巧用媒体资源推广，建立认知合法性。王卫的创业之路，有着他独特的经历。由于其自身的魅力和让无数人羡慕的经历，他成了媒体界的“宠儿”，他又善于抓住群众关注的焦点，利用媒体，产生媒体效益。在初期创业阶段，为了打响齐天下品牌，他带领团队骑行东南亚；为了找到新闻亮点，他在招募队员时，给予了不同人同样的机会，从而促进了新闻亮点的体现。如70多岁的黄伯伯、出发前一个月才学骑行的高考状元、人称独臂大侠的残疾人士，一系列的噱头让齐天下常常出现在报纸或者电视中，提高了在群众中的印象，促进了其认知合法性。

第三，弱弱联合，寻找最优路线。王卫的游学馆主要以销售自行车及其配套装备为主，但在广州就有200多家类似销售点，竞争压力相当大。他发现，同样具有巨大压力的还有很多小型自行车维修店，日常的维修利润甚少，维修技术人员也相当紧缺。于是，王卫主动去联系维修店，采用分股的形式，将维修店进行合并。维修店老板提供场地，齐天下提供技术人员，并增加自行车销售业务，实现共赢。此外，他还凭着自己的人脉，尽量为维修店增加生意。

第四，融入中国传统文化，走自己的特色路。王卫的公司营业模式中有一部分是游学，给不同层次的人设计骑行路线，并通过拜访书画家等方式，让骑行者在骑行旅程中能进一步了解书法的魅力以及其他传统文化的精髓。此外，他还发起“园丁游学”，让企业赞助西部乡村的教师，通过骑行，一方面和东部的教师交流取经，另一方面为西部孩子争取资源。

第一节　创新创业资源概述

一、创新创业资源的内涵

（一）资源的含义

“资源”一词在《新华词典》被定义为：“物资、动力的天然来源。”《辞海》对“资源”一词有类似的解释：“资财的来源，一般指天然的财源。”但是从经济学的角度来看这些定义的内涵与外延都不够清晰，所以经济学界对其一直在尝试着进行新的探索和阐释。资源经济学将资源划分为四大类：自然资源、人力资源、资本资源和信息资源。近期有人提出了泛资源概念，认为："资源是对人类或非人类有用价值或有价值的所用部分的集合，包括自然资源、人力资源、信息资源、科技资源、时间资源、空间资源、社会资源等。"在经济学家眼中，资源从本质上讲就是生产要素的代名词。由于理解"资源"一词的经济学内涵，是科学准确把握"创新创业资源"概念的基石，所以有必要对"资源"的定义和内涵进行深入和正确的界定。本书认为资源是指在一定的社会历史条件下现存的或潜在的能够在人类活动中经由人类的直接劳动或间接劳动满足人类需求的各种自然的和非自然的要素。

（二）创新创业资源的概念界定

创新创业活动开展所必备的要素之一是创新创业资源，创新创业资源已经成为创新创业的关键要素与基本前提条件。创新创业需要资源，不同的学者对创新创业资源的概念界定并不相同。Caves 认为创新创业资源是指为了实现创新创业目标而在整个创新创业过程中所运用的各类有形资源与无形资源的加总。Wemerfdt 将创业资源视为在创业活动中投入的各种有形资产与无形资产。Dollinger 将创新创业资源视为组织在其活动中投入的各种要素及要素组合。林嵩、张恃和林强指出，创新创业资源是创新创业型企业所拥有或者所能够支配的可实现其生存与发展战略目标的包括资产、能力、组织结果、企业属性、信息、知识在内的各种要素及要素组合。李宇指出，创新创业资源是指组织在创新创业全过程中先后投入与利用的内外部各种有形与无形的资源总和，是创新创业所依赖的重要资本。Grande，Madsen，Borch 指出，创业资源是指创业企业在创业全过程中先后投入和利用的各种物质、能量和信息的总和，它作为一种特殊的资源既有所有资源都具备的有利用价值、能为企业创造价值、体现企业竞争力等共性特征，同时也具有一个突出的个性特征——它是创业者捕捉创业机会与制定创业战略的基础。综上所述，本书将创新创业资源界定为为创新创业者或创新创业组织所拥有、控制或整合的各种有形、无形的要素与要素组合。"拥有、控制或整合"描述了资源获取与利用的途径和方式；"有形、无形"说明了创业资源的存在形态；"要素与要素组合"是从创造价值的方式和投入产出的角度来说的。

二、创新创业资源的类型

对创新创业资源的分类有多种。根据不同的标准，创新创业资源有不同的类型。

（一）根据资源的性质划分

根据资源的性质，可以将创新创业资源分为六种类型，分别是人力资源、社会资源、财务资源、物质资源、技术资源和组织资源。

1. 人力资源

创新创业人力资源指创新创业者或创新创业团队的知识、经验、技能等，也包括组织及其成员的专业智慧、判断力、视野、愿景，甚至是创新创业者本身的人际关系网络。创新创业者是组织中最重要的人力资源，因为创新创业者能从外部环境中看到机会、识别威胁。正是因为创新创业者本身的重要性，以至于可以毫不夸张地说创新创业项目之间的竞争从根本上说就是创新创业者之间的竞争。

2. 社会资源

创新创业社会资源指由于创新创业者或创新创业团队的人际社会关系网络而形成的关系资源。社会资源可以说是人力资源的一部分。在诸如中国这样的“关系社会”，人与人之间交往遵循的是“差序格局”，社会资源对创新创业活动的顺利开展尤其重要，因为在中国转型经济情境下，通过“关系”等社会资源可以有助于获取更多的稀缺性资源，并且这种稀缺性资源往往是很难从正常的渠道获得的。因此，可以说具有丰富社会资源的创新创业者或创新创业团队比起那些社会资源匮乏的创新创业者或创新创业团队的成功概率更高。

3. 财务资源

创新创业财务资源包括资金、资产、股票、债券等。对于初创的组织而言，拥有一定数量的财务资源对其顺利存活并成长尤其重要。然而，由于新创组织缺乏相应的信用纪录，通过正常的融资渠道，很难从银行、证券等金融服务机构筹集到可观的资金，此时从自身的亲朋好友处获取相应的财务资源不失为一种可行的路径。尤其是在缺乏“普遍信任”的中国社会，通过“自家人”来获取相应的财务资源也是较为有效的途径。

4. 物质资源

创新创业物质资源主要包括创新创业活动过程中所需的各种有形资产，如厂房、机器设备、土地等，也包括一些自然资源，如矿山、森林等。物质资源有时也能成为新创企业拥有的重要战略性资源，如不少新创企业依靠“好地段”附近的土地资源而获取顺利存活与发展，对于这种新创企业而言，甚至可以说这种物质资源就是其发展的关键所在。

5. 技术资源

创新创业技术资源主要包括关键性技术、制造流程、作业系统等。技术资源是创业创新活动中通常不可缺少的一种资源，尤其是在当前“创新驱动”“大力发展战略性新兴产业”的时代背景下，技术资源对创新创业活动的成败也具有重要的影响。拥有大量的专利技术是高新技术企业创新活动的前提与基础，也是大量科技型创业企业成长的有力保障。

6. 组织资源

创新创业组织资源指的是依附在组织内部的资源，通常包括组织文化、组织架构、组织内部管理制度等。组织资源不依附于创新创业者个人或创新创业团队，然而创新创业者个人或创新创业团队对组织资源的构建却具有举足轻重的作用。和谐的组织文化、有机式的组织架构、充分协调的组织内部管理系统等都是有利于创新创业组织顺利生存与发展的重要组织资源。

（二）根据资源的来源范围划分

根据资源的来源范围，可以将创新创业资源分为内部资源和外部资源两种类型。外部资源主要来源于两部分：一是来自创新创业者个人或创新创业团队的社会和垂直网络，包括家庭、朋友以及供应商等；二是来自组织的水平网络即竞争者。在资源的内容上，外部资源和内部资源并没有显著区别，都包括财务资源（如现金、股票等）、物质资源（包括厂房、设备等）、人力资源、组织资源等。

（三）根据资源的属性划分

根据资源的属性，可以将创新创业资源分为有形资源和无形资源两种类型。有形资源包括财务资源、物质资源、人力资源等；无形资源从内部维度上还可以分为“不依赖于人的资产”和“依赖于人的技能”，前者包括法律相关的资产（合同、许可证、智力资产、商业秘密等）以及法律之外的资产（声誉、网络、资料库），后者包括技能（员工技能、供应商技能、分销商技能等）以及组织文化（质量感知、变革管理能力、服务感知等）。

（四）根据资源的作用划分

根据资源的作用，可以将创新创业资源分为核心资源和非核心资源两种类型。核心资源主要包括技术、管理和人力资源。这几类资源涉及创业企业有别于其他企业的核心竞争力，是创业机会识别、机会筛选和机会运用几大阶段的主线，必须以这几类要素资源为基点，扩展创业企业发展外延。人力资源对于企业来说，主要是一种知识财富，是企业创新的源泉。高素质人才的获取和开发是现代企业可持续发展的关键。管理资源又可理解为创业者资源。创业者自身素质对创业企业的成长有至关重要的作用。创业者的个性，对机遇的识别和把握，对其他资源的整合能力，都直接影响创业成败。科技资源是一种积极的机会资源。对于新创企业来说，主动引进和寻找有商业价值的科技成果，是企业的立身之本和市场竞争之源。

非核心资源主要包括奖金、场地和环境资源。如何有效地吸收资金资源，并保持稳定的资金周转率，实现预期盈利目标，是创业成功与否的瓶颈课题。场地资源指的是高科技企业用于研发、生产、经营的场所。良好的场地资源能够为企业大幅度降低运营成本，提供便利的生产经营环境，短期内累积更多的顾客或质优价廉的供应商。而环境资源作为一种外围资源影响着创业企业发展。例如，信息资源可以提供给创业者优厚的场地资金、管理团队等关键资源，文化资源可以促进管理资源的持续发展，等等。

第二节　创新创业资源的整合及动因

一、创新创业资源整合的内涵

资源是新企业创建和成长的生命线，然而由于资源的异质性，部分资源可通过市场购买，而另一些则难以通过市场渠道获取。也就是说，异质性的资源并不能直接为企业带来持续的竞争优势，这需要资源整合来创造价值。

资源整合是企业战略调整的手段，也是企业经营管理的日常工作。整合就是要优化资源配置，就是要有进有退、有取有舍，就是要获得整体的最优。在战略思维的层面上，资源整合是系统论的思维方式，就是要通过组织和协调，把企业内部彼此相关但却彼此分离的职能，把企业外部既参与共同的使命又拥有独立经济利益的合作伙伴整合成一个为客户服务的系统，取得 1 加 1 大于 2 的效果。在战术选择的层面上，资源整合是优化配置的决策，就是根据企业的发展战略和市场需求对有关的资源进行重新配置，以突显企业的核心竞争力，并寻求资源配置与客户需求的最佳结合点。目的是要通过组织制度安排和管理运作协调来增强企业的竞争优势，提高客户服务水平。

根据资源整合的层次不同，可以将创新创业资源整合分为宏观创新创业资源整合和微观创新创业资源整合。宏观创新创业资源整合是指与创新创业有关的政府部门或其他机构（如孵化器）所进行的资源整合工作，其目的是为所有（或者至少是一部分）创新活动或创业企业的成长与发展提供更加便利的条件；微观创新创业资源整合则是指某一个具体的创业企业或创业团队所进行的资源整合工作，其根本目的就是为了自身的发展。

资源整合是指企业对不同类型资源进行识别与选择、汲取与配置、激活和融合，使之具有较强的柔性、条理性、系统性和价值性，并创造出新的资源的一个复杂的动态过程，是指企业对不同来源、不同层次、不同结构、不同内容的资源进行选择、汲取、激活和有机融合，使之具有较强的柔性、条理性、系统性和价值性，并对原有的资源体系进行重构，摒弃无价值的资源，以形成新的核心资源体系。资源整合主要包括以下四个方面的内容。

（1）内部资源与外部资源的整合。一方面，识别、选择、汲取有价值的、与企业内部资源相适应的诸如隐性技术知识等外部稀缺资源，并融入这些资源到企业自身资源体系之中；另一方面，实现外部资源与内部资源之间的衔接融合，激活企业内外资源，从而能够充分发挥内外资源的效率和效能。

（2）个体资源与组织资源的整合。一方面，零散的个体资源进行系统化、组织化，能够不断地融入组织资源之中，转化为组织资源；另一方面，组织资源也能够被迅速地融入个体资源的载体之中，能够激发个体资源载体的潜能，提高个体资源的价值。

（3）新资源与传统资源的整合。新资源可以提高传统资源的使用效率和效能，反过来，传统资源的合理利用又可激活新资源，促进隐性技术知识等新资源的不断涌现，如此循环反复、螺旋上升。

（4）横向资源与纵向资源的整合。横向资源是指某一类资源与其他相关资源的关联程度，纵向资源是指某一类资源的广度和深度方面的资源。它们的整合，对于建立横向资源与纵向资源的立体架构具有十分重要的意义。

二、创新创业资源整合的过程

资源整合有其内在的逻辑过程，一般而言，资源整合过程包括几个方面：认识资源、积累资源、配置资源、自我反馈、能力的形成与提升。其中资源配置过程是个复杂的阶段，需要调动组织内外部资源，通过对资源配置过程的自我反馈，以进一步指导企业管理者去认识及积累关键的资源。

（一）认识资源

认识资源是企业资源配置的前期准备阶段。企业首先需要对资源加以把握，认识哪些资源是企业运营过程中的重要资源，哪些资源是企业比较充足的，哪些是企业稀缺的，等等。然而，认识资源的过程是困难的，因为外部环境是不断变化的，企业资源的价值性也在不断变化。认识资源的目的在于为企业提供一个资源清单，让企业了解目前资源组合的优势与不足。

（二）积累资源

积累资源是企业在掌握内部的资源信息后，根据目标及企业发展需要优化资源组合的过程。积累资源的意义在于增加企业资源的难以模仿性，为企业提供长期的资源储备，因为外部要素市场并不能为企业提供所需的一切资源，企业需要持续的内部资源累积外部资源补充的过程，以优化资源组合。在激烈的市场竞争中，企业维持竞争优势的重要途径是不断完善自身的核心资源。然而，企业核心资源的积累并不是一朝一夕之事，主要通过两种形式加以实现，一种是外部合作，一种是内部学习。

（三）配置资源

资源的配置过程和配置方式是资源整合的核心内容。企业的资源整合主要解决的是如何调动资源以提高企业运营效率，为企业创造更多的价值。根据 Sirmon 等的观点，资源整合可分为三种方式：稳定调整、丰富细化和开拓创造。稳定调整资源整合方式是指对现有能力进行微调，以维持竞争优势；丰富细化资源整合方式是指拓展和完善现有能力，例如，通过学习新的技能来扩展现有技能水平；开拓创造资源整合方式则是一个独特的过程，涉及整合全新的资源，需要探索性的学习来加以完成。

（四）自我反馈

自我反馈是对整个资源整合过程的反思和改进过程，通过适时地对资源配置过程的反思，一方面可以使管理者更加了解组织内部所拥有的资源情况，以便获取相应资源，调整对资源的决策；另一方面，自我反思过程也是积累资源的过程，促进企业加强关键资源的积累、自我反馈过程可通过不间断的内部总结来实现，管理者可充分交换意见，对资源配置效率较高的方面予以激励，对那些配置过程或方式不利的方面予以改进。企业通过不断的资源配置和配置效果反馈增加了管理者间的沟通和互动，极大提升资源配置能力。

（五）能力的形成与提升

资源有效配置的过程也是企业能力的形成与提升过程，例如市场能力、生产能力、财务能力、创新能力等方面的形成与提升。能力的形成与提升可帮助企业为顾客创造更多的价值，不同方式的资源整合带来了企业独特的能力，这些独特能力的形成可提升企业的竞争优势，为顾客带来更多的价值。

三、创新创业资源整合的流程

从本质上讲，资源整合战略解决了新企业在高度变革和高度不确定性的市场上所面临的战略挑战，那就是不断地创新和重塑公司现有资源禀赋，以取得可持续的竞争优势，所以这也是一个资源依赖和情境嵌入的社会互动过程，如图 3-1 所示。

四、创新创业资源整合的动因

资源匮乏是创业企业成长过程面临的一大难题，但创业企业在追求价值增长过程中，不

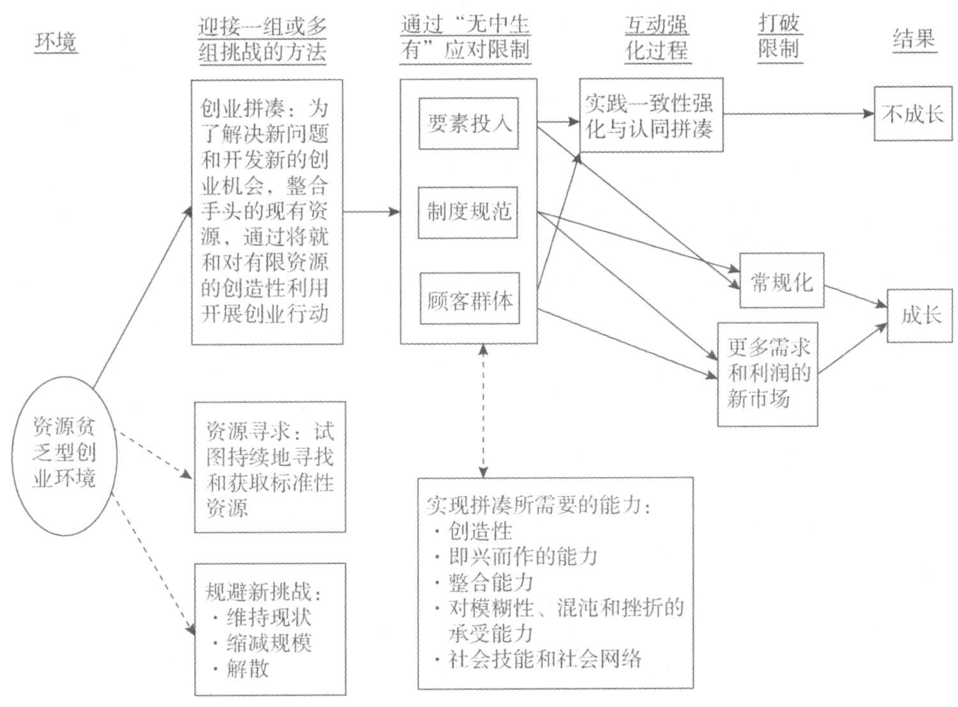

图 3-1　创新创业资源整合的流程

能一味地去追求资源的数量，更要考虑资源的质量，拥有战略性资源是创业企业顺利成长的法宝。战略性资源的显著特点就是能够创造独特的竞争优势。通常具备以下四个特点：一是有价值，当一种资源对管理活动的效率和效果有帮助时，就可以被视为有价值的；二是稀缺性，如果有价值的资源已经被大多数竞争者所拥有，那这种资源就不足以形成竞争优势了；三是难以模仿，稀缺的资源固然重要，但最好还是难以模仿的资源，或者是竞争对手需要付出极大的代价才能复制的资源；四是不可替代，一种资源一旦容易被其他资源所替代，那么其价值及稀缺的优势就会锐减。综合所述，对于创新创业者或创新创业团队来说，如何获取、拥有具备有价值、稀缺、难以模仿、不可替代的战略性资源就是保障其创新创业活动顺利开展的关键所在。

资源整合的关键是互补，只有资源互补，才可能从整合到融合，最后达到契合。具体来说，就是"把我缺的资源用我有的资源去换或者低成本买回来；把我的资源与你共享，把你多赚的钱分点给我；把你的资源与我共享，把我多赚的钱分点给你。"说到底，整合就是借力，整合就是"利用"，善用彼此资源，创造共同利益。比如从深圳到北京，你可以步行、骑自行车、开汽车、坐火车，你也可以乘飞机，这些方法都能到达目的地。但是，要想轻松快速达到目标，乘飞机是个最好的选择。资源整合就是企业运营中的"飞机"，适宜于所有想快速达成目标的人。跟资源整合所产生的威力比起来，"飞机"显然只是个一般的比喻。可以说，资源整合是现代商战中的原子弹。运用好这个核武器便可以产生百分之几百甚至百分之几千的能量。这也是资源整合与其他企业经营策略的区别。只要掌握了资源整合的方法，也就拥有了企业高速成长的密码。中国的企业，特别是中小型创新创业型企业，已由传统的依靠资源规模来竞争的创业时代变成了以资源整合为竞争手段的新时代。资源整合就是这个时代轻松快速达成目标的一个工具。创造资源很难，整合资源很易；创造资源很慢，整合资源很快。因此资源整合是创新创业型企业成长与发展的一条重要途径。

随着全球经济一体化进程的加快，创新创业型企业要想在日益激烈的全球竞争中立于不败之地，开展资源整合活动显得十分重要。一方面，资源整合是企业绩效的重要源泉。通过对企业内外资源、传统资源与新资源、个体资源与组织资源、横向资源与纵向资源等实施有效的整合，企业可以充分发挥这些资源的使用效能并创造出新的资源，从而提升企业经营绩效。另一方面，资源整合也是企业竞争力的主要源泉。市场竞争优势常常属于那些善于进行资源整合的企业，而不是那些拥有大量资源的企业，也不是那些投入巨资进行开发新资源的企业。也就是说，竞争优势的真正来源是企业对资源的整合能力，这种能力使得企业高层管理人员能够基于对未来发展趋势的正确预测判断而有效地识别与选择、汲取与配置、激活与融合企业内外部资源、新旧资源、个体与组织资源、横向与纵向资源。通过持续不断的资源整合，企业能提升其竞争优势。因此，在企业资源管理任务中，创新创业型企业在重视对企业资源整合的同时，应该要采取相应的整合策略，以提高企业资源整合能力，这样才能有效地提高企业整体的资源竞争力，从而增强企业国际竞争优势。

第三节　创新创业资源整合的原则与方法

一、创新创业资源整合的原则

（一）经济租金创造机制

创业者整合资源的根本目的在于创造经济租金。因此，租金创造机制将会影响资源整合的战略选择。学者们通常认为，有两种机制会影响企业创造经济租金：一种是资源攫取机制，另一种是能力构建机制。资源攫取机制是通过探索以前没有的新资源或者被低估的资源，从而创造经济租金。有观点认为，资源攫取是创造经济租金的主要机制，企业必须拥有出色的攫取技能，即比资源市场中的其他对手更准确地评价资源的未来价值，从而购买到生产率高的资源，而这些都发生在企业拥有资源所有权之前。资源攫取技能不仅帮企业选择好的资源，也帮企业避免选择不好的资源。Schumpeter 对这种观点提出了挑战，认为在能力构建机制下，管理者依靠设计和建造适宜的组织系统去提高生产率，即在现有资源的条件下更好地去开发现有资源。Schumpeter 的观点可以归结为动态能力观。

这两种租金创造的机制并不是相互排斥的，事实上，企业往往同时利用这两种机制创造经济租金。前一种机制认为，企业创造经济租金是因为比其竞争对手更有效地选择资源，而后一种机制强调企业更有效地配置已有资源。资源攫取机制在决策阶段发挥作用，构建能力机制在实施阶段发挥作用。创业者在创业之初并非一无所有，他可以对手中现有资源进行创造性的利用，即以能力构建机制为导向，在资源整合过程中采用开发现有资源的战略；另外，随着创业的进程现有的资源难以满足创业者需要，因此创业者需要做出资源选择判断，获取新的资源，即以资源攫取机制为引导，在资源整合过程中采用探索潜在资源的战略。

（二）设置合理利益机制

资源通常与利益相关，创业者之所以能够从家庭成员那里获得支持，就因为家庭成员之间不仅是利益相关者，更是利益整体。既然资源与利益相关，创业者在整合资源时就一定要设计好有助于资源整合的利益机制，借助利益机制把包括潜在的和非直接的资源提供者整合起来，借力发展。因此，整合资源需要关注有利益关系的组织或个人，要尽可能多地找到利益相关者。同时，分析清楚这些组织或个体和自己以及自己想做的事情的利益关系，利益关系越强、越直接，整合到资源的可能性就越大，这是资源整合的基本前提。

二、创新创业资源整合的方法

创业者能否成功地开发出机会，进而推动创业活动向前发展，通常取决于他们掌握和能整合到的资源，以及对资源的利用能力。许多创业者早期所能获取与利用的资源都相当匮乏，而优秀的创业者在创业过程中所体现出的卓越创业技能之一，就是创造性地整合和运用资源，尤其是那种能够创造竞争优势，并带来持续竞争优势的战略资源。

尽管与已存在的进入成熟发展期的大公司相比，创业型企业资源比较匮乏，但实际上创业者所拥有的创业精神、独特创意以及社会关系等资源，却同样具有战略性。因此对创业者而言，一方面要借助自身的创造性，用有限的资源创造尽可能大的价值；另一方面更要设法获取和整合各类战略资源。

（一）善用资源整合技巧

创业总是和创新创造及创富联系在一起。一位创业者结合自身创业经历，提出了这样的观点：缺少资金设备雇员等资源实际上是一个巨大的优势。因为这会迫使创业者把有限的资源集中于销售，进而为企业带来现金。为了确保公司持续发展，创业者在每个阶段都要问自己怎样才能用有限的资源获得更多的价值创造。

1. 学会拼凑

很多创业者都是拼凑高手，通过加入一些新元素与已有的元素重新组合，形成在资源利用方面的创新行为，进而可能带来意想不到的惊喜。创业者通常利用身边能够找到的一切资源进行创业活动，有些资源对他人来说也许是无用的、废弃的，但创业者可以通过自己的独有经验和技巧加以整合、创造。例如，很多高新技术企业的创业者并不是专业科班出身，可能是出于兴趣或其他原因对某个领域的技术略知一二，却凭借这个略知的“一二”敏锐地发现了机遇，并迅速实现了相关资源的整合。

整合已有的资源，快速应对新情况，是创业的利器之一。拼凑者善于用发现的眼光，洞悉身边各种资源的属性，将它们创造性地整合起来。这种整合很多时候甚至不是事前仔细计划好的，而往往是具体情况具体分析、“摸着石头过河”的产物。而这也正体现了创业的不确定性的特性，并考验创业者的资源整合能力。

2. 步步为营

创业者分多个阶段投入资源并在每个阶段投入最有限的资源，这种做法被称为“步步为营”。步步为营的策略首先表现为节俭，设法降低资源的使用量，降低管理成本。但过分强调降低成本，会影响产品和服务质量，甚至会制约企业发展。比如：为了求生存和发展，有的创业者不注重环境保护，或者盗用别人的知识产权，甚至以次充好。这样的创业活动尽管短期可能赚取利润，但长期而言，发展潜力有限。所以，需要“有原则地保持节俭”。

步步为营策略表现为自力更生减少，对外部资源的依赖，目的是降低经营风险，加强对所创事业的控制。很多时候，步步为营不仅是一种做事最经济的方法，也是创业者在资源受限的情况下寻找实现企业理想目的和目标的途径，更是在有限资源的约束下获取满意收益的方法。习惯于步步为营的创业者会形成一种审慎控制和管理的价值理念，这对创业型企业的成长与向稳健成熟发展期的过渡尤其重要。

（二）发挥资源杠杆效应

尽管存在资源约束，但创业者并不会被当前控制或支配的资源所限制。成功的创业者善于利用关键资源的杠杆效应，利用他人或者别的企业的资源来完成自己创业的目的。用一种资源补足另一种资源产生更高的复合价值；或者利用一种资源撬动和获得其他资源。其实大公司也不只是一味地积累资源，他们更擅长资源互换，进行资源结构更新和调整，积累战略性资源，这是创业者需要学习的经验。

对创业者来说，容易产生杠杆效应的资源主要包括人力资本和社会资本等非物质资源。创业者的人力资本由一般人力资本与特殊人力资本构成，一般人力资本包括受教育背景以往的工作经验及个性品质特征等；特殊人力资本包括产业人力资本（与特定产业相关的知识技能和经验）与创业人力资本（如先前的创业经验或创业背景）。调查显示特殊人力资本会直接作用于资源获取，有产业相关经验和先前创业经验的创业者能够更快地整合资源，更快地实施市场交易行为。而一般人力资本使创业者具有知识、技能、资格认证、名誉等资源，也提供了同窗、校友、老师以及其他连带的社会资本。

相比之下，社会资本有别于物质资本、人力资本，是社会成员从各种不同的社会结构中获得的利益，是一种根植于社会关系网络的优势。在个体分析层面，社会资本是嵌入、来自并浮现在个体关系网络之中的真实或潜在资源的总和，它有助于个体开展目的性行为，并为个体带来行为优势。外部联系人之间社会交往频繁的创业者所获取的相关商业信息更加丰裕，从而有助于提升创业者对特定商业活动的深入认识和理解，使创业者更容易识别出常规商业活动中难以被其他人发现的顾客需求，进而更容易获得财务和物质资源——这正是其杠杆作用所在。

思考练习

1. 创新创业需要哪些资源？
2. 为什么要对创新创业资源进行整合？
3. 大学生如何利用有效资源进行创业？
4. 创新创业资源整合的方法有哪些？

CHAPTER

第四章 创业素质和能力

引导案例

巧移“钟王”

北京大钟寺有一口大钟，相传有8.7万斤重，号称钟王。这是明朝皇帝朱棣为了防止民众造反，派军师姚广孝收集老百姓的各种兵器后铸就的。不知是什么原因，这口大钟沉到了西直门外的长河河底。一百多年后的一天，一个捕鱼的老汉发现了河底埋的这口大钟。清朝皇帝得知此事后，下令将这口钟打捞上来，并挪动到觉生寺（即现在的大钟寺），然后再修建一个大楼来悬挂这口大钟。经过一番努力，众人总算克服了困难，从河底把大钟打捞了上来。但是，要把这8.7万斤重的大钟，挪动到五六里以外的觉生寺去，却谁也想不出一个可行的办法来。钟是夏天捞出来的，到秋天还没有人想出主意。有一天，参与此事的一个工头和几个工匠在工棚里喝闷酒。工棚内只有一块长长的光滑石条当桌子用，大伙就围坐在石桌旁。这时天正下雨，从棚顶上漏下来的雨水滴了不少在光滑的桌面上。坐在石桌这一头的一个工匠，叫坐在另一头的一个工匠再给他倒一盅酒。酒倒好后，由于工匠手上有水，在传递时没留神把酒盅给弄翻了，引得大伙连声抱怨：“太可惜了！”这时，一个工匠很不耐烦地说：“何必用手传呢！石桌子上有水，是滑的，轻轻一推不就推过去了。”坐在旁边的一个平时很少说话的工匠沉思了片刻，然后将石桌子一拍，大叫起来：“有啦！有啦！有办法挪动大钟啦！”这个平时很少说话的工匠联想到的办法是：从万寿寺到觉生寺，挖一条浅河，放进一二尺深的水，等到河里的水结冰后，不要费多大力气便能将大钟从冰上推走。后来他们采用这个办法，果然顺利地将大钟挪动到了觉生寺。

第一节 创业意识和创业精神

基于创业活动本身极具挑战和风险，在经济全球化的今天，创业者的创业意识和创业精神在创业过程中发挥着越来越重要的作用。创业者，尤其是核心创业者所具备的创业意识和创业精神，对整个创业活动的推进起着举足轻重的作用，他们需要面对经济全球化和知识经济时代的严峻考验，要能带领整个团队实现发展目标，能认清创业路途中的问题，并有能力解决问题、化解矛盾。

从心理学角度讲，完整的人格心理结构中包含有知、情、意、行四部分，在大学生创业过程中，正确的创业认知对指导创业行为有着重要的作用，并且创业认知作为创业情感和创业意识的基础也发挥着重要的作用。通常，我们所说的创业意识和创业精神，可以划归为创业认知中的重要部分。

创业意识和创业精神是创业教育中的重要部分。华东师范大学的大学教育经济管理硕士王彩华曾在其硕士论文《我国高校创业教育研究》中指出："创业意识支配着人们对创业活动的态度和行为，规定着态度和行为的方向和强度，具有较强的选择性与能动性。创业意识的形成是长期的、渐进的过程，它是要把学生头脑中朦胧的潜在的创业意向转化为一种创业冲动、创业激情，然后内化为创业动机、创业精神。创业意识教育是创业教育的主要与核心内容。"创业精神和创业意识对创业者来说，是促使创业者在创业活动全过程中，不断促使创业者努力、拼搏的动力，不断帮助创业者解决问题和发现问题的心理状态。因此，创业意识、创业精神在创业过程中发挥着不可替代的作用。

一、创业意识

很多人认为，创业意识是指在创业实践活动过程中，对个体起动力作用的个性意识倾向，主要包括创业的需要、动机、兴趣、理想、信念和世界观等心理成分。熊正安认为："创业意识是创业者思维活动的产物，是创业者成功的心理活动能动性的集体体现，是源于创业者自己的生理动机和心理动机，对所见、所闻、所知、所了解的客观事物的感觉、知觉，通过判断、推理等对已有的感性材料进行大脑加工，从而形成的创业设想，是创业者内在的强烈需要和创业行为的强大驱动力。"综上所述，我们可以把创业意识看作是人们从事创业活动的强大内驱动力，是创业活动中起动力作用的个性因素，主要包括从事创业活动的动机、创业者自我认知的能力以及创业者的评价能力，包括自我评价、对他人和环境评价的能力。

创业意识是创业者重要的个性因素，它能促使创业者抓住机遇、应对风险，奋力拼搏，最终实现自己的价值，同时，它也能促使创业者与同伴合作，能承受创业过程中的压力、正确面对创业过程中的困难，还有能指导创业者解决问题的能力，帮助创业者克服困难，最终实现创业目标。

一般来说，创业意识的主要内容包括以下几方面。

（一）把握和转化商机意识

商机，顾名思义，可解释为商业经营的机遇、把握。作为一名创业者，在创业前、创业中和创业后，始终面临着识别商机、发现市场的考验。在创业初期，商机何时出现，以及应该如何把握商机，都是一名合格创业者应该具备的初期创业意识。在创业中期，他必须有足够的市场敏锐度，要在机会来临时抓住它，也就是把握机会，把商机转化成实实在在的收入和公司的持续运作，可以宏观地审视经济环境。作为大学生，应该学会把自身的才能、在学校学到的知识转化为智力资本、人际关系资本和营销资本；同时，应学会洞察未来市场形势的走向，以便做出正确的决策来保证企业的持续发展。在创业后期，新的商机的出现和把握，以及处理好新旧商机之间关系的能力，很大程度上依赖于创业者对于商机的把握和操控。因此，在创业过程中，商机意识发挥着重要的作用。

延伸阅读

20 世纪 40 年代，塑胶工业在欧美兴起，李嘉诚推销五金制品时，意识到塑胶制品的巨大机会。1950 年，他开始创立长江塑胶厂。1957 年春，李嘉诚揣着强烈的希冀和求知欲，登上飞往意大利的班机去考察。

他在一间小旅社安下身，就急不可待地去寻访那家在世界上开风气之先的塑胶公司。然而，当风尘仆仆的他站在该公司门口时，却停下了脚步。一是自己付不起昂贵的专利费，二是深知厂家对新产品技术的保守与戒备。

情急之中，李嘉诚想到一个绝妙的办法。这家公司的塑胶厂当时正在招聘工人，他去报了名，被派往车间打杂。李嘉诚只有旅游签证，按规定，持有这种签证的人是不能打工的，老板给他的工薪不及同类工人的一半，老板知道这位“亚裔劳工”非法打工，不敢控告他。

李嘉诚负责清除废品废料，他推着小车在厂区各个工段来回走动，双眼却恨不得把生产流程吞下去。李嘉诚收工后，急忙赶回旅店，把观察到的一切记录在笔记本上。

整个生产流程都熟悉了，可保密的技术环节还是不得而知。假日，李嘉诚邀请数位新朋友到城里的中餐馆吃饭，这些朋友都是某一工序的技术工人。李嘉诚用英语向他们请教有关技术，佯称他打算到其他厂应聘技术工人。李嘉诚眼观耳听，大致悟出塑胶花制作配色的技术要领。

李嘉诚满载而归。随机到达香港的，还有几大箱塑胶花样品和资料。临行前，塑胶花已推向市场，李嘉诚跑了多家花店，发现绣球花最畅销，立即买下好些绣球花做样品。

李嘉诚回到长江塑胶厂，宣布将以塑胶花为主攻方向，一定要使其成为拳头产品，使长江厂更上一层楼。李嘉诚在香港快人一步研制出塑胶花，填补了香港市场的空白。按理说，物以稀为贵，卖高价在情理之中，但他认为塑胶花工艺并不复杂，因此，长江厂的塑胶花一面市，其他塑胶厂势必会在极短时间内模仿上市。倒不如在人无我有、独家推出的第一时间内，以适中价位迅速抢占香港所有塑胶花市场，一举打出长江厂旗号，掀起新的消费热潮。卖得快，必产得多，“以销促产”比“居奇为贵”更符合商界的游戏规则。这样，即使效颦者风涌，长江厂也早已站稳了脚跟，长江厂的塑胶花也深深植入了消费者心中。

就这样，塑胶花为李嘉诚带来数千万港元的盈利，长江厂成为世界最大的塑胶花生产厂家，他也就此成为“塑胶花大王”。

（二）策划、发展策略意识

策划是一种思维的科学，它是用辩证的、动态的、发散的思维来整合行为主体的各种资源和行动，使其达到效益或效果最佳化的一个智力集聚的过程。在创业初期，大学生应给自己制订一个合理的创业规划，解决如何进入市场，如何卖出产品等基本问题。在创业中期，则需要制定整合市场、产品、人力方面的创业策略，转换创业初期战略。需要指出的是，创业策划、发展战略不只有一种，也没有绝对的好坏之分，关键要适合自己的创业之路。在这条路上应时刻保持着战略的高度，不以朝夕得失论成败。

延伸阅读

创业需要的是规划和策划的意识，创办了阳光文化网络公司的杨澜就是在人生一次又一次的选择中，做足了规划。杨澜在1999年从凤凰卫视退出之后，曾一度沉寂。2000年3月，她突然收购了良记集团，更名为阳光文化网络电视控股有限公司，成功借壳上市，准备打造一个阳光文化的传媒帝国。与大多数商人的低调不同，杨澜选择了始终站在阳光卫视的前面。在报纸杂志网站上，经常可以看到关于杨澜的报道。她从一个做传媒出身的人变成了一个传媒名人。这种对传媒资源运用的驾轻就熟，使得她的阳光卫视一出生就有了许多优势。

但杨澜创业不久，就遇到了全球经济不景气，杨澜立刻感觉到了压力。她几乎天天都想着公司的经营。由于市场竞争的压力，杨澜将公司的成本锐减了差不多一半，并逐渐剥离了亏损严重的卫星电视与香港报纸出版业务，同时她还将自己的工资减了40%。

2001年夏，杨澜作为北京申奥的“形象大使”参加了在莫斯科成功申奥的活动。同年，她的“阳光文化”与中国最大的门户网站之一——新浪网合作，开创了网络和电视相结合的时代，又与四通合作成立“阳光四通”，开始进军网络业和IT业。

这一切都给公司所有员工带来了信心。终于，阳光文化在截止到2004年3月31日的2003财政年度中取得了盈利，摆脱了近两年的亏损。之后，阳光文化正式更名为阳光体育，杨澜同时宣布辞去公司董事局主席的职务，全身心地投入到了文化电视节目的制作中。

（三）风险意识

风险意识，是创业者急需培养和增强的一种重要的创业意识。创业者要认真分析自己在创业过程中可能会遇到哪些风险，一旦这些风险出现，要懂得应该如何应对和化解。大学生在创业初期应做到正视创业风险，了解创业风险以及应如何应对风险。大学生是否具备风险意识和规避风险的能力，将直接影响到创业的成败。正确处理创业风险要学会用智慧规避风险，化解风险，使自己在迎战风险的过程中站立起来，成熟起来，成为商海的精英和社会的栋梁。

（四）知识和资源的开发、更新、整合意识

大学生在创业过程中，通常会遇到对知识和资源的恐慌，这种恐慌主要来源于自身所掌握的信息、知识和能力已经不足以对创业活动进行指导。任何一个创业者都不可能把创业中所涉及的问题都解决好，也不可能把一切创业资源都备足，所以，学会在了解信息的基础上进行资源整合，对于大学生创业者至关重要；同时，任何一个人的知识都是有限的，在创业过程中，会不断有新的知识需要学习和整合，因此，创业者唯有随时注意进行知识的更新以及提高知识的整合能力，才能适应和满足繁重的创业需求。

（五）勤奋、敬业意识

李嘉诚说："事业成功虽然有运气在其中，主要还是靠勤劳，勤劳苦干可以提高自己的能力，就有很多机会降临在你面前。"大学生创业，一定要务实，要勤奋，要敬业，不能光停留在理论研究上，只有在创业中始终勤奋、敬业，才会成功。古往今来，做任何事情想要获得成功，就必须要有勤奋、敬业意识。文学家说勤奋是打开文学殿堂之门的一把钥匙；科学家说勤奋能使人聪明；政治家说勤奋是实现理想的基石；企业家说勤奋是实现梦想、获得成功的必要品质。同样，对于大学生创业者来说，没有勤奋就不可能成功。而敬业对于创业者来说，就更为重要了，拥有敬业精神的大学生创业者，梦想会实现得更快，在创业的道路上会跑得更快，跑得更远，创业团队的绩效就会赶上或超过竞争对手，最终实现创业目标。

除了以上谈到的创业意识内容，创业动机作为创业意识中很重要的一部分，在创业过程中发挥着重要的作用，支配着创业者的态度与行为，并规定了创业活动的方向、力度，具有较强的选择性和能动性；是创业者思维活动的产物，是创业者成功的心理活动能动性的集中体现，是创业者源于自己的生理动机（如解决自己的吃饭问题、工作问题）和心理动机（如成就事业，实现自我价值，得到社会承认），对所见、所闻、所知、所了解的客观事物的感觉、知觉，通过判断、推理等对已有的感性材料经过大脑加工，从而形成的创业设想，是创业者内在的强烈需要和创业行为的强大驱动力，是创业素质的重要组成部分。关于创业动机的详细内容，将在本章的第二节详细论述。

二、创业精神

创业精神是一种能持续创新生长的生命力，在英文表达中，创业者的创业和企业家精神是同一个词语：entrepreneurship，因此，在很多文献研究中，把创业精神等同于企业家精神，但是，笔者认为企业家精神所包含的内容并不足以完全概括创业精神的全部。

创业精神作为一种奋发向上、积极进取、追求成功的精神状态，一般认为：创业精神是指在创业者的主观世界中，那些具有开创性的思想、观念、个性、意志、作风和品质等。早在 1988 年加兰就对创业精神的含义做过研究，他认为，创业精神就是新组织的创造，创业精神就是新企业的创造者，即创业精神是创业者本身所具有的特质。米勒在 1993 年拓宽了创业精神的含义，认为创业精神还应包括企业的行为特征。我国研究者王萍、王力薇认为：创业精神是通过贡献必要的时间和努力，承担伴随而来的权责。综合以上研究，我们认为创业精神除了指创业者本身的特质，还应包括本企业的创新和应对风险的行为。

创业精神是就业、经济增长和革新的主要动力，它改善了生产和服务质量、促进了竞争和经济的灵活性，是许多人进入社会主流经济，以增添文化结构、个体整合和社会灵活性的一种机制。一般来说，创业精神包含以下几方面。

（一）创新精神

创新精神是创业精神的核心，是创业者通过创新的手段，或是运用创新的理念，将资源、信息合理有效地利用，为市场创造出新的价值的精神。在经济全球化的今天，激烈的市场竞争中，创新往往是企业获得成功的必备手段。美国著名管理学家德鲁克在《创新与企业家精神》一书中提出："创业就是要标新立异，打破已有的秩序，按照新的要求重新组织。"这是因为："理论、价值以及所有人类的思维和双手创造出来的东西都会老化、僵死……我们需要的是一个创业的社会，在这个社会中，创新和创新精神是正常、稳定和持续的，创新和创新精神也必须成为维持我们组织、经济和社会生存不可或缺的活动。"作为大学生创业者，创新精神不仅应该是创业者本身所具有的，更应该是创业的企业所必备的精神。创新精神意味着突破、打破陈旧的观念或是手段，是大学生创业者在创业过程中，应该积极寻求的一种精神状态，这种精神状态可以作为推动企业发展的直接动力，也是创业者，尤其是核心创业者在面对残酷的社会、经济、政治压力和竞争压力时，必须具备的精神状态，这种精神状态最主要的表现形式就是灵活性，这种灵活性可以使企业在复杂的环境中，不断战胜困难和挑战，最终获得成功。

20 世纪 90 年代以后，出现了一大批以创新为主要特征的高科技企业，其中以谷歌和苹果公司以及他的创始人乔布斯为主要代表，谷歌实现了互联网商业模式的创新，预测到互联网上的信息爆炸所引起的需求，将搜索引擎做到极致，并进一步在电子商务领域大展拳脚。在苹果推出 iTunes 之前，音乐界一直都没能开发出自己的数字音乐销售网站，苹果便开始为把 iTunes 变成一个购买音乐的商店做准备。当 iTunes 还只能在 Mac 电脑上使用的时候，苹果就巧妙地同各大唱片公司签订了协议。苹果公司在发展、推广 iTunes 的过程中，一直注重不断创新，不断开发新功能、新领域，这使得苹果公司在当今的网络数字音乐销售领域处于领先地位。

（二）良好的创业品格

大学生的创业之路是充满曲折的，这要求创业者去面对复杂多变的竞争环境，以及随时出现的、需要解决的问题，这就要求创业者表现出多种良好的创业品格。这些品格对创业者在创业过程中形成积极稳定的心态，有良好的调控能力，能够应对创业过程中的困境，并能知道创业者如何进行下一步的活动。

1. 高度的责任心

责任心是指一个人对不得不做的事或是一个人必须承担的事表现出的态度。大学生在创业过程中，尤其是核心创业者，发挥着整个创业活动的决策、执行的主要作用，每一次决定、每一次行动都会对创业活动产生不同的影响，作为核心创业者，要明白自己所承担的责任，并且随着事业越大，责任就越重。作为创业者，还应该明白自己的创业活动是负有社会责任的，每一位创业者都应抱着"取之社会、回报社会"的态度，随着创业活动的开展，所承担的社会责任也越来越大。在创业过程中会遇到各种各样的困难和问题，这需要创业者有高度的责任心、责任感和使命感，才能在创业过程中不断解决问题、战胜困境，获得成功。

2. 诚信与执着

诚信是中华民族的传统美德，是每个人立身、处事、修德的根本，无论什么时候都是不可或缺的，在现代社会，诚信已经成为一个人或是一个企业成功的最重要的无形资本。执着则是一个创业者取得成功的最重要的因素之一，一个人良好的创业品格最好的体现就是对创业坚持不懈、执着追求。

在现代社会，诚信和执着越来越成为一个创业成功者的重要特质之一。现代社会是一个诚信社会，无论是创业者还是创业企业，没有诚信是不可能取得成功的，守信行为是创业者决策得以执行、创业活动得以继续的重要保障，也是一个人得以在社会立足的必备条件。牛顿曾说过：发明的秘诀在于不断地努力。创业也是一样的，只有坚持不懈地努力，创业最终才有可能获得成功，每个人的创业之路都是布满荆棘的，大学生创业者唯有保持锲而不舍、执着努力的精神，才有机会获得成功。

3. 自立与自强

自立自强就是靠自己的劳动生活，不依赖别人，不安于现状，勤奋，进取，依靠自己的努力不断向上。自立自强是一种良好的品质，一种可贵的精神。南朝的文学大家范晔就说过“有志者，事竟成”，作为大学生创业者，没有自立自强的精神是不可能取得的成功，唯有自立自强精神，才能不断地鼓励创业者学会独立解决问题、独立思考的能力，才能在遇到困境时，坚持实现自己的创业梦想。

自立自强是立身之本，对于创业活动来说也是一样的。学会自立自强，对于创业者而言非常重要，一个能够自立的人，首先必须有一颗崇高的心，因为这是心中力量的源泉；同时，一个自立的人，拥有一颗平静淡泊的自然之心，再大的风雨也波澜不惊。因此，在创业活动中，只有有自立自强精神的人，才能勇敢面对创业时遇到的困难和问题，才能淡定地处理问题、解决矛盾。

4. 合作和践行

在社会竞争日益激烈的今天，合作精神越来越被人们重视，成为推动社会进步的重要力量。先秦时期，我国著名的思想家孟子就说过：“天时不如地利，地利不如人和。”德国著名的哲学家叔本华说：“单个的人是软弱无力的，就像漂流的鲁滨孙一样，只有同别人在一起，他才能完成许多事业。”古往今来无数的仁人志士，都看到了合作的重要性。

合作可以产生 1+1>2 的倍增效果。在诺贝尔获奖项目中，因协作获奖的占 2/3 以上，并且这个比例还在逐年上升，在近几年的诺贝尔获奖数据统计中，人们发现因合作而获奖的比例已经达到 80%。可见，合作精神对大学生创业有积极的作用，学会合作已经成为大学生创业者的必胜法宝之一。

俗话说：只要出发，就能达到。创业也是一样的，如今很多大学生都存在创业想法，却瞻前顾后，畏首畏尾，不去践行，对于创业者来说，没有践行，只空想，是永远不会成功的，而且只有在实践中才能不断地验证创业想法正确与否，才能不断修正自己的创业想法。因此，没有践行的创业是空谈，只有把创业想法付诸实践，最终才有获得成功的可能。

延伸阅读

董思阳，香港风博国际集团董事长，上海喜客多连锁餐饮有限公司执行总裁，身兼数职。18 岁时，她在一次亚太地区贸易洽谈会上认识了一位马来西亚的园林商，在简单的交流后，园林商对思阳说：“看你这么积极，我介绍给你一好项目吧。新加坡人这么重视风水，这个时候引进橘子树一定很赚钱，做好了，几个月下来保准能够大规模盈利。”思阳听后如醍醐灌顶，每年农历新年的时候，新加坡人为了讨吉利，家家户户都要买橘子树。于是，招商会一结束，思阳马上做了一番市场调查，最终决定：采取薄利多销的竞争手段。思阳随后迅速搞定了货源，在一番斗智斗勇的博弈之后，以每株82元的成本引进橘树，这种树在市场上可以卖到188元。拿到橘树后，思阳的智慧再次瞬间迸发：市场的橘子数大多外形相似，毫无创意，联想到外国圣诞树上悬挂的五颜六色的饰物，为什么就不能在橘子树上加工一番呢？拿定了主意，思阳来到小商品市场买了100块钱的各色装饰品，在着手装饰的过程中，她又有了新的灵感。她把橘子树按照人们的需求分成了四类：爱情橘树、财富橘树、学业与官运橘树、健康橘树，并分别配以不同颜色与象征意义的饰物，如此精心包装，让普普通通的橘树瞬间变得光鲜、抢眼；一切准备就绪后，思阳到贸易网的首页花1000元买了一块“小地方”，把各类橘树的照片和介绍宣传发布到网上，并保证橘树绝对物有所值，同时还配上了一段极具煽动力、言辞恳切的宣传语，这个广告在网上发出去后很快就被很多网站转载，当天下午，思阳的电话几乎快被打爆了，几天下来，新加坡人只要在网上购买橘树，有90%的人会选择思阳的网店。思阳后来又与人合作，雇用了几个人帮忙挂饰品、送货、跟顾客接洽、销售、收钱等，一个月下来，少说也有50万元新币入账。

2005年，大学毕业后，思阳辗转来到美国攻读MBA。在一次营养学讲座上，思阳第一次接触到了有机食品的概念。所谓有机食品，是指集无农药、无防腐剂、无污染、不破坏土壤环境等优点于一身的健康食品。2007年3月，思阳回到了祖国，注册成立了上海喜客多连锁餐饮有限公司。在筹备有机餐厅的过程中，思阳考虑到有机餐厅在国内的认知度并不高，并且顾客从质疑到真正认识到其价值往往需要一段时间，但在这段时间中，有机餐厅又面临着生存的问题。因此，思阳在思考后决定：首先，把有机餐厅与茶餐厅、咖啡厅的概念整合起来，这样即便遇到了不接受有机的顾客，也可以提供“无机菜”，这叫“见人下菜碟儿”；另外，在餐厅的墙上，都挂着对有机食品的注释，并且在每一个沙发卡座上都安装了电脑视频，顾客可以边吃东西，边看视频中播放的关于有机食品的讲解宣传片。这样一个小时下来，顾客不仅可以品尝到美味的有机食品，更对于思阳所倡导的健康理念有了更深层次的理解，加强了顾客的黏性。就这样，在同年8月，思阳带领她的团队在上海市中心建造了中国第一家有机餐厅，新店开业后，虽然店内多达210个座位，但第三天就出现了客人排队的火爆场面，一般的餐饮业前三个月都会赔钱，但思阳的有机餐厅在一个月内就实现了收支平衡，这实在出人意料之外，也充分证明了思阳的眼光与有机产业的前景非凡。

年轻、漂亮、事业有成，这是对于一个女孩来说，可以想见的最完美的人生。拥有这一切赞美之词的董思阳，让人羡慕，更让人钦佩。我们应当看到，在光鲜耀眼的背后，往往是浸透着辛酸的阴霾，风雨后的彩虹才会愈发熠熠生辉，也可以看出创业者要具有创新精神、诚信与执着、自强与自立，还要学会合作，并敢于尝试，最终才有可能获得成功。

综上可以看出，作为一名创业者，在创业中必须要具备多种良好的创业品格，才有可能取得创业成功。

大学生作为创业的特殊群体，具有一定的特殊性，他们年轻、敢闯敢拼，有想法、能创新，善于打破常规，能从生活中发现商机。但是他们也有一些不足，如社会经验的缺乏，合作精神不足，意志力薄弱等。因此，在创业初期一定要清楚地了解创业者应具备的基本意识和精神，这样才能制定合理的目标，在执行目标过程中需要哪些精神来支撑他们坚持下去，知道应如何不断调整自己的创业方式，最终获得成功。

第二节　创业者的心理素质

心理素质是人的整体素质的组成部分，是以自然素质为基础，在后天环境、教育、实践活动等因素的影响下逐步发生、发展起来的。心理素质是先天和后天的合体。一般说来，心理素质是指个体在心理过程、个性心理等方面所具有的基本特征和品质，主要包括人的认知能力、情绪和情感品质、意志品质、气质和性格等个性品质诸方面。可以说，一个人的心理素质是在长期的社会生活过程中形成的，是思想、行为、知识、经历在人身上的综合体现，是一种较为稳定的心理特征。

大学生在创业过程中，良好而稳定的心理素质可以说是创业成功的重要法宝之一。在创业过程中，大学生会遇到不同的问题和矛盾，面临不同的困难和挑战，这就需要大学生拥有良好的心理素质，有能力应对各种挑战和困境。可以说，对创业者来说，具备良好的心理素质是最基本的要求，创业活动要求创业者具有良好的心理承受力、受挫修复能力，具有创业需求的原动力，具有创业的顽强意志和良好的心理状态。大学生只有在具备较好的心理素质的前提下，才有可能在创业的道路上披荆斩棘，取得成功。

一、健全的人格

健全人格是指健康而完善的、与社会发展相适应的人格。健全的人格是大学生创业的重要前提，能使创业者各方面得到平衡、协调发展，没有明显的冲突和分裂，能与人融洽相处，协调好人际关系，能很好地融入社会。最重要的是，健全的人格能使创业者在创业过程中，有一定的心理准备和防御机制来应对面临的问题和困境。大学生健全人格的各个方面对创业活动都是有一定影响的。

（一）自我悦纳，接纳他人

人格健全的大学生能够积极地开放自我，正确地认识自己，坦率地接受自己的有限并对生活持乐观向上的态度。在创业过程中，创业者首先能以愉悦的心情接纳自我，既能看到自己的优势，树立自信心，避免骄傲自大，还能了解自身的弱点，扬长避短，发挥自己的优势，不断改进自身的弱势；同时，在自我悦纳的基础上，接纳他人会变得很容易，这是与人合作、与人相处的重要前提。

（二）人际关系和谐

人格健全者心胸开阔，善解人意，宽容他人，尊重自己也尊重他人，对不同的人际交往对象表现出合适的态度，既不狂妄自大，也不妄自菲薄，在人际关系中具有吸引力，深受大家的喜欢。大学生创业者在创业过程中，需要得到各种各样人的帮助和指导，同时，在与他人合作中，良好的人际关系对创业者来说是事半功倍的。

（三）独立自尊

人格健全者人生态度乐观向上，生活态度积极热情，有正确的人生观与价值观，人格独立，自信自尊。在创业过程中，创业者能够理性分析创业中的事件，容易做出正确的决断。

（四）能够发挥自己的潜能

人格健全的大学生具有自我发展、自我塑造与自我完善的能力。在创业过程中，大学生创业者能够充分开发自身的创造力，把创造力很好地运用于整个创业过程；同时，在创业过程中，风险和困境的出现，也需要发挥创业者内在巨大的潜力，才能规避风险战胜困境。

二、创业动机

动机也称为内驱力，是直接推动人们实施一定目标的内部驱动力，是激励人们的主观因素和推动人们产生行为的直接原因，其表现形式有愿望、信念、理想等。大学生创业活动的产生是由多种因素共同作用促成的，创业者的创业动机不仅是区分创业者和潜在创业者的重要标志之一，还是整个创业活动的动力系统。创业动机能激发和维持个体从事创业活动的内在动力，并促使创业活动朝既定的目标前进。

大学生在创业过程中，目标或需要产生后，这种目标或需要就会转化为动机，推动创业者产生创业行为，实现创业目标；当某种创业刺激使创业者产生某种需要而又不能得到满足时，就会产生一系列的心理状态，例如紧张、不安或是兴奋，而这些心理状态会推动人们朝着创业目标前进，同时，在创业过程中遇到问题或困难时，这些创业需要会转化成动力，推动创业过程的进行。这就是创业动机在创业活动中发挥作用的表现。

一般说来，大学生的创业动机归为两类：一类是经济需要，另一类是社会需要。经济需要主要是满足大学生的个体生存和对财富追求的一种需求，主要是指创业者为了满足个体生理和安全方面的需要，这通常是大学生创业者的原始和基本的动机。社会需要是在经济需要得到满足或是基本满足后衍生出来的，即指创业者希望得到社会地位、社会认可、社会赏识、获得成就感、实现自身价值等。当代大学生创业动机主要包括四个方面：自我实现的需求、较好的自我效能感、强烈的成功欲望和较高的抱负水平以及家庭影响。

（一）自我实现的需求

自我实现是指当人的潜力充分发挥并表现出来时，人们才会感到最大的满足。著名的人本主义心理学家马斯洛描绘了自我实现需求的总体特征：竭尽所能，使自己趋于完美。自我实现是创业者最高境界的人生目标，作为大学生，你可以在企业里做一辈子高管，你也可以在一个机构里面追求你的兴趣爱好，在某种意义上，科研、协作本身就是一种创业，把某种东西从无到有做起来，就是一种创业的表现。

马斯洛需求层次理论里，最高层次的需要是自我实现，如图4-1所示。当代大学生，完全可以通过创业，完成自我实现的需求。实现一个小小的梦想，这个梦想无论大小，由几个

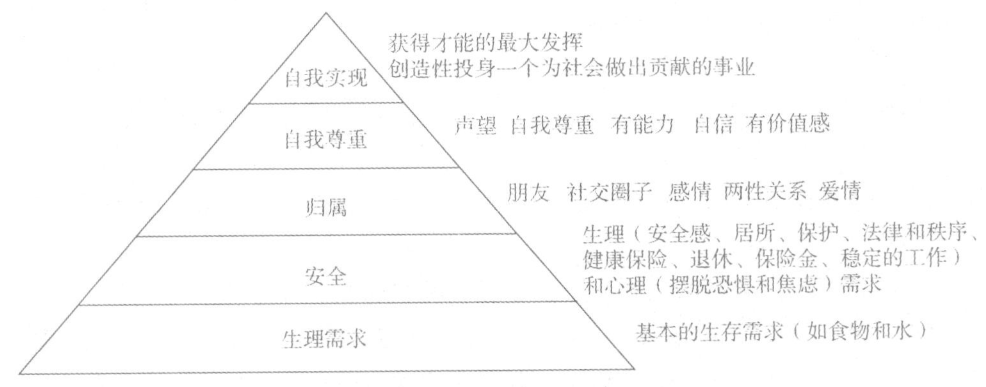

图 4–1 马斯洛（Maslow）的需求层次理论

人跟着你一起做，毫无疑问这是人生的最高境界——自我实现。人的绝对完美是不可能的，但向完美靠近、奋斗是完全可能的，大学生在创业中，强烈的自我实现需求是促使创业者不断努力、不断奋斗的源泉；具有较强的自我实现的需求是创业者具备的素质之一，使其能够在创业过程中，尽力发挥自己的潜能，不断朝着创业目标前进。

事实上，只有自我意识强烈的人，才会不惜代价，也要出来闯一番事业。自我意识强烈的人，不会满足于上司与长辈的赞赏，他们会为自己打分。人一懂得反思，为自己做评估的时候，就会对自己打工的待遇感到不值，觉得报酬与贡献不相称。打工仔都有这类经验。第一年打工，会全力以赴，以为博得老板赏识，就可加工资。谁知老板只按劳动力市场的供求情况去调整工资，个人表现所造成的差异不多。于是，第二年就不肯那么努力了。但自我意识强的人，不会因老板付一般的报酬，自己就做一般的表现算了。他们会觉得天生我材必有用，不甘心因老板付的工资低，就把自己的才能也埋没了。那他只有一个选择，就是自行创业。这样，他就可以取回所有他应该得到的，包括亏损。这当然有风险，但一个自我意识强的人别无选择，为了使自己存在的价值最大化，他只好创业。

（二）较好的自我效能感

自我效能感是指人们对自己是否能够成功地进行某一活动的主观判断。自我效能感决定人们对活动的选择以及对该活动的坚持性，同时还能影响人们在困难面前的态度和情绪以及行为习惯的获得和习得。自我效能感能使个体在创业过程中相信自己能够调动在特定情境下成功完成自己的创业目标的动机以及认知和行动资源，一般说来，自我效能感对创业行为起着主导作用。

大学生在创业过程中的自我效能感，一般分为两类，一类是与创业内容相关的自我效能，即成功组织和实施创业相关行为的信念；一类是有关创业行为过程的自我效能，即人们完成有关创业过程、实现行为目标的信念。可以说，创业的信念包括所有对创业所需的知识和能力的信念。大学生创业者的自我效能感表明了个体相信自己能够成功地扮演各种创业角色，并能完成各项创业任务的信念强度。已有研究表明，创业的自我效能感是与创业动机和行为最为密切的一个要素，它能在与环境的交互作用过程中不断获取、减弱或增强，并受到社会环境、组织文化等因素的影响。

（三）强烈的成功欲望和较高的抱负水平

通常，成功的创业者都拥有强烈的成功欲望以及较高的抱负水平。抱负水平是个人为自身未来的发展所制定的标准和要求，它与人的理想、信念、成就动机等密不可分。一个人对目标的抱负水平是指欲对自己的工作做到何种数量标准的心理需求，这是个人从量上考虑目标的高低。抱负水平决定了人的行为要达到什么程度，一个人的抱负水平的高低取决于个人因素和社会因素（外部条件）两个方面。普通人可能满足于吃好穿好，或生活上比别人强一些。而有较高抱负的人会追求一种从社会角度来说有价值、有意义的人生。

伟大的哲学家苏格拉底曾经说过：要成功，你必须先有强烈的成功欲望，就像你有强烈的求生欲望一样。对于大学生创业者来说，如果他的成功欲太弱、抱负水平较低，将无法面对残酷的现实或自身缺点的挑战而半途而废，只有那些具有强烈成功欲、较高抱负水平的人，才会有足够牢固的期望强度，能排除万难，坚持到底，永不放弃，直到成功。成功学界流行一个著名的观点：成功来源于你是想要，还是一定想要。如果仅仅是想要，可能我们什么都得不到；如果是一定想要，那就一定有方法可以得到。因此，对于大学生创业者来说，强烈的成功欲望和较高的抱负水平是创业动机中重要的影响因素。

（四）家庭影响

一个家庭的政治背景、经济状况、文化底蕴、和谐程度、家庭成员的素质等情况对创业者的创业动机有着重要的影响，家庭环境好、家庭支持创业对于创业者，尤其是大学生创业者来说至关重要。一般而言，家庭支持创业或是家中已有亲人进行创业，对大学生创业者来说意义重大，这是大学生进行创业的重要动力源。家庭的支持，不论是经济支持、智力支持或是人际关系网的支持，对刚步入社会的大学生来说，是对他们最好的创业支持；更重要的是，身边有人支持或是已有人创业，对于激发大学生创业行为也显得尤为重要。有研究表明，家庭中从事创业的人数越多，对其家庭成员创业动机的激发就越显著。因此，家庭影响是大学生创业动机产生的重要源泉。

三、创业态度

态度作为一种心理现象，既是指人们的内在体验，又包括人们的行为倾向。一般而言，态度是潜在的，主要是通过人们的言论、表情和行为来反映的。创业态度是指人们对创业的看法和喜好程度，以及由此产生的行为倾向，个体的创业态度对个体的社会判断、忍耐力（耐挫力）以及工作学习效率有着重要的影响。个体的创业态度对创业意向、创业动机的影响是极大的，最新的研究成果认为：个体所具有的创业态度越强，其创业意向水平就越强，创业态度对创业意向有显著的正向影响作用。

大学生积极创业态度的形成，对创业活动的产生有着重要的作用。当个体对创业活动表现出感兴趣、喜好的情绪后，对创业活动会产生一定的内在体验，形成一定的创业意向，大学生很容易在此之后就开始着手准备创业，并最终实践创业活动。当代大学生要在学习、生活与各项活动中，自觉地培养自己的创业态度，良好的创业态度对个体产生创业意向有着重要的作用。著名的足球教练米卢有一个“招牌”观点：态度决定一切。没有正确的创业态度是不会创业成功的，因此，大学生创业者需要树立积极的创业态度。

四、创业思维

思维是人脑对客观现实概括的和间接的反映，它反映的是事物的本质和事物间规律性的联系，是认识的高级形式，它能揭示事物的本质特征和内部联系。创业思维就是用商业成就一番事业的思维，是用自己的想法去支配资源、放大自己能量的思维，是突破陈规、创新进取的思维。创业思维一般包含发现难题和解决问题的思维以及良好的推理能力。

（一）发现和解决问题的思维

在创业过程中，发现问题和解决问题的思维是一个创业者必须具备的思维能力。一个具有创业思维的人，应当有发现创业问题或是难题的能力，他们通常会把问题或是难题熟记于心，通过不断提升自己的能力或素质，努力做到与他人共同解决问题或难题。大学生创业者必须具有发现和解决问题的能力，在创业过程中，有发现问题的思维可以未雨绸缪，可以提早预测问题或难题的出现，避免创业危机的出现。在发现问题后，采用不同的策略和方法解决问题，是创业者在创业过程中必须具备的能力。

（二）良好的推理能力

推理能力是大学生创业所需的重要能力之一。推理能力是指能够根据已知的知识和给定的事实和条件，对问题进行逻辑推理和论证，得出正确的结论或做出正确的判断，并能把推理过程正确地表达出来。对于大学生创业者来说，良好的推理能力，尤其是逻辑推理能力，可以帮助大学生在创业过程中遇到新困境时，学会从多角度考虑、分析问题，按事物发展的规律来推理创业活动的发展趋势和方向，这种能力对于大学生创业者来说是至关重要的。

五、良好的模糊容忍性

模糊容忍性是指个体或群体面对一系列不熟悉、复杂的或不一致的情况时，对模棱两可的环境刺激信息进行知觉和加工的方式。简而言之，它是指人们对于不确定情景的接受性。一般而言，模糊容忍性较高的人，能适应快速变化和不确定的情境，能够在模棱两可的情况下，接受迷糊不清的事物，并把问题理出头绪来。他们通常更有冒险精神，更愿意接受新事物和新的经验。

创业活动本身就是要实现新组合，将生产性要素以某种新的方式整合起来，以形成新的产品或是新的生产方式。因此，作为大学生创业者，需要在创业过程中面临不同的模糊或是不确定的情境时，有足够的模糊容忍性去鼓励他积极面对不断出现的问题或是挫折。

第三节　创业者的能力素质

创业需要创业者具备相应的能力，创业者的能力是一个创业者最为基本的素质。创业是

一个不断发现机遇，并由此转化出新产品或是新生产方式的过程，创业者的能力素质也需要在创业过程中不断地得到提高，因此，创业能力是在知识不断丰富、技能不断提高和社会实践不断深入的基础上获得的，因此创业能力与其他能力相比，具有更强的综合性和创造性。

创业者的能力是指影响创业活动、促使创业活动顺利进行的主体的各项能力条件，它具有很强的社会实践性，与社会实践活动紧密联系在一起，是创业者应具备的核心素质。创业能力是一个含义丰富的概念，一般认为这是一种能够顺利实现创业目标的特殊能力，除了包含人一般的能力，还包括综合协调能力、商业洞察力、市场分析能力、社会适应能力、分析利用能力、团队合作能力、经营管理能力、学习能力、创新能力等。

大学生创业者的能力素质，主要来源于学校所学的知识、家庭的熏陶以及社会实践。一般来说，大学生创业者，应具备学习能力、管理能力、创新能力、领导与决策能力、合作交往能力以及资源整合能力。

一、学习能力

创业知识对创业起着举足轻重的作用，在知识大爆炸、竞争日益激烈的今天，知识的更新速度越来越快，创业所需要的知识随着社会、环境的变化，需要不断更新；同时，单一的知识完全满足不了创业的需要，他们需要掌握广博的知识，具备一专多能的知识结构，才能应对不断出现的风险和困境。因此，拥有不断学习知识的能力，对创业者，尤其是大学生创业者至关重要。具体说来，创业者需要具有以下几方面的知识。

（一）专业知识

创业者的专业知识对于创业者取得创业目标及成功创业有直接作用，只有具备深厚的专业知识，才能正确分析形势，用敏锐的目光把握事物发展的全局，提出精辟的见解和谋略，认清事物的本质，把握其规律，实现自己的创业目标。大学生创业者需要在创业前，具备良好的专业知识，专业知识的获得有利于大学生确定自己的创业目标，把握创业过程的发展方向，用敏锐的目光发现创业的问题，并用专业知识解决问题，最终实现自己的创业目标。

（二）管理知识

管理知识是现代创业者必须具备的知识。没有管理知识，在日益复杂激烈的市场竞争中，创业者是无法正常执行自己的创业计划的，是没有办法管理好自己的创业团体或是企业的。作为大学生创业者，不能仅凭借经验和直觉去经营管理自己的创业团体，必须要用有效的管理知识来武装自己，指导经营活动；大学生创业者必须明白只有科学用人，科学管理创业团队或企业，才会创造更多的财富，实现自己的创业目标。因此，大学生创业者必须要重视管理知识的学习。

（三）财务、税收及金融等相关商业知识

财务知识是关于如何合理、有效地运用和调配资金以获得更多利润的知识，主要涉及税收、金融、财务管理、会计、审计、市场营销、国际经贸等方面的经济知识。例如，税收知识主要包括税收的概念以及特征、税收的种类、税收征管的基本程序等。金融知识主要包括

货币的发行与回笼、存款的吸收与付出、贷款的发放与回收、金银外汇的买卖、有价证券的发行与转让、保险、信托、国内外货币结算等。对于大学生创业者来说，创业前必须要有丰富的财务、税收及金融知识，这对创业活动的开展非常重要，这些知识是创业活动初期、创业活动中必须用到的知识，它们可以使创业者在创业活动中有足够的自信去面对挑战。

（四）法律知识

毫无疑问，作为21世纪的创业者，了解法律知识、了解与创业相关的法律制度，是大学生创业者必备的知识。我国是成文法国家，创业企业从事经营活动，必须到工商行政管理部门办理相关手续，领取营业执照，如果从事的是特定行业的经营活动，必须到相关主管部门办理批准文件。同时，大学生创业者在初期还有必要了解企业立法的相关法律以及有关开发区、高科技园区等方面的规章制度，最重要的是一定要了解有关物权、知识产权、资产评估等方面的知识。在雇用劳动者或是与创业伙伴合作时，一定要充分了解我国《劳动法》和社会保险的相关法律；在经营活动中，必须要了解《税法》《合同法》等基本的民商法以及行业的相关管理规定。

（五）社交礼仪知识

社交礼仪是指人们在人际交往过程中所具备的基本素质，交际能力等。社交在当今社会人际交往中发挥的作用愈显重要。通过社交，人们可以沟通心灵，建立深厚友谊，取得支持与帮助；通过社交，人们可以互通信息，共享资源，对取得事业成功大有裨益。社交礼仪是一张人际交往的名片，它具有交流信息、增进感情、建立关系以及充实自我的作用，社交礼仪是大学生踏入社会后首先要掌握的技巧和知识。这些知识往往能帮助创业者取得同伴的信任、与他人成功合作，也是每个大学生立足社会所需掌握的基本知识之一。因此，社交礼仪知识的学习是大学生创业者必须要具备的能力。

从以上论述，可以看出，大学生创业者所需要的知识是广泛而繁杂的，因此，作为一名创业者，大学生必须拥有学习大量知识的能力，这就要求大学生要具有广泛的兴趣爱好，良好的学习习惯，科学的学习方法以及刻苦、坚韧的学习精神，只有这样，大学生创业者在面对繁多的创业知识时，能耐心、努力地学习知识，不会退缩、不会放弃创业目标。

二、管理能力

管理者的管理能力从根本上说就是提高组织效率的能力，是管理者能够准确地把握并且提升组织效率的关键。管理能力主要包括：经营管理能力、协调能力、规划与统筹能力、培训能力等，大学生创业者必须要学会经营管理自己的创业团队或是企业。经营管理能力是指对人员、资金的管理能力。它涉及人员的选择、使用、组合和优化；也涉及资金聚集、核算、分配、使用和流动。经营管理能力是一种较高层次的综合能力，是运筹性能力。经营管理能力主要包括：学会经营、学会管理、学会用人、学会理财四个方面。

创业者一旦确定了创业目标，就要组织实施，为了在激烈的市场竞争中取得优势，必须学会经营和效益管理。这就要求在创业活动中人、物、资金、场地、时间的使用，都要选择最佳方案运作。做到不闲置人员和资金、不空置设备和场地、不浪费原料和材料，使创业活动有条不紊地运转。学会管理还要敢于负责，创业者要对企业、员工、消费者、顾客以及对整个社会都抱有高度的责任感。同时，在市场经济竞争日益激烈的今天，人才的竞争可以看作是竞争的重要组成部分，谁拥有人才，谁就拥有了市场和顾客。一个企业没有优秀的管理人才、技术人才，这个企业就不会有好的经济效益和社会效益；一个创业者不吸纳德才兼备、志同道合的人共创事业，创业就难以成功。因此，必须学会用人，要善于吸纳比自己强或有某种专长的人共同创业。

对于大学生创业者来说，资金的缺乏是创业的一大瓶颈，因此，学会理财对于大学生创业者来说至关重要。首先要学会开源节流，开源就是在创业过程中除了抓好主要项目创收外，还要注意多渠道发掘资金来源；节流就是节省不必要的开支、树立节约每一滴水、每一度电的思想。大多百万富翁、亿万富翁都是从几百元、几千元起家的，都经历了聚少成多、勤俭节约的历程。其次，要学会管理资金：一是要把握好资金的预决算，做到心中有数；二是要把握好资金的进出和周转，每笔资金的来源和支出都要记账，做到有账可查；三是把握好资金投入的论证，每投入一笔资金都要进行可行性论证，有利可图才投入，大利大投入、小利小投入，保证使用好每一笔资金。总之，创业者心中时刻装有一把算盘，每做一件事、每用一笔钱，都要掂量一下是否有利于事业的发展，有没有效益，会不会使资金增值，这样，才能创业成功。

因此，大学创业者在创业过程中要不断地提高管理能力，不断学习新知识，管理好自己的创业团队以及资产，尤其是核心创业者要对合作伙伴、顾客、资产抱有高度的责任感。

三、创新能力

所谓创新能力，是指运用知识和理论，在各种实践活动领域中不断提供具有经济价值、社会价值、生态价值的新思想、新理论、新方法和新发明的能力。创新能力是民族进步的灵魂、经济竞争的核心，当今社会的竞争，与其说是人才的竞争，不如说是人的创造力的竞争。创新能力是人们在创造活动中表现出来的一种新颖、独特的解决问题的能力，是人们根据一定的目的、任务开展积极的思维活动并产生出一定社会价值的新观念、新产品、新工艺的技能。

大学生创业者应该明白的是，创新是知识经济的主旋律，是企业化解外界风险和取得竞争优势的有效途径，创新能力是创业能力素质的重要组成部分。创新能力是一种综合能力，它与人们的知识、技能、经验、心态等有着密切的关系，通常，具有广博的知识、扎实的专业基础知识、熟练的专业技能、丰富的实践经验、良好的心态的人容易形成创新能力，它主要取决于创新意识、智力、创造性思维和创造性想象等。

一般说来，大学生创业者的创新可以从发展战略创新、产品（或服务）创新、技术创新、组织与制度创新、管理创新、营销创新、文化创新这七个方面入手。

（一）发展战略创新

发展战略创新，是为了应对外部环境和内部条件的重大变化而进行创新。任何创业的发展战略都是根据一定的外部环境与内部条件制定的。当外部环境或内部条件发生重大变化时，毫无疑问就应该与时俱进、调整或重新制定发展战略。一般来说，发展战略是对原有的发展战略进行变革，是为了制定出更高水平的发展战略。创业者对发展战略创新是为了提高战略水平，实现创业目标。

（二）产品创新

产品创新是指改善或创造产品，进一步满足顾客需求或开辟新的市场。在产品创新的具体实践中，主要有自主创新、合作创新两种方式。自主创新是指企业不是对外部技术的被动依赖与购买，而是通过自身的努力和探索产生技术突破，攻破技术难关，达到预期的目标。合作创新是指企业间或企业、科研机构、高等院校之间的联合创新行为。当今全球性的技术竞争不断加剧，企业技术创新活动中面对的技术问题越来越复杂，技术的综合性和集群性越来越强，即使是技术实力雄厚的大企业也会面临技术资源短缺的问题，单个企业依靠自身能力取得技术进展越来越困难。合作创新通过外部资源内部化，实现资源共享和优势互补，有助于攻克技术难关，缩短创新时间，提高企业的竞争地位。企业可以根据企业自身的经济实力、技术实力选择适合的产品创新方式。例如手机在短短的几年时间已从模拟机发展到数字机、可视数字机、可以上网和视频的智能手机等。手机的更新换代，生动地告诉我们产品的创新是多么迅速。

（三）技术创新

技术创新是企业发展的源泉，竞争的根本。就一个企业而言，技术创新不仅指商业性地应用自主创新的技术，还可以是创新地应用合法取得的、他方开发的新技术或已进入公有领域的技术，从而创造市场优势。例如沃尔玛（Walmart）1980 年就全球率先试用条形码即通用产品码（UPC）技术，结果使他们的收银员效率提高了 50%，并极大地降低了经营成本。

（四）组织与制度创新

组织与制度创新主要有三种：一是以组织结构为重点的变革和创新，如重新划分或合并部门、组织流程改造、改变岗位及岗位职责、调整管理制度等。二是以人为重点的变革和创新，即改变员工的观念和态度，包括知识的更新、态度的变革、个人行为乃至整个群体行为的变革等。例如 GE 总裁韦尔奇在“执政”后就曾采取一系列措施来促进 GE 这家老企业重新焕发创新动力。有一个部门主管工作很得力，所在部门连续几年盈利，但韦尔奇认为他可以干得更好。这位主管不理解，韦尔奇建议其休假一个月，放下一切，等再回来时，变得就像刚接下这个职位，而不是已经做了 4 年。休假之后，这位主管果然调整了心态，像换了个人似的，对本部门工作又有了新的思路和对策。三是以任务和技术为重点的创新，即对任务重新组合分配，并通过更新设备、技术创新等，来达到组织创新的目的。

（五）管理创新

世上没有一成不变的、最好的管理方法。管理方法往往因环境和被管理者情况的改变而改变，这种改变在一定程度上就是管理创新。例如，英特尔（Intel）公司总裁葛洛夫（Andrew Grove）的管理创新就是因环境和被管理者情况的改变而改变的：实行产出导向管理——产出不限于工程师和工人，也适用于行政人员及管理人员；在英特尔公司，工作人员不只对上司负责，也对同事负责；打破障碍，培养主管与员工的亲密关系等。

（六）营销创新

营销创新是指营销策略、渠道、方法、广告促销策划等方面的创新。如雅芳（Avon）的直销等都是营销创新。

（七）文化创新

企业文化的与时俱进和适时创新，能使企业文化一直处于一种动态的发展过程中。这样不仅仅可以维系企业的发展，更可以给企业带来新的历史使命和时代意义。

可见，大学生创业者在创业中一定要注重创新能力的发掘和发挥。

四、领导与决策能力

（一）领导力

所谓领导力，就是指在管辖的范围内充分地利用人力和客观条件以最小的成本办成所需的事，提高整个团体的办事效率；所谓决策能力，就是指识别和理解问题和机遇，比较不同来源的数据得出结论，运用有效的方法来选择行动方针或发展适当方法，采取行动来应对现有的现实、限制和可能的结果。

创业者，尤其是大学生创业者，在创业之前就应该明白领导力与决策能力在创业过程中巨大的作用。一个企业或是创业团体成功与否，取决于核心创业者的领导力和决策能力。领导能力是领导者的个体素质、思维方式、实践经验以及领导方法等，这些影响着具体的领导活动效果的个性心理特征和行为的总和，领导能力是领导者素质的核心。有研究认为，领导力模型具体包括以下六种能力：

（1）学习力，表现为领导人超速的成长能力；

（2）决策力，是领导人高瞻远瞩的能力的表现；

（3）组织力，即领导人选贤任能的能力的表现；

（4）教导力，是领导人带队育人的能力；

（5）执行力，表现为领导人超常的绩效；

（6）感召力，更多地表现为领导人的人心所向的能力。

这六种能力是一名优秀的大学生创业者应该具有的领导能力，它们能帮助大学生创业者在创业过程中凝聚力量、带领全体创业人员走出困境。

（二）决策能力

决策能力在创业过程中也是至关重要的，这种能力能帮助创业者在创业过程中，遇到纷繁复杂的问题或是难以解脱的困境时，做出正确的决断。决策能力主要由这样几个方面构成。

1. 开放的提炼能力

开放的提炼能力是指企业经营管理者能以开放的态度，准确和迅速地提炼出解决问题的各种方案的能力，包括两个基本要素：第一，企业经营管理者要以开放和包容的思想及态度获取尽可能广泛的决策方案，特别是不要局限于传统的解决办法之中，要善于“借外脑”来帮助判定决策方案；第二，对各种决策方案要进行提炼，以把握各种方案的本质和核心，正确地评估每个方案的条件及效果，分析各个方案实施的可能性。

2. 准确的预测能力

决策与预测是密不可分的，企业经营管理者要具备卓越的决策能力，首先应具备准确的预测能力。预测是决策的基础，决策是预测的延续，正确的决策必须要有准确的预测，如果没有准确的预测，将会导致决策失误。

预测的目的是为企业的决策提供准确的资料、信息和数据，在正确预测的基础上，选择符合企业发展的满意方案。

3. 准确的决断能力

即企业经营管理者要能从众多的决策方案中选取满意方案的能力，以及危机时刻或紧要关头当机立断的决断能力。这种能力是经营管理者进行科学决策的关键能力，误选、漏选会使企业造成重大损失或使企业与成功失之交臂。

由此可见，领导力和决策能力对大学生创业者来说是必备的重要素质之一。

五、合作交往能力

一般说来，合作交往能力包括两部分：交往协调能力和合作能力。交往协调能力是指能够妥善地处理与公众（政府部门、新闻媒体、客户等）之间的关系，以及能够协调下属各个部门成员之间关系的能力。合作能力就是具有个人与个人、群体与群体之间为达到共同目的，彼此相互配合的一种联合行动、方式的一种能力。

作为大学生创业者，应该做到妥善地处理与外界的关系，尤其要争取政府部门、工商以及税务部门的支持与理解，同时要善于团结一切可以团结的人，团结一切可以团结的力量，求同存异共同协调地发展，做到不失原则、灵活有度，善于巧妙地将原则性和灵活性结合起来。总之，创业者搞好内外团结，处理好人际关系，才能建立一个有利于自己创业的和谐环境，为成功创业打好基础。

在创业初期，创业者可以依靠自己的力量来管理、操作自己的创业活动，但随着创业活动的顺利开展，创业团队的不断扩大，业务内容不断增加，就需要创业者具有与他人良好的沟通、交往、合作的能力，这样不但能凝聚身边有能力、有技术的人才，在业务上也能赢得更多的合作伙伴，不断发展壮大自己的创业活动。

六、资源整合能力

资源整合是企业战略调整的手段。整合就是要优化资源配置，就是要有进有退、有取有舍，就是要获得整体的最优。一般说来，资源整合包含在战略思维的整合和战术选择两个层面。在战略思维的层面上，资源整合就是要通过组织和协调，把企业内部彼此相关但却彼此分离的职能，把企业外部既参与共同的使命又拥有独立经济利益的合作伙伴整合成一个为客户服务的系统，取得 1+1>2 的效果。在战术选择的层面上，资源整合就是根据企业的发展战略和市场需求对有关的资源进行重新配置，以凸显企业的核心竞争力，并寻求资源配置与客户需求的最佳结合点。目的是要通过组织制度安排和管理运作协调来增强企业的竞争优势，提高客户服务水平。

当今及未来经济走势已明显趋向于全球化、信息化、网络化、专一化及知识化的“五化”特征，而企业核心竞争力的内涵也不断丰富与变化。越来越多的企业开始意识到，要转变企业发展方式，提升企业核心竞争力，科学整合资源就必须被提上重要议程。资源整合能力的强弱，不仅成为衡量创业者、企业家能力的主要指标，更直接关乎企业未来的成长发展。

对于大学生创业者来说，资源整合能力是成功的关键。随着经济全球化进程的不断加快，市场竞争愈加激烈，创业团队在企业的发展过程中难免受到不同程度的冲击，要想在日益激烈的全球竞争中立于不败之地，保持平稳发展，最根本的是要通过一定的管理手段整合内外部资源，以激发自身的活力，增强抵御市场风险的能力。只有加快创业团队内外部的资源整合，加快创新步伐，不断提高管理水平和产品技术水平，增强适应市场竞争的能力，才能使企业有效抵抗危机冲击，保持长期持续发展。

延伸阅读

从前，在美国有个村里面住着一位老人，老人有三个儿子，大儿子和二儿子在城市工作，小儿子和老人在农村相依为命。有一天，从城里来了一个人，找到老人，对老人说："我想把你的小儿子带到城市去，可以吗？"老人说："你赶快滚出去！我就这么一个儿子在我身边，为什么要把他带走呢？"这个人说："我给你这个小儿子在城市找份工作，可以吗？"老人说："那也不可以。"这个人就说："我给你这个小儿子在城市找一个对象，你看如何？"老人说："那也不行。"这个人又说："如果我给你儿子找的这个对象是洛克菲勒的女儿，你同意吗？"老人想了想："洛克菲勒是世界首富、石油大王……"最后老人同意了。过了两天，这个人又找到了洛克菲勒，对洛克菲勒说："洛克菲勒先生，我准备给您女儿介绍一个对象？"洛克菲勒说："你赶快滚出去！我还用你给我女儿介绍对象吗？"这个人说："如果我给你女儿介绍的这个对象是世界银行的副总裁，你同意吗？"洛克菲勒笑了笑，点头同意了。又过了两天，这个人找到了世界银行的总裁，对他说："总裁先生，你现在必须立刻任命一位副总裁。"总裁先生说："你赶快滚出去吧。我这么多的副总裁，为什么要听你的再任命一位呢？而且还要马上？"这个人说："如果你任命的这位副总裁是洛克菲勒的女婿，你同意吗？"总裁先生当然同意了。

这就是一个资源整合的故事，资源整合就是“如何把一个农民的儿子既要变成洛克菲勒的女婿，又要变成世界银行的副总裁”。

创业活动本身就是一种充满挑战的活动，大学生在准备参与到其中时，必须具备一定能力，只有这样，大学生的创业活动才能顺利开展，实现自己的创业梦想。

思考练习

1. 大学生创业者应具备什么样的创业意识？

2. 怎样看待良好的心理素质对大学生创业者的作用？

3. 如何综合运用各种创业能力，以促进创业活动的顺利开展？

CHAPTER

第五章 创业计划

引导案例

创业计划竞赛指南

创业计划竞赛是借用风险投资的实际运作模式，要求参赛者组成优势互补的竞赛小组，提出一个具有市场前景的技术产品或者服务，围绕这一产品或服务，以获得风险投资家的投资为目的，通过深入研究和广泛的市场调查，完成一份完整、具体、深入的商业计划而进行的比赛。大学生创业计划竞赛不是普通意义上大学生的专业比赛，不是单纯的、个人的、集中在某一个专业的学生竞赛，而是以实际技术为背景，跨学科的优势互补的团队之间的综合较量。竞赛的意义也不局限于大学校园，从某种程度而言，创业计划竞赛是高等院校与现实社会、大学生与企业之间的互动与沟通。目前，美国麻省理工学院、斯坦福大学等10多所世界一流的大学每年都会举办这一类型竞赛。创业计划竞赛是美国高科技产业发展的推动力，也是美国经济发展的强大驱动力之一。

对于创业者来说，创业，不只是简单的激情和口号，更需要迈出理智的步伐将梦想逐步变为现实。这理智的第一步，就是创业计划书的撰写。具有商业价值的创业想法和项目只有想象是远远不足的，必须通过制订创业计划书，把各种利弊都写下来，再仔细推敲才能让创业者更清晰地认识创业活动，决定是否能真正投入创业。

第一节 创业计划概述

一、创业计划的概念和作用

（一）创业计划的概念

创业计划（business plan），也称创业计划书，是创业者在创业初期为企业勾画的蓝图，包括产品开发生产、市场营销、财务、人力资源等职能计划的综合。通过撰写计划书可以对创业进行全面、系统的内外环境及必要条件的客观分析，帮助创业者理清思路，引导企业顺利度过起步阶段。

（二）创业计划的作用

1. 知己知彼，百战不殆

创业计划书是创业者为自己开拓事业而量身定制的一面镜子，在撰写创业计划书的过程中，创业者必须冷静而谨慎地对自己和即将开始的创业活动进行全面审视，包括政治、经济、文化环境，产品或服务是否符合市场需求，企业可持续发展的战略等。只有对创业前景拥有清晰认识，才能帮助创业者更好开展创业活动。

2. 抛砖引玉，获得风投

一份好的创业计划书是创业者打开风险投资大门的垫脚石。对于尚在雏形中或尚待创办的新企业，风险投资者无从获知它的商业数据，一般只能通过创业计划书来了解企业前景，判断是否具有投资潜力和利益回报。因此，计划书的质量和水平很大程度决定了是否能够获得投资者的青睐。

3. 群英汇聚，百舸争流

创业计划书是创业者展示产品和服务的载体，同时也是展现创业者思想和才华的工具。通过一份优秀的计划书，不仅能使投资者看到创业者的潜力和决心，也能让有识之士看到希望和未来，将志同道合的人们吸引到创业的团队中来，打造属于这一群人的梦想舞台，实现人生理想。

同时，创业计划书也是一个书面的承诺工具。创业者在撰写计划书时必须慎重部署企业发展战略，确定创业可行性，为企业发展初期定下比较具体的方向和重点，从而使员工清晰了解企业的经营目标，给予他们信心和承诺，激励他们为达成目标而努力。

一份具有前瞻性的创业计划书意味着创业战略能够顺利展开，企业可以稳步发展，投资者和员工利益得到有效保障。而缺乏战略思考能力和良好部署的创业者必将在创业过程中因遭遇环境、经济、技术、人员等变化导致应对无措，无法适应激烈的市场竞争，最终被淘汰。因此只有具有长远目光和战略思考能力的创业者才能获得投资者和创业团队内部成员的支持。

4. 整合资源，运筹帷幄

撰写计划书前，必定要对创业过程进行全面思考，完成自我评估、市场调研、产品研发、市场定位、制定营销策略、人事安排、财务规划，等等。创业计划书的书写实际上是对这些创业过程中各种凌乱、分散的信息和要素进行充分的研究，找出它们内在的联系，对它们进行调整和重组，实现有机承接，形成完整流畅的商业运作计划。并且，在这个过程中，创业者要对社会资源进行分析和运用，充分利用优惠政策、行业人脉等获得创业平台和资金，真正做到整合各方面资源，胸有成竹地开创事业。

二、创业计划的内容

（一）创业计划关键信息

创业者提供的产品和服务千差万别，因此创业计划书不可能一成不变。但出色的计划书必然有相似的核心内容，以便投资者和其他创业者快速获得有效信息。为了加深记忆和理解，将创业计划书必备的关键信息通过“7C”分析法逐一进行阐述。

1. 概念（concept）

让创业计划书阅读者快速了解企业所提供的产品或服务的特性，这个领域未来发展的前景如何。

2. 顾客（customers）

分析企业的产品或服务所适合的客户群体类型，了解客户的需要、购买力，并对潜在的客户群体特征做出判断，预测市场销售情况。通过详细的市场调查，了解企业产品或服务的市场需求，为改良和开发新产品以及市场销售带来可靠依据。

3. 竞争者（competitors）

竞争者一般是指与本企业提供相似产品或服务，并且所服务的目标顾客也相似的其他企业。作为创业者，需要了解竞争者的类型，他们来自何方，他们的实力，与自己是直接还是间接竞争关系，他们出售的产品或服务与自己的相似度，他们的优势或弱点以及销售区域和业绩状况。同时，分析自己的竞争优势及劣势，预测所能占到的市场份额，才能帮助创业初期的企业趋利避害，扬长避短，进一步制定竞争策略和经营方案，为企业发展奠定良好基础。

4. 能力（capabilities）

创业者本人的能力从根本上决定了企业的发展态势。因此，在创业初期，创业者必须进行深入客观的自我分析，了解自己的长处和短处，以便构建互补型的团队弥补个人能力的欠缺，与此同时也为自己设立能力成长的目标，通过自身的不断进步带动企业的良好发展。

5. 资本（capital）

按照西方经济学理论，资本属于投入（生产资料）部分，包括：劳务、土地、资本。而从企业会计学理论来讲，资本是指所有者投入生产经营能产生效益的资金，可能是现金也可能是资产，如货币、机器、厂房、原料、商品等。作为创业者，要清楚在事业初期需要投入多少资本，自己可以承担的部分有多少，不足部分是通过借贷、融资或是其他方法获得，当拥有充足的启动资金时，如何使用这些宝贵的资源，让企业赢在起跑线上。

6. 公司（company）

根据投资主体和所成立机构法律形式，企业的设立条件、投资者承担的责任、税收征缴、财务核算等都不相同，因此创业者需要根据自己的实际情况成立相应的机构，如个体工商户、一人独资企业、一人有限责任公司或是股份有限公司等，选择相应的法律形式对创业进行保障，同时也为企业的发展提供基础。

7. 持续经营（continuation）

“持续经营”定律源于会计学的假设，当企业还没有到达破产、关闭等清算环节时，必须按照持续经营原则进行会计处理。因此，创业者在对自己的企业进行战略部署和规划时，要仔细分析会对企业产生关键性影响的风险因素，并通过调查、研究、协调等初步制定有效的应急预案，将风险因素降低到最少，同时也要避免将过多的经历耗散在非关键性风险上。只有积极主动地维护企业，才能实现创业初期的目标。

创业计划书的内容可以根据项目变化而不同，但万变不离其宗，只要按照“7C”法抓住关键信息，提供的数据和分析翔实准确，就能撰写一份合格的计划书。

（二）创业计划基本内容

创业计划的基本内容包括创业的动机、创业的种类、资金来源及规划、资金总额的分配比例、阶段目标、财务预测、营销策略、风险评估、股东名册、预定员工人数等。一个标准的创业计划书可以从以下十个方面着手。

1. 封面

封面是读者对创业计划书的第一印象，因此，封面设计要符合审美观，简明大方有艺术感，并且与创业计划的内容相呼应。但不可哗众取宠，过分追求时髦。

2. 计划执行摘要

计划执行摘要是读者对创业计划书的重点阅读部分。良好的摘要浓缩了创业计划的精华、涵盖了计划的要点，使读者一目了然，既节约读者的阅读时间又能使读者在最短的时间内评审计划并做出判断。

计划执行摘要一般包括以下内容：公司简要介绍，管理者及其组织机构，主要产品或服务，市场调研，营销策略，销售计划，生产管理计划，财务计划，资金需求状况等。

在计划摘要中，企业还必须要呈现以下要点：

（1）企业所属行业，经营性质和范围；

（2）企业主要产品或服务的内容；

（3）企业的市场，客户群体，客户端的需求；

（4）企业的合伙人、投资人；

（5）企业的竞争对手，竞争对手对企业发展可能产生的影响。

除此之外，摘要需着重说明自身企业的不同于竞争对手之处以及企业获取成功的市场因素。

在介绍企业时，首先要说明创办新企业的思路、新思想的形成过程以及企业的目标和发展战略。其次，要交代企业现状、过去的背景和企业的经营范围，要对企业以往的情况做客观的评述。很多创业者选择回避失误，事实上中肯的分析往往更能赢得信任，更容易使人认同企业的创业计划书。最后，还要介绍一下创业者自己的背景、经历、经验和特长等，因为企业家的素质对企业的生存和发展往往起关键的作用。一份好的计划执行摘要应尽量突出创业者的优势和强烈的进取精神。摘要的篇幅可以反映创业者对其企业的熟悉程度。一般而言，如果创业者对即将创办的企业有足够的思考和了解，摘要仅需两页纸就足够了。如果创业者不了解自己将要做什么，他就无法把握重点，无法对摘要进行有效提炼和浓缩。

3. 行业分析

在行业分析中，应该正确评价所选行业的基本特点、竞争状况以及未来的发展趋势等内容。要分析的典型问题包括以下内容。

（1）企业所属行业目前的发展程度以及发展动态；

（2）创新和技术在行业中所起的作用；

（3）行业的发展趋势；

（4）行业价格趋向及回报率；

（5）经济发展对行业的影响大小，政府导向对行业的影响；

（6）决定行业发展的因素；

（7）行业的竞争本质，本企业采取的战略；

（8）如何克服进入该行业的障碍。

4. 产品或服务介绍

（1）产品介绍应包括以下内容。

①产品或服务的概念、性能及特性；

②主要产品或服务的介绍；

③产品或服务的市场竞争力；

④产品或服务的研究和开发过程；

⑤发展新产品或服务的计划和成本分析；

⑥产品或服务的市场前景预测；

⑦产品或服务的品牌和专利等。

在产品或服务的介绍部分，创业者要对其做出详细的说明，说明要准确，也要通俗易懂，使非专业人员的投资者也能明白。一般地，产品介绍都要附上产品原型、照片或其他介绍。企业的产品、技术或服务能否以及在多大程度上解决现实生活中的问题一般是投资人在进行投资项目评估时最关心的问题之一。因此，创业计划书中要点明企业的产品或服务能否帮助客户节省开支，增加收入。

（2）一般地，产品介绍必须要具备几点：

①企业的产品或服务能为客户解决什么问题；

②企业与竞争对手的产品或服务相比有哪些优缺点，顾客选择本企业的产品或服务的理由；

③企业为自己的产品或服务采取了何种保护措施，是否拥有专利、许可证，或与已申请专利的厂家达成协议；

④企业的产品或服务定价可以使企业产生足够的利润，客户会大批量地购买、享用企业的产品或服务；

⑤企业采用新技术新方法改良产品和服务的质量、性能，对发展新产品新服务的计划。

在撰写产品（服务）介绍内容的时候，可以适当地突出优势，但切记过犹不及。企业家和投资家所建立的是一种长期合作的伙伴关系，一时的空口许诺，盲目夸大只能得意于一时，最终会使企业的形象受到破坏。

5. 人员及组织结构

在企业的生产活动中，存在着人力资源管理、技术管理、财务管理、作业管理、产品管理等。而人力资源管理是其中很重要的一个环节。企业管理的好坏，直接决定了企业经营风险的大小。而高素质的管理人员和良好的组织结构则是管理好企业的重要保证。因此，风险投资家会特别注重对管理队伍的评估。

在创业计划中，必须要对主要管理人员加以阐明，介绍他们所具有的能力，他们在本企业中的职务和责任，他们过去的详细经历及背景。此外，在这部分创业计划中，还应对公司结构做一简要介绍，包括以下内容。

（1）企业的组织机构图；

（2）各部门的功能与责任；

（3）各部门的负责人及主要成员；

（4）企业的报酬体系；

（5）企业的股东名单，包括认股权、比例和特权；

（6）企业的董事会成员；

（7）各位董事的背景资料。

在撰写人员和组织结构部分时，创业者往往容易犯两个错误：一是过分强调个人的学历学位及社会地位，二是保守的寥寥数笔，简单了事。一般而言，在描述人员背景时可以重点突出曾经取得的经验和实践的案例，这往往比学历学位更有说服力。企业的管理人员结构描述还要体现团队优势互补的特点。完整的企业组织机构必须要具备负责产品设计与开发、市场营销、生产作业管理、企业理财等方面的专门人才。

6. 市场预测

当企业要开发一种新产品或向新的市场扩展时，首先就要进行市场预测。如果预测的结果并不乐观，或者预测的可信度让人怀疑，那么投资者就要承担更大的风险，这对多数风险投资家来说都是不可接受的。一个计划书中的市场预测部分至少应包括以下几方面内容。

（1）需求预测：市场是否存在对这种产品的需求，需求程度是否可以给企业带来所期望的利益，影响需求都有哪些因素。

（2）市场预测综述：新的市场规模有多大，需求发展的未来趋向及其状态如何。

（3）竞争者概览：对企业所面对的竞争格局进行分析，市场中主要的竞争者有哪些，是否存在有利于本企业产品的市场空当。

（4）目标顾客和目标市场：本企业预计的市场占有率是多少。

（5）本企业产品的市场地位等：本企业进入市场会引起竞争者怎样的反应，这些反应对企业会有什么影响。

创业者应牢记的是，市场预测不是凭空想象出来的，需经过充分的市场调研，对市场错误的认识和预测是企业经营失败的最主要原因之一。

7. 营销策略

营销过程是一个循环过程，营销计划总在修改之中，直到所有部分均在目的性上达到内部连贯且互为补充为止。一个计划只有在其各个部分相互衔接时才有意义。要做好其中的一部分非常容易，但要做出一个各部分内部连贯且互为补充的营销策略却不简单，营销策略应包括以下内容。

（1）市场机构和营销渠道的选择；

（2）营销队伍和管理；

（3）促销计划和广告策略；

（4）价格决策。

营销是企业经营中最富挑战性的环节，影响营销策略的主要因素有：消费者的特点，产品的特性，企业自身的状况，市场环境方面的因素。最终影响营销策略的则是营销成本和营销效益因素。

对新创型企业来说，由于市场对产品和企业的知名度尚不认可，因此，企业只能暂时采取传统的高成本低效益的营销战略，如上门推销，大打商品广告，向批发商和零售商让利，或交给任何愿意经销的企业销售。除此之外，还有一些新的营销方式如网络营销、会议营销等。对发展型企业来说，可以利用原来的销售渠道，或开发新的销售渠道以适应企业的发展。

8. 生产计划

生产计划是一个全面的计划和模拟系统，它把灵活的预测技术、不同时间阶段的供需计划与基于计划人员的执行环境结合起来，帮助企业迅速响应客户需求和经营要求上的变化。

（1）创业计划中的生产计划应包括以下内容：

①产品制造和技术设备现状；

②新产品投产计划；

③技术提升和设备更新的要求；

④质量控制和质量改进计划。

为了增大企业在投资前的评估价值，在寻求投资商的过程中，创业者应尽量使生产制造计划更加详细、可靠。

（2）一般而言，一份好的创业计划书在生产制造计划中应回答以下问题：

①企业生产制造所需的厂房、设备情况如何；

②怎样保证新产品在进入规模生产时的稳定性和可靠性；

③设备的引进和安装情况，谁是供应商；

④生产线的设计与产品组装是怎样的；

⑤供货者的前置期和资源的需求量；

⑥生产周期标准的制定以及生产作业计划的编制；

⑦物料需求计划及其保证措施；

⑧质量控制的方法是怎样的；

⑨相关的其他问题。

9. 财务规划

一份创业计划书概括地提出了在筹资过程中创业者需要做的事情，而财务规划则是对创业计划书的支持和说明。因此，一份好的财务规划对评估风险企业所需的资金数量，提高风险企业取得资金的可能性是十分关键的。

（1）财务规划一般要包括以下内容。

①现金流量表：流动资金是企业的生命线，企业在初创或扩张时，对流动资金需要预先有周详的计划和进行过程中的严格控制。

②损益表（或利润表）：是用以反映公司在一定期间利润实现（或发生亏损）的财务报表。它是一张动态报表。损益表可以为报表的阅读者提供做出合理的经济决策所需要的有关资料，可用来分析利润增减变化的原因，公司的经营成本，做出投资价值评价等。

③资产负债表：亦称财务状况表，表示企业在一定日期（通常为各会计期末）的财务状况（即资产、负债和业主权益的状况）的主要会计报表。其报表功用除了企业内部除错、经营方向、防止弊端外，也可让所有阅读者于最短时间了解企业经营状况。

如果财务规划准备得不好，会给投资者以企业管理人员缺乏经验的印象，降低风险企业的评估价值。

（2）企业的财务规划应保证和创业计划书的假设相一致。要完成财务规划，必须要明确下列问题。

①产品在每一个期间的发出量有多大；

②什么时候开始产品线扩张；

③每件产品的生产费用是多少；

④每件产品的定价是多少；

⑤使用什么分销渠道，所预期的成本和利润是多少；

⑥需要雇用哪几种类型的人；

⑦雇佣何时开始，工资预算是多少？

值得一提的是，着眼于一项新技术或创新产品的创业企业不可能全盘参考现有市场的数据、价格和营销方式。因此，它要自己预测所进入市场的成长速度和可能获得的纯利，并把它的设想、管理队伍和财务模型推销给投资者。

10. 风险与风险管理

创业是一个风险活动，良好的风险管理是创业初期能否成功和创业能否成熟的重要内容。风险管理中包括了对风险的量度、评估和应变策略。理想的风险管理，是一连串排好优先次序的过程，使可以引致最大损失及最可能发生的事情优先处理，而相对风险较低的事情则押后处理，风险管理主要包含以下内容：

（1）公司在市场、竞争和技术方面存在的基本风险；

（2）应付风险的方法；

（3）公司有哪些附加机会；

（4）在现有资本基础上如何进行扩展；

（5）在最好和最坏情形下，五年计划表现如何。

即使估计不那么准确，也应该可以估计出误差范围有多大。如果可能的话，对关键性参数做最好和最坏的设定。

三、制定创业计划的步骤和注意事项

（一）创业计划的步骤

1. 第一阶段，创业构思

创业者一些新奇想法需要经过可行性分析，只有通过市场需求评价以及商机评估等才能真正成为创业商机。因此，创业者需要对所谓的“金点子”进行甄别，确定创业目标，初步形成创业构思。

（1）环境分析：创业环境包括宏观环境、中观环境和微观环境。宏观环境是指能对企业活动产生强制性、不定性和不可控性影响的因素，如自然环境、政治与法律环境、科技环境以及人文环境。一般来说，对宏观环境企业只能适应，因而，企业可以通过关注宏观环境的变化把握社会的大趋势，从中获知商机。中观环境是指企业所属行业状态，主要包括行业环境、地域环境、业务环境。大部分创业者是根据中观环境状态变化获知机遇和挑战，对创业进行战略部署。而微观环境实际上就是直接制约和影响企业活动的力量和因素，包括供应商、企业内部门、顾客、竞争者、社会公众等。

创业者必须对不断变化的环境有敏感的体会，把握因变化产生的机遇和挑战，规避风险，充分利用其中蕴含的巨大商机，获得创业先机。

（2）产品/服务定位：好的企业，建立在好的创业构思上，而好的创业构思则建立在市场需求和产品（或服务项目）开发上。创业者需在开创自己的事业前明确定位产品或服务的目标，清楚分析市场的需求，如需求的类型、需求的客户、行业态势、市场特征等，根据实际情况设计开发出具有价值的新产品（或服务），这样才能牢牢把握住市场的发展趋势。如果一个创业构思能有所创新，那就锦上添花了。创新可以是引入一种新的产品或提供一种产品的新用途；可以是采用一种新的生产方法；可以是开辟一个新的市场；可以是获得一种原料或半成品的新的供给来源；也可以是实行一种新的企业组织形式。

2. 第二阶段，市场调研

市场调研是运用科学的方法，有目的、有计划地收集、整理和分析创业信息和资料。没有深入透彻的市场调查就不能准确把握市场的脉搏，无法了解适宜环境并满足客户需求的商机。市场调研的具体执行是一项繁杂的工作，需要创业者亲身体验，站在消费者角度思考和分析客户需求、偏好，将获得的信息融入未来的产品或服务方案设计，满足市场和消费者的需求。创业者可以通过问卷调查、企业网站的在线调查、随访或者团队中一线销售人员直接面对市场和消费者获得市场信息。如果企业的产品或服务满足社会需求，那无疑会为创业者带来利润，但如果产品或服务并非市场所需，无法达到预期的销售目标，那对刚刚起步的创业者来说必然是一个巨大的打击，甚至因此而导致创业失败。因此，市场调研是创业构思不可或缺的部分。

3. 第三阶段，起草大纲

计划书的大纲相当于建筑物的框架结构，只有坚实、牢固的结构才能支撑起一份优秀的创业计划书。创业者经过环境分析和市场调研，确定创业目标后，就要开始着手起草创业计划书的大纲。大纲框架搭建得越详细，对创业者思考创业的过程越有益，同时，可以让投资者清楚了解创业者的意图。

在完成大纲的起草后，创业者还必须对大纲进行细化和完善，尤其是进一步获得市场信息时，要对大纲做出相应的更改，以适应市场的需要。

一份比较完整的计划大纲应该包括以下九个方面的内容。

（1）企业介绍；

（2）产品或服务介绍；

（3）管理团队介绍；

（4）商业模式；

（5）营销策略；

（6）市场分析及风险管理；

（7）发展规划；

（8）财务规划；

（9）融资需求及资金用途。

4. 第四阶段，起草计划

一份出色的计划书，就像是一张藏宝图，指引人们获得宝贵的信息，帮助创业者得到更多的扶持和帮助，在创业的道路上旗开得胜。

计划书要根据计划大纲来撰写，对大纲进行详细的扩充和延伸。它必须让人了解创业者建立的是怎样的企业，已经获得了什么样的成绩，它提供的是何种产品或者服务，为客户带来什么样的便利，而创造这个产品或者提供服务的又是什么样的一些人，他们组建了一个什么样的团队，他们面临着什么样的挑战和竞争，如何进一步发展这个企业，还需要多少资金支持，如果顺利获得融资，他们将如何安排资金走向，实现企业的发展规划等。

一般来讲，计划书包括以下几方面。

（1）计划书执行摘要：其实是创业计划书的浓缩版，帮助创业者递呈给潜在投资者。一般来说执行摘要要精简，篇幅不超过 3 页，保证投资者在 5 分钟内能有效获得商业信息。

（2）演示文件：PPT，是创业计划书的另一种形式，它将完整的创业计划浓缩在 30 分钟到一个小时左右的容量，由创业者通过演讲的方式将创业信息提呈给投资人，引起投资人的兴趣，同时，演讲的过程也是对创业者创新思维、灵活应变和表达能力的一种考验，是创业者展示个人魅力的时刻。一个拥有潜力的优秀创业者也是投资者考虑的重要因素。

（3）完整版的创业计划书：当投资者对创业者的项目感兴趣时，会仔细阅读完整的创业计划书以获得更多的创业信息，比如产品的特性、消费市场、商业模式、竞争对手、财务预测，等等。

（4）未来3~5年的财务预测：财务预测是根据财务活动的历史资料，考虑现实的要求和条件，对企业未来的财务活动和财务成果做出的预计和测算。它是创业者经营决策的重要依据，也是合理安排收支、提高资金使用效益和企业管理水平的重要手段，展现未来3年或5年预测的销售收入、利润、资产回报率等有效和能够让人信服的财务预测，不仅给予投资者也能为创业者自身带来更多的信心。

5. 第五阶段，审核更新计划

完成一份创业计划并不意味着一劳永逸，在实际操作过程中，由于环境、市场的变动要经常对计划进行检查更新，确保计划的时效性、真实性和完备性，以备不时之需。

（二）创业计划的注意事项

创业计划书的质量往往会影响创业发起人能否找到合作伙伴、获得资金及其他政策的支持。计划书需要给投资者以充分信息并让投资者预见到成功的可能性。为了确保创业计划书能够顺利地被投资者关注，计划书的撰写者应注意以下事项。

1. 换位思考，重点明确

创业者要依照目标，站在创业计划书阅读对象的角度进行换位思考，确定计划书的重点。不同的目的、不同的阅读对象，计划书的重点自然也不尽相同。从潜在投资者的角度构思创业计划，要突出三个非常重要的问题：一是创业行动的方针；二是展示管理团队；三是展现美好的未来。理解创业计划书的内涵可帮助创业者在融资操作方法上适应国际惯例，掌握资本市场的内在规律，合理设计自身的发展战略。事实上，一份重点突出、目标明确的计划书可以帮助投资者发现具有投资价值和发展潜力的创业项目和创业企业，可以在投资者和创业者之间搭建起实现沟通的桥梁。这对于创业企业获得风险投资的支持是非常重要的。

2. 执行摘要，突出特色

创业计划书中的计划执行摘要十分重要。它是投资者首先要看的内容，必须浓缩创业计划的要点和核心内容，能让阅读者有兴趣并渴望得到更多的信息，给阅读者留下长久的印象。它摘录出了与筹集资金最相关的细节，如：公司的基本情况，组织结构，管理队伍、产品或服务的竞争优势，竞争对手，营销和财务战略等。既简明生动地勾画出项目的全貌，又突出了项目的重点；既讲清了项目的先进性和可行性，又讲清了项目的商业价值和高回报性；既有清晰的逻辑思路，又有切实的证据链加以印证；既能看清项目发展的脉络，又能让人感受到项目实施团队的能力和作用；既能看到项目已经具备的相关优势，又能明了需要的帮助和支持的方向、目标和作用。

3. 项目介绍，重中之重

在创业计划书中，应提供所有与企业的产品或服务有关的细节，包括创业实施的所有调查，产品或服务所处的发展阶段，是否具有独特性，目标客户群的定位，产品的生产销售，营销手段，新产品的开发计划，风险预测、财务预测等。创业计划书撰写者要把投资者拉到企业的产品或服务中来，这样投资者就会和创业者一样对产品有兴趣。在创业计划书中，企业家应尽量用简单的词语来描述每件事物，以免产生歧义和误解。制订创业计划书的目的不仅是要出资者相信企业的产品或服务会对客户群体产生巨大的影响，同时也要拿出证据证明，让投资者感到项目的独特优势和不容错失的市场机会。

4. 分析市场，注重细节

创业计划书要给投资者提供企业对目标市场的深入分析和理解。要细致分析经济、地理、职业以及心理等因素对消费者选择购买本企业产品这一行为的影响，以及各个因素所起的作用。计划书还应特别关注销售中的细节问题，包括：主要的营销计划，开展广告、促销以及公共关系活动的地区，明确每一项活动的预算和收益；企业的销售战略，使用销售代表或内部职员，由转卖商、分销商还是特许商销售，企业将提供的销售培训等。

5. 不避竞争，充满自信

在创业计划书中，创业者应细致分析竞争对手的情况：竞争对手是谁；竞争对手的产品或服务与本企业相比有哪些相同点和不同点；竞争对手的营销策略。要阐明企业在创业孵化器中的特有优势，创业的支持体系。同时，在计划书中要自信地展示企业的管理队伍：把一个创业设想转化为一个成功创业企业最关键的是要有一支充满激情和力量的团队。因此，在创业计划书中，应明确指出你这支团队的人才结构特点、优势、潜能及在特殊条件下战斗的实战能力。只有这样，投资者才能从创业计划书中看到计划可行性和企业竞争实力，才敢于投资。

第二节　创业计划书的编写指南

一、编写创业计划书应具备的条件

编写创业计划书之前需要充分准备，不仅要学习自己缺乏的创业知识，也要寻找机会到其他成功的公司学习，从小处着眼，解决实际的问题。总的来说应从以下方面着手准备。

1. 创业者自身条件

（1）创业激情：年轻的创业者往往充满了创业激情，战斗力十足，会勤勤恳恳、不断努力去学习有用的新东西，他们不在乎世俗的眼光和困难的环境，只在乎如何去克服不断出现的困难和解决各种问题，只有拥有永恒的激情才能成为创业者。

（2）独立思考力：独立思考是创造精神与创新精神存在的基本前提。企业是否有竞争力取决于是否拥有高新技术和人才的竞争，而创业者最终能成功，关键还在能否进行独立、有效的思考。无论做什么事情，创业者都要有自己的理由，要相信自己的判断，而不是人云亦云，随波逐流。创业者需要通过学习与不同的人群尤其是具有创业经历的人交流知识和思想，不管是他人成功或是失败的经历都能让创业者从中获得启发，逐步形成自己独立思考和判断的能力，拒绝轻信。

（3）承压力：创业者要有处变不惊的能力，在遇到困境时不能惊慌失措，自乱阵脚，将负面情绪带给其他成员，而是要沉着、冷静，积极思考解决问题的方法和可能获得帮助的渠道，及时走出困境。

（4）学力：学力指的是学习的能力，是指在正式学习或非正式学习环境下，自我求知、做事、发展，以快捷、简便、有效的方式获取准确知识、信息，并将它转化为自身能力的本事。创业者需要保持开放的心态和卓越的学习能力，这样才能与时俱进，走在行业前列。

（5）学会分享：学会分享也是一种能力，创业者应该拥有豁达的胸襟，保持开放的心态，与团队分享股份、成功，这样才能长久地加强团队合作。作为团队领导者，应该努力培养每一个成员分享的心态和能力，努力在团队内部形成一套可行的用于知识和经验分享的工作方法。得人心者，得天下，分享，不仅仅是一种姿态，更是一种做大事的正确心态。

（6）诚信为本：诚信是企业的立命之本。创业者要把诚信经营看作企业发展的生命线，贯穿于企业发展的始终。首先创业者要树立诚信为本的价值观，同时，要建立诚信为本的企业文化和诚信管理制度，将诚信理念潜移默化地融入企业发展中，最后要加强企业的诚信经营管理，预防发生诚信危机，比如产品或服务出现问题时要勇于承担责任，及时采取措施果断处理，决不能让问题产品走出生产线，流入市场，如果已经流入市场应尽快进行积极有效的处理，防止事态进一步恶化，影响更多消费者，造成企业形象不可挽回的信誉损失。

2. 学习国家相关法律、制度保障

法律意识教育不可或缺，这是创业必须要懂得与遵循的。在市场经济体制下，完善的法律环境是公平竞争、合法经营的重要前提，创业者必须了解我国的基本法律环境，加强相关法律、法规、政策、制度的学习，遵守法律，才能使企业良性发展。比如设立企业需要了解《企业登记管理条例》《公司登记管理条例》等工商管理法规、规章，还需要了解《合同法》、社会保险、知识产权问题，而了解工商、税务、开发区、高科技园区、软件园区（基地）等方面的法规、规章、有关地方规定，更有助于创业者选择创业地点，以享受税收等优惠政策。

3. 学习申办企业的相关知识

企业的组织形式、行业类型、主要产品或服务和经营范围、创业的基本条件如创业项目资金场地、财务知识等。

4. 学习申办成立公司

虽然公司申办程序的内容并不包括在计划书中，但是创业者需要了解各种组织形式的特点及注册资金的要求，并根据实际情况来选择组织形式，根据法律规定进行工商注册、税务登记等一系列企业申办活动。

二、创业计划书的基本格式

第一部分　计划书执行摘要（文字在2~3页以内）

一、企业简单介绍

二、企业的宗旨和目标（市场目标和财务目标）

三、企业目前股权结构

四、已投入的资金及用途

五、企业目前主要产品或服务介绍

六、市场概况和营销策略

七、主要业务部门及业绩简介

八、核心经营团队

九、企业优势说明

十、目前企业为实现目标的增资需求：包括原因、数量、方式、用途、偿还

十一、融资方案（资金筹措及投资方式）

十二、财务分析

1. 财务历史数据（前3~5年销售汇总、利润、成长）

2. 财务预计（后3~5年）

3. 资产负债情况

第二部分　综　　述

第一章　企业介绍

一、企业宗旨的详细表述

二、企业简介资料

三、各部门职能和经营目标

四、企业管理

1. 董事会

2. 经营团队

3. 外部支持（外聘人士、会计师、律师、顾问、技术支持、行业协会等）

第二章　产品或服务

一、产品或服务描述

二、产品或服务状况

1. 主要产品或服务目录（分类、名称、规格、型号、价格等）

2. 产品或服务特性

3. 正在开发/待开发产品或服务简介

4. 研发计划及时间表

5. 知识产权策略、无形资产（商标/知识产权/专利等）

三、产品生产

1. 资源及原材料、协作件的供应

2. 现有生产条件和生产能力

3. 扩建设施、要求及成本，扩建后生产能力

4. 原有主要设备及添置设备

5. 产品标准、质检和生产成本控制

6. 包装与储运

第三章　市场分析

一、市场规模、市场结构与划分

二、目标市场的设定

三、产品消费群体、消费方式、消费习惯及影响市场的主要因素分析

四、目前公司产品市场状况，产品所处市场发展阶段（空白/新开发/高成长/成熟/饱和），产品排名及品牌状况

五、市场趋势预测和机遇

六、行业政策

第四章 竞争分析

一、无行业垄断

二、从市场细分看竞争者市场份额

三、主要竞争对手情况：公司实力、产品情况（种类、价位、特点、包装、营销、市场占有率等）

四、潜在竞争对手情况和市场变化分析

五、公司产品或服务竞争优势

第五章 市场营销

一、概述营销计划（区域、方式、渠道、预估目标、份额）

二、销售政策的制定（以往/现行/计划）

三、销售渠道、方式、行销环节和售后服务

四、主要业务关系状况（代理商/经销商/直销商/零售商/加盟者等），各级资格认定标准及政策（销售量/回款期限/付款方式/应收账款/货运方式/折扣政策等）

五、销售队伍情况及销售福利分配政策

六、促销和市场渗透（方式及安排、预算）

1. 主要促销方式

2. 广告/公关策略媒体评估

七、产品价格方案

1. 定价依据和价格结构

2. 影响价格变化的因素和对策

八、销售资料统计和销售纪录方式，销售周期的计算

九、市场开发规划，销售目标（近期、中期），销售预估（3~5年）销售额、占有率及计算依据

第六章 投资说明

一、资金需求说明（用量/期限）

二、资金使用计划及进度

三、投资形式（贷款/利率/利率支付条件/转股~普通股、优先股、任股权/对应价格等）

四、资本结构

五、回报/偿还计划

六、资本原负债结构说明（每笔债务的时间/条件/抵押/利息等）

七、投资抵押（是否有抵押/抵押品价值及定价依据/定价凭证）

八、投资担保（是否有抵押/担保者财务报告）

九、吸纳投资后股权结构

十、股权成本

十一、投资者介入公司管理程度说明

十二、报告（定期向投资者提供的报告和资金支出预算）

十三、杂费支付（是否支付中介人手续费）

第七章　投资报酬与退出

一、股票上市

二、股权转让

三、股权回购

四、股利

第八章　风险分析

一、资源（原材料/供应商）风险

二、市场不确定性风险

三、研发风险

四、生产不确定性风险

五、成本控制风险

六、竞争风险

七、政策风险

八、财政风险（应收账款/坏账）

九、管理风险（含人事/人员流动/关键雇员依赖）

十、破产风险

第九章　管理

一、公司组织结构

二、管理制度及劳动合同

三、人事计划（配备/招聘/培训/考核）

四、薪资、福利方案

五、股权分配和认股计划

第十章　经营预测

增资后3~5年公司销售数量、销售额、毛利率、成长率、投资报酬率预估及计算依据

第十一章　财务分析

一、财务分析说明

二、财务数据预测

1. 销售收入明细表

2. 成本费用明细表

3. 薪金水平明细表

4. 固定资产明细表
5. 资产负债表
6. 利润及分配明细表
7. 现金流量表
8. 财务指标分析
(1) 反映财务盈利能力的指标
A. 财务内部收益率（FIRR）
B. 投资回收期（PT）
C. 财务净现值（FNPV）
D. 投资利润率
E. 投资利税率
F. 资本金利润率
G. 不确定性分析：盈亏平衡分析、敏感性分析、概率分析
(2) 反映项目清偿能力的指标
A. 资产负债率
B. 流动比率
C. 固定资产投资借款偿还期

第三部分 附　录

一、附件
1. 营业执照影印本
2. 董事会名单及简历
3. 主要经营团队名单及简历
4. 专业术语说明
5. 专利证书/生产许可证/鉴定证书等
6. 注册商标
7. 企业形象设计/宣传资料（标志设计、说明书、出版物、包装说明等）
8. 简报及报道
9. 场地租用证明
10. 工艺流程图
11. 产品市场成长预测图
二、附表
1. 主要产品目录
2. 主要客户名单
3. 主要供货商及经销商名单
4. 主要设备清单
5. 主场调查表

6. 预估分析表

7. 各种财务报表及财务预估表

三、编写创业计划书应注意的问题

创业计划书编写的目的是为创业融资、宣传提供依据，同时作为创业实施的规划方案。因此，创业计划书的编写除尽可能地展现创业项目的前景及收益水平外，还要展现出创业项目的可实现性。

1. 简洁完整，突出重点

一篇好的创业计划书需要对创业的目的、过程、预期结果进行描述，让读者如投资者和政府人员能了解创业的具体过程，同时也要兼顾简洁而注重实效，突出重点，显示独特优势及竞争力，引起投资者和政府人员的兴趣。

2. 语言通畅，表述精确

文字朴实，不需要用华丽的辞藻对计划书进行过度美化，而是要能让读者准确获知计划书所表述的内容。应尽量采用图表描述，形象直观地进行财务分析；使用战略、市场分析、营销策略、创业团队的管理学术语，尽可能地做到规范化、科学化，保持计划书中的目录、摘要、图表、数据和附录等具有逻辑性、连贯性和前后一致性，体现创业者的专业素养。

3. 数据翔实，尊重事实

计划书中的数据应基于前期认真的市场调研和分析，而财务预测等也应有财务专业人士协助完成，不能随意拼凑数字或是凭感觉猜测，以致过分夸大事实，高估市场需求和创业成功率，忽视竞争威胁和重大风险，这样会使投资者产生不信任感，造成可信度低。

4. 保护产权，以防泄密

知识产权是企业的核心竞争力，是企业的生命，保护知识产权至关重要。创业者要及时将核心的技术申请发明专利，周边技术申请实用新型专利。把最核心的技术用发明专利保护起来，同时最大限度地建立对竞争对手的优势壁垒；在编写计划书时应注意不要将核心技术过于详细地描述，在无法避免详细描述或必须展示核心技术产品时，应提前和阅读计划书的投资者等签署保密协议，以防商业机密泄露造成不可挽回的损失。

5. 团队合作，优势互补

计划书中要详细介绍创业团队中核心人物的技术和能力以及团队成员间的优势互补，这对于创业能否获得投资者的青睐有很重要的作用。很多投资者很大程度上投资的是人才，因为最终所有的创业项目需要人来进行操作，没有实力的团队无法实现创业项目，因此他们重视创业者的技术能力、创业团队的人员构成和团队中核心人物的能力证明，如掌握的技术、专利发明、工作经历、以往具体的成功案例等，这些都会让投资者看到团队的战斗力，给予他们更多信心。

四、创业计划书的检查与审核

创业计划书初步完成后，需要进行详细的检查，要对一些重要的内容进行核实。检查和审核主要分以下几个方面。

（一）格式检查

创业计划书形式和格式各有不同，但要素和大纲却基本相似。一般来讲，不管是用于商业融资或是创业大赛的计划书，都具有一定的商业价值，因此，商业计划从封面开始，就必须严格遵守规范和要求。主封面不仅要写明项目名称和项目编制人（或单位），还需要着重标明计划书的版本和保密级别，以此反映计划书的修改情况和创业项目战略策划的保密情况。创业计划书如较长还应该有目录，以方便读者快速查阅感兴趣的部分。审核时主要考察：计划内容整体表述是否条理清晰，重点突出；专业语言的运用是否准确和适度；相关数据是否科学、诚信、翔实，是否容易被投资者所领会。

（二）文字检查

创业计划书是创业者勾勒出的美好蓝图，是他们创业意图完整、准确、真实的表达。因此，计划书中标点、遣词用句、文法以及数字都要十分准确，段落要清晰，逻辑层次要分明，应尽量用简单而准确的词语来描述每件事、每一商品及其属性的定义，可以用图表帮助形象说明问题，切不可因为一些小错误导致全盘皆输。

（三）内容检查

内容检查是整个计划书检查的重点，分为两个层次，一个是整体检查，另一个是重点检查。创业者需要在完成整体检查的基础上再进行重点检查；完成重点检查并进行修改后，再重新进行整体检查最后定稿。

内容检查一般包括以下内容。

1. 计划执行摘要

初次接触计划书时，投资者一般会选择首先浏览计划书的执行摘要，快速获得他所需要的信息。因此，计划执行摘要必须开门见山，既简明扼要又突出重点，能准确阐明创业者的思路并具有说服力和吸引力。审核时主要考察：执行摘要是否简明、扼要、具有鲜明的特色。重点包括对公司及产品或服务的介绍、市场调研、营销策略、企业管理、创业团队的特殊性和优势、财务预测、企业发展目标等。

2. 产品或服务

创业者所提供的产品或服务是投资者最关注的问题，只有满足市场需求的产品或服务才能获得认可和接受。审核时主要考察：产品或服务技术含金量及创新程度，是否适应市场的需求，能否满足关键用户需要，能否实现产业化；专利权、著作权、政府批文和鉴定材料等是否完备；另外，产品或服务具有未来发展趋势，但不可过分超前市场而导致无法被接受。如果产品或服务的研发工作已有进展，创业者还可准备一件模型或照片来进一步说明你的创业计划书中的可行性，需要注意的是在这些实物和照片资料中不要暴露核心商业秘密。

3. 管理经验

创业伊始，创业者往往激情有余而经验和实践能力有所欠缺，但是要进行创业必须要有正规的经营管理，企业才能有良好的发展，才能获得投资者的信任，很大程度上，投资者是在投资人才。如果你自己缺乏能力去管理公司，那么计划中一定要明确地说明公司已经聘请经营大师来管理。审核时主要考察：创业者管理公司的才能，管理层成员教育和工作背景、经验、能力、专长，曾有的商业战绩，经营团队是否有诚信，企业文化是否以诚信为基础。而计划中营销、财务、行政、生产、技术团队等管理分工和互补情况要明确，公司组织结构情况，领导层成员，创业顾问及主要投资人的持股情况清晰。

4. 市场分析

创业计划书要能展示出创业者已进行过认真的市场分析。要让投资者或加盟者能够感受到计划书中阐明的市场需求不仅是确实的而且是有潜力的。审核时主要考察：市场调查和分析必须严谨科学，是否对市场容量与趋势、市场变化趋势及潜力，细分目标市场及客户进行详细描述，估计市场份额和销售额。同时，要摸清市场竞争状况、现有和潜在的竞争者的分析，替代品竞争，行业内原有竞争的分析，包括市场定位、全盘战略及各阶段的目标等，总结本企业的竞争优势并研究战胜对手的方案，并对主要的竞争对手和市场驱动力进行适当分析。

5. 关于营销

市场营销是创造、沟通与传送价值给顾客，及经营顾客关系以便让组织与其利益关系人受益的一种组织功能与程序，它将产品及服务从创业者直接引向消费者或使用者以便满足顾客需求并实现公司利润。审核时主要考察：能否保持并提高市场占有率，把握企业的总体进度，对收入、盈亏平衡点、现金流量、市场份额、产品开发、主要合作伙伴和融资等重要事件是否有所安排，是否有新颖而富于吸引力的促销方式以及通畅的营销渠道。

6. 财务预测

财务预测是根据财务活动的历史资料，考虑现实的要求和条件，对企业未来的财务活动和财务成果做出科学的预计和测算。它是财务管理的环节之一。计划书应该显示企业有应对风险偿还债务的能力，也要给预期的投资者提供一份完整的财务分析。审核时主要考察：固定和变动成本、营业收入和支出、现金流量、盈利能力和持久性；前两年财务月报，后三年财务年报。数据是否基于对经营状况和未来发展的正确估计，是否能反映出公司的财务绩效。

第三节　创业计划书的推介与评价

一、创业计划书的推介途径与方法

编写创业计划书的目的就是获得创业所需的各种资源，根据资源类型的不同，创业计划书有不同的推介途径和方法。

1. 针对资金资源的创业计划书推介途径与方法

（1）关注投资信息：创业者需要主动获取报纸杂志、电视、网络等媒体上投资者寻找项目的信息，也可以主动发布信息如申请网上展会等吸引投资者。

（2）参加创业性洽谈会：创业洽谈会汇聚了众多的投资者，也是招商融资效果较好的招商投资类品牌展会。创业者可以通过经常参加创业性洽谈会，认识一些投资人，积累人脉，为创业活动的融资等做准备。

（3）股权融资：通过风投公司、私募基金来获得资金。

风险投资（venture capital，VC），意为创业投资。广义的风险投资泛指一切具有高风险、高潜在收益的投资；狭义的风险投资是指以高新技术为基础，生产与经营技术密集型产品的投资。一般来讲风险投资机会源于风险投资企业自行寻找、第三人推荐或创业者自荐。创业者将创业计划书交给风投，由风投对项目进行广泛、深入和细致的审查评估，以检验企业家所提交材料的准确性，并发掘可能遗漏的重要信息；根据所掌握的各种情报对投资项目的管理、产品与技术、市场、财务等方面进行分析，做出投资决定。一旦投、融资双方对项目的关键投资条件达成共识，一致同意交易条件与细节，双方就可以签署最终交易文件，投资生效。

私募基金（privately offered fund）是指通过非公开方式，面向少数机构投资者募集资金而设立的基金。一般来讲某些创业项目也是私募基金感兴趣的对象，而投资数额则根据项目的可投性来决定。

（4）债务融资：通过亲情融资、商业信誉融资获得资金。

亲情融资是成本最低的创业“贷款”，通常是创业者筹集启动资金最常见、最简单而且最有效的途径，通过向亲戚朋友借钱，不仅可以快速获得资金，大部分时候能免去利息，减少了资金成本。

商业信用融资是指企业之间在买卖商品时，以商品形式提供的借贷活动，是经济活动中一种最普遍的债权债务关系。这种融资建立在个人良好的信誉基础上，它筹资便利，与商品买卖同时进行，无须另外办理正式筹资手续；可以通过应付账款融资，即卖方允许买方在购货后的一定时间内支付货款的一种商品交易形式。也可以通过商业票据融资，商业票据是指由金融公司或某些企业签发，无条件约定自己或要求他人支付一定金额，可流通转让的有价证券，持有人具有一定权力的凭证，如汇票、本票、支票等。

（5）创业基金支持：通过 YBC（Yourh Business China）基金、天使基金等获得资金。

中国青年创业国际计划（Youth Business China，YBC）是一个旨在帮助青年创业的教育性公益项目，通过动员社会各界特别是工商界的资源，为创业青年提供“一对一”的导师辅导以及“无利息、无抵押、免担保”的资金支持，引导青年进入工商网络，帮助青年成功创业，成就具有社会责任感的未来企业家。创业者可以登录 YBC 官方网站，下载《YBC 创业资金申请表》《创业计划书模板》《现金流量表》，填写完成后，发送到创业项目所在地的 YBC 地方办公室邮箱。

“天使基金”是指专门投资于企业种子期、初创期的一种风险投资。因为它的作用主要是对萌生中的中小企业提供“种子资金”，是面目最慈祥的风险资金，帮助它们脱离苦海、摆脱死亡的危险，因而取得“天使”这样崇高的名称。天使基金一般由申请人首先提出申请，须同时递交申请表、详细的创业计划书、申请基金投资及资金使用计划、申请人的投入资金、资本和相关的证明以及其他相关证明。届时，基金将建立项目评估专家组，评估有关申请项目的可行性和运作情况。为了保证项目的质量和数量，项目采用评审审核机制。由二级基金管理机构组织有关专家对创业项目进行初步审核，对于审批通过的项目，由基金管理机构与项目申请人签订孵化资助协议或投资协议。

2. 针对政策资源的创业计划书推介途径与方法

对于创业者来说，政府部门所制定的支持性政策在创业活动中也扮演了重要的角色，在政策允许和鼓励的条件下，创业者可以获得更多的国内外人才、贷款和投资、各种服务与优惠等，如创业前小额贷款、开业贷款、小额贷款、零首付注册公司、税收减免，等等，特别是政策基金，它是创业者的“免费皇粮”，创业者不用担心投资方的信用问题，而且，政府投资一般都是免费的，进而降低或免除了筹资成本。但申请创业基金有严格的申报要求，政府每年的投入有限，筹资者需面对其他筹资者的竞争。一般来说，政府更倾向于支持高科技创新的企业，为了赢得这些资源，创业者要精心准备一份专门递呈给政府部门的创业计划书。这一类型的创业计划书类似于传统的项目可行性分析报告，在计划中，应当强调公司的项目投资可行性，尤其要注重公司的社会效益和社会成本，只有项目的社会影响较为良好，才有可能成为政府部门关注的对象。

3. 针对吸引创业团队成员的创业计划书推介途径与方法

对创业者来说，最难的是找到可以胜任业务同时可信赖的人组成创业团队。创业初期，往往是一些志同道合的人在一起合作，催生创业激情和创业项目，但往往这种比较自然和原始的方法无法组建成一个比较完整的团队。在创业活动真正开始以后，团队应该考虑吸收补充新鲜血液，弥补团队的短板。一般来说，人员数量上不需要太多，能满足基本的需求就可以了，团队人员要具有较强的学习能力、创新能力，要有积极主动的工作态度，同时要具备坚韧不拔的毅力，对项目的理解、表达能力、执行能力、社会资源能力、思维创新能力等方面的差异不能太大。在吸纳创业成员前，应当先对行业人才进行调查，获取潜在合作伙伴的信息，也可以通过熟人推荐或者发布招聘信息等吸引他人加入。当然，口说无凭，创业者同样需要出示一份创业计划书，让潜在的合作伙伴了解创业项目的具体情况，让他们看到希望和用武之地，激发他们的热情，最终成功吸引他们加入团队。

4. 针对客户资源的创业计划书推介途径与方法

这一类创业计划书主要对象是公司大型客户群体、原材料供应商、行业协会等。如果能够获得这些合作关系并能良好地维持，那对于创业者来说，帮助是非常大的。因此，在必要的时候，创业者也需要向这些合作伙伴提交创业计划书，从双赢的角度出发，阐明自身的优劣势以及双方进一步发展合作关系的有利之处。基于这一要求，创业计划书就要有针对性地指出具体的合作方案以及合作双方可能获取的利益，使合作者了解双方合作的意义，进一步加强合作。

二、成功创业计划的构成要素与评价

成功的创业计划书应该能给风险投资者充分的信息，并且能够激起投资者的兴趣。为了确保创业计划书能起作用，创业者应把握以下要素。

1. 关注产品

在创业计划书中，应提供所有与企业的产品或服务有关的细节，包括企业所实施的所有调查。需回答的主要问题包括以下几点。

（1）产品正处于什么样的发展阶段，它的独特性怎样；

（2）企业分销产品的方法是什么；

（3）谁会使用企业的产品，为什么；

（4）产品的生产成本是多少，售价是多少；

（5）企业发展新的现代化产品的计划是什么。

应该把风险投资商拉到企业的产品或服务中来，这样风险投资商就会和风险企业家一样对产品有兴趣。在创业计划书中，因此企业家应尽量用简单的词语来描述每件事。商品及其属性的定义，对企业家来说是非常明确的，但其他人却不一定清楚它们的含义。制订创业计划书的目的不仅是要出资者相信企业的产品会在市场上产生革命性的影响，同时也要使他们相信企业有证明它的论据。创业计划书对产品的阐述要让出资者感到：投资这个项目是值得的。

2. 敢于竞争

在创业计划书中，风险企业家应细致分析竞争对手的情况。需回答的主要问题有以下几个。

（1）竞争对手都是谁，他们的产品是如何实现其价值的；

（2）竞争对手的产品与本企业的产品相比，有哪些相同点和不同点；

（3）竞争对手所采用的营销策略是什么。

要明确每个竞争者的销售额，毛利润、收入以及市场份额，然后再讨论本企业相对于每个竞争者所具有的竞争优势，要向投资者展示顾客偏爱本企业的原因是：本企业的产品差别化程度高，性能价格比优越，质量好，送货迅速，定位适中，价格合适，等等。创业计划书要使它的读者相信，本企业不仅是行业中的有力竞争者，而且将来还会是确定行业标准的领先者。在创业计划书中，企业家还应阐明竞争者给本企业带来的风险以及本企业所采取的对策。

3. 了解市场

创业计划书要给投资者提供企业对目标市场的深入分析和理解。要细致分析经济、地理、职业以及心理等因素对消费者选择购买本企业产品这一行为的影响，以及各个因素所起的作用。创业计划书中还应包括一个主要的营销计划，计划中应列出本企业打算开展广告、促销以及公共关系活动的地区，明确每一项活动的预算和收益。创业计划书中还应简述一下企业的销售战略，比如：企业是使用外面的销售代表还是使用内部职员，企业是使用转卖商、分销商还是特许商，企业将提供何种类型的销售培训。此外，创业计划书还应特别关注一下销售中的细节问题。

4. 表明行动方针

企业的行动计划应该是无懈可击的。创业计划书中应该明确下列问题：

（1）企业如何把产品推向市场，如何设计生产线，如何组装产品，企业生产需要哪些原料；

（2）企业拥有哪些生产资源，还需要什么生产资源？生产和设备的成本是多少；

（3）企业是买设备还是租设备；

（4）解释与产品组装，储存以及发送有关的固定成本和变动成本的情况。

5. 展示管理队伍

把一个思想转化为一个成功的风险企业，其关键的因素就是要有一支强有力的管理队伍。这支队伍的成员必须有较高的专业技术知识、管理才能和多年工作经验，要给投资者专业和肯定的感觉。其中，管理者的职能就是计划、组织、控制和指导公司实现目标的行动。在创业计划书中，应首先描述一下整个管理队伍及其职责，然而再分别介绍每位管理人员的特殊才能、特点和造诣，细致描述每个管理者将对公司所做的贡献。创业计划书中还应明确管理目标以及组织机构图。

6. 出色的计划摘要

创业计划书中的计划摘要十分重要。它必须能让风险投资者有兴趣并渴望得到更多的信息，它将给读者留下长久的印象。计划摘要将是风险企业家所写的最后一部分内容，但却是出资者首先要看的内容，如果公司是一本书，它就像是这本书的封面，做得好就可以把投资者吸引住。你要像对待广告一样来写摘要，文章明了，但要感人，绝不要草草了事。

思考练习

1. 创业计划有什么作用？创业计划包括哪些内容？
2. 创业计划的制订过程包括哪几个阶段？
3. 推介创业计划书的途径与方法有哪些？

CHAPTER

第六章 创业企业的设立

引导案例

深入解读：重新定义“企业”

只有把企业定义弄清楚了，创业、战略管理、企业文化等问题才会清楚。现在对企业的研究越来越模糊，甚至弄不清楚什么是企业。发展形势变化了，传统意义上的企业已经消亡，无论从形态还是本质上看，企业除了作为契约型组织外，传统概念的企业定义亟须突破。

(1) 企业是一个市场性组织。人对市场负责，市场化程度的高低决定了企业盈利能力的高低。

(2) 企业是学习型组织。过去认为企业是制造产品的，现在看来，企业是制造思想的、企业内部有两条价值链：一条是知识价值链，由信息和知识到能力，再到思想；另一条是物质形态价值链。

(3) 企业是一个虚拟组织。现在人们都讲虚拟生产、虚拟营销、虚拟运输、虚拟分配、一切都被虚拟化了。

(4) 企业是一个无边界组织。过去认为企业是有边界的，后来发展了，企业就成为无边界的，再后来，企业既有边界又无边界，边界模糊化。现在看来，一个企业边界，若按照边际成本乘以边际收益来看，许多企业的边际成本小于边际收益，或者边际成本为零，边际收益不变，那么边际成本、边际收益递增的规律发挥主导作用，即边界可以无限大。这对于企业的运作意义是很大的。

(5) 企业是一个系统性组织。现在的企业分成两条线：第一条线是产品和服务；第二条线是使企业具有持续竞争力的保障系统。一般来讲，国外成功的大企业都是系统化运作的，讲究系统性。

(6) 企业是网络化组织。网络化是企业组织发展的重要形式。企业运行需要联系网络和信息的变化，使企业组织结构日益从原来复杂的层级化垂直管理向简约的网络化平面管理转变，企业集团通过网络化渠道与分包的生产、供给、销售部门建立起各种各样的合作关系。这样企业就可以成为一个联合体。对于中国企业来讲，应该融入这个网络，融入更大、更多的价值网络。

(7) 企业是全球性组织。过去根据木桶理论，认为企业利润取决于最短的那块木板。要想提高利润，就要把最短的木板补齐，则企业总在经营劣势。现在，新木桶理论出现了，也就是说短的那一块不补了，专做最擅长的那一块，每个企业都经营优势，就像每个人做自己最感兴趣的事。这样成本很低，效率很高的木桶理论发展到新木桶理论，每个企业根据全球定位，你做一块，我做一块，全球集成，融入全球化过程中，最终的企业就是全球化组织。

(8) 企业是体系性组织。最终把企业打造成一个体系，也就是让平凡的人做出不平凡的事，即具体到一个人很平凡，但成为一个体系就很厉害。通过打造这个体系，可使管理达到最高境界，即没有管理；使战略达到最高境界，即没有战略。

第一节　创办企业前的准备

“人生的道路虽然漫长，但在紧要处常常只有几步，特别是当人还年轻的时候。”创业是最能实现个人人生价值和成就的方式。有人说，创业很艰苦，唯有品尝过的人，才知个中滋味。有人说，创业难，没有资金，没有人际关系，没有社会活动的经验，再好的想法也只能付诸东流。

大学生创业虽然由来已久，但它真正被社会所关注是始于近年来市场经济的蓬勃发展。随着商品经济的高速发展和知识经济时代的迅速来临，在就业岗位相对不足的情况下，越来越多的大学生投身到创业的热潮中。有了创业的想法，我们就应该去实践它，创业者要用时代赋予的创新思维，用行动来证明知识的价值，拓宽自己的人生之路。

一方面，在中国大学毕业生中，如果有10%的人毕业后选择自主创业，那将大大缓解当前大学生就业压力居高不下的现状。毕业生选择自主创业的就业形式，不仅能够实现创业带动就业拉动经济增长，而且还会因为创业者知识水平的普遍提高，使机会型创业的比例超过生存型创业，这将为建立创新型国家的宏伟目标打下最坚实的基础，并且具有难以估量的社会意义。

另一方面，大学毕业生通过选择自主创业，可以最大限度地发挥自己的知识、技能和才干，这不仅有利于毕业生自我价值的实现，而且可以取得期望的社会地位，增加个人财富。因此，创业已成为大学生越来越关心的热门话题。

延伸阅读

大学毕业生黄楚杰的创业历程就是很好的例子。从初中开始，黄楚杰就开始学习画画。初中毕业后，他考入了全国重点中专——上海工艺美术学校，进入服装设计专业。4年的学习让他打下了扎实的美术功底。2001年，黄楚杰考入了上海商学院。然而，一种创业的冲动在他心中涌动着。于是，他决定“半工半读”——边学习，边打工。几年间，黄楚杰在多家广告公司任职，从助理设计师升任设计师，积累了相当丰富的实践经验。这让黄楚杰无论在专业知识方面还是在为人处世方面总能更胜同龄人一筹。

大学二年级时，黄楚杰就“蠢蠢欲动”开始创业实践。他与一些同学成立了一个非营利性质的工作室，其目的是积累社会经验，同时学习如何做人。黄楚杰说：“大学期间除了学习知识之外，更要学好如何做人，多交一些朋友对自己将来的工作、事业都会有很大的帮助。”黄楚杰还在网络上发表了很多自己的作品，直到毕业，他一直为自己积累着对于创业者来说最珍贵的财富。2005年大学毕业后，他成立了楚杰品牌设计策划机构，开始了自己的创业之旅。

一、创业形式选择

创业是一项艰苦的事业，创业不仅要求创业者具有丰富的知识储备和较强的心理承受能力，而且需要有较强的团队协作意识、有效的沟通协调能力和广泛的人脉资源等多方面的综合能力。目前，大学生的创业大体可以分为在校创业和毕业后创业两种形式。

（一）在校创业

1. 社会实践

现在大学生更多地采取兼职这种社会实践活动方式，他们大多不以经济收入为主要目的，更多的是为了积累一定的工作经验与人生阅历，在社会实践的过程中不断提高创业能力。

大学生创业不能光凭冲动，而应该进行理性思考，脚踏实地，掌握知识，通过社会实践了解社会；通过参与竞赛模拟创业，为就业创业积累宝贵的经验；更要认真对待职业生涯规划，准确了解自己，为自己的职业生涯发展做好谋划。

2. 大学生创业园区

企业孵化器在20世纪50年代末兴起于美国，在中国，企业孵化器多被称作创业服务中心。20世纪80年代中期我国建成第一家高新技术创业服务中心，经过30多年的发展建设，创业服务中心已经成为我国高新技术产业技术创新体系的主要组成部分，成为促进科技成果转化、培育和发展高新技术企业和企业家的基地和摇篮。

大学生创业园区不是一个校园商业区，而是一个模拟现实社会环境的实训基地。为进一步完善学生的能力，一些高等学府鼓励学生在校园内开展创业活动，学校介入管理，创造一个准社会化的创业环境，搭建一个在课堂之外、校园之内的创业教育平台。很多乐于挑战自我的学生投身其中，在创业公司运作过程中，他们的专业基础知识和技术能力得到检验，他们的创新意识、组织协调能力和社会竞争力得到进一步的锻炼和提升。

3. 全真模拟

全真模拟环境下的创业教育是对传统教育模式的挑战，将教育从以教师为主、以课堂为主、以书本为主转变为以学生为主、以实践为主和以能力培养为主。2006—2007年，浙江工商职业技术学院共有4批69个项目进入创业园进行创业实践，直接参与的学生有353人，间接参加创业实践的校内外学生共达3000多人。69家企业除1家中途关门外，其余68家均盈利，实现销售额350多万元，利润110万元。

（二）毕业后创业

毕业后创业与在校创业有很大区别，大学生在校的创业实践经验为毕业后实体创业奠定了一定的基础。大学生毕业后创业，可以根据自己的资金、经验和实际能力去设计和选择创业形式。

1. 创办新企业

创办新企业对创业者来说难度较大，需要创业者从头干起，所面临的事情也较为复杂，对于创业者的抗压与承受力要求较高。创办新企业的优点是创业者可以根据自己的创业构想，构建自己的事业，可在办公地点、办公设备等硬件上进行优化，选择最佳方案；也可在应用技术、人力资源等软件上进行资源配置。创办一家新企业的创业形式可分为创建与经营两个不同的阶段。

2. 收购现有企业

收购现有企业这种创业形式是指通过多种形式获得一家现成的企业，这家企业可能正在营运，也可能停产；可能很赚钱，也可能亏损。不管怎样，创业者可以获得一个现成的企业。这种创业形式，优点是可以节省大量的时间与精力，直接进入创业经营阶段；缺点是收购风险较大，可能买到一个空壳与一堆低质量的资产，要正式经营还须费很大的工夫。收购现有企业前期调研尤为重要，一定要深入了解出售企业的真正原因、目前企业的实际经营情况、是否存在现有资产的潜在价值等。

3. 加盟特许经营系统

特许经营是连锁经营的一种形式。连锁经营是指经营同类商品或服务的营业点，在统一的整体规划和布局下集中管理、分工合作，通过扩大规模获得更高的效益。它是世界流行的生意模式，它提供了一种低风险、给缺乏专业知识与经验的人一个拥有自己事业的机会，这是一种典型的双赢模式，例如，麦当劳、肯德基等。这种模式成功的关键在于选择合适的特许经营系统。主要应考虑4个因素：市场的影响力、本地的市场潜力、提供的支持与服务和受控制的情况。

4. 自由职业者

自由职业者就是一个独立的企业，也是创业的一种形式。由于科技的发展，以及社会经营格局的深刻变化，这种形式具有越来越强的生命力与影响力。自由职业者要具有很好的自我控制能力，管理企业就是管理自己，因此，良好的自我控制能力是成功的关键因素。

自由职业者的创业成功必须具备以下几个条件。

（1）知识密集型企业

这种企业形式的工作性质多是一些与创业性相关的工作或是专业技术工作，例如，设计与策划、咨询与服务、翻译与写作、软件开发等，只有知识密集行业才适合自由职业者生存与发展。

（2）强调个人影响力

成功的自由职业者在很大程度上依赖于个人在业界的声誉与地位。有名的人可以待价而沽，没有名气是寸步难行。创业之前，最好通过各种途径获得良好的个人声誉，例如，进入业界有名的企业打工、参与各种竞赛并获得好名次等。

(3) 广泛的人脉资源

自由职业者必须有广泛的人脉资源，才能够“揽活儿”，才能够有“同道”的给力帮忙，参与特定的“圈子”是十分重要的。

延伸阅读

俩大学生的“煎饼”梦

20多平方米的店面，粉色的墙壁，温柔的灯光，一条长约6米、高约1.3米的漂亮吧台，再配上10张颇具青春气息的椅子，伴随着悠闲、轻快的音乐，初夏的一天，记者一踏入位于莱阳市文化路上的“菜煎饼”店，顿时一股有别于其他煎饼店的清新气息扑面而来，更感吃惊的是店主竟是两名大学生，一名已毕业，一名即将毕业。

1. 怀揣梦想，俩大学生开煎饼店

“我跟李鹏是校轮滑协会会员，轮滑是一项刺激、冒险而又现代的运动，酷爱这项运动是我俩走到一起的原因。”宁康是青岛农业大学海都学院2011届工程系机械专业一名即将毕业的大学生，李鹏是同系电器专业的师哥，去年刚毕业。

俩人跟大多数即将毕业的大学生一样，在应聘工作的过程中遇到许多的不如意。既然这样，何不自己创业呢？其实，俩人有这样的念头也不足为怪，在校时，他们就一起送过快递、开过网店、卖过轮滑鞋，也算是小有名气。由于李鹏老家是滕州市，“菜煎饼”是滕州一道很知名的小吃，经过一段时间的市场考察后，他们发现“菜煎饼”不仅味道好，而且价格便宜，一张饼5~8元不等，操作简单，投资风险也不大，很受一些大学生的青睐，对于他们来说，是最合适的投资项目。于是两人一拍即合，到滕州专门学习了“菜煎饼”制作工艺，决定在距离学校500米的莱阳市文化路上开一家以招揽学校学生顾客为主的“菜煎饼”店。

2. 创业过程，有艰辛也有喜悦

2010年9月1日，经过一番紧锣密鼓的准备，正宗的滕州“菜煎饼”店在二人的憧憬中正式开业了。

说到创业的困难，宁康还是很感激父母的支持：“父母其实是不同意我这么干的，可在关键的时候还是给我了很大的主持，一次性给了我2万块钱。虽然他们认为给孩子钱是应该的，但这些钱我是一定要还的。”从最初的租房子、装修到购置物品以至开业，大到一个桌子，小到一个灯泡，无论什么事，俩人都是亲力亲为，时常为了节省一块钱不厌其烦地讨价还价。早晨5点多钟就起床忙活，累了俩人就吃个煎饼，喝点热水；晚上10点多才下班，如果太晚，干脆就打个地铺在店里睡。

辛勤的付出换来了可喜的回报，“菜煎饼”店一开张就在海都学院引起了一阵轰动，不少大学生纷纷来品尝购买，最多一天卖出300多张饼。“我们能做出15种菜煎饼，做饼的一些关键原料，如麻辣鲜、鸡精、孜然等，虽然莱阳这边也有，但我们都坚持从滕州那边购买，保持正宗原味，做生意要讲诚信！”老家是滕州的李鹏说。

3. 面对将来，有憧憬更有信心

“有很多大学生创业不久便半途而废，一开始我们也担心，但从开业到现在，每天顾客的数量基本上是固定的，回头客很多。”宁康看着他们的“菜煎饼”店走上了正轨，自己的担心也逐渐变少。他向记者算了一笔账，每个月去掉房租、水电费、原料费等各种成本，剩个四五千元钱没问题。“我们现在是小本买卖，维持生计是没问题，最关键的是由此实现了自己人生的部分价值，很有成就感。”

宁康充满自信地告诉记者：“我们准备在开店一周年的时候，再上几个新品种，如意大利面、鸡羹煲等，丰富一下菜品，如果一切顺利，年底再上一个连锁店。”

二、大学生创业准备

（一）做好充分的市场调研是前提

创业者必须对创业方向及创业项目进行深入、细致、认真的市场调查。只凭创业者自己的经验、兴趣、阅历和对社会的笼统认识而做出的决策，往往存在较大的风险。市场调查包括对市场现状、市场进入门槛、客户群体、市场规模、成长性等因素的调查分析，只有掌握真实、充分的资料，市场定位和营销战略才能有的放矢。

延伸阅读

虽然距离毕业还有3个月，但王亮已经有两年多的创业经历了，他是黑龙江大学国际贸易专业的毕业生及哈尔滨龙大网络公司的总经理。王亮的创业从大二就开始了，当时他与同学一起开始创业。

作为过来人，王亮认为大学生创业最好是从最熟悉的行业或领域开始。不少大学生创业者不习惯对其产品或项目做市场调查，而是进行理想化的推断，例如：“如果有3亿人需要我们的产品，每件售价100元，我们就有300亿元的销售市场。”这种推断方法是站不住脚的，而且常常起着误导作用。王亮建议大学生在创业初期一定要做好市场调研，一些可行性研究也可委托专业机构进行，在了解市场的基础上创业才能长久。

现在，王亮公司的业务也由原来网络商城发展到为企业建设电子商务平台。在其公司发展的过程中，经营项目扩展到电子商务服务、企业信息化软件、办公自动化、无线网络产品等诸多领域，成为大学生在校创业的成功案例。

创业前期，创业者要对创业领域做好充分的了解。不同的创业者在发现创业机会后，也需要考虑一下相关产业是否适合创业，具体体现在以下四个维度的因素。

1. 产业的知识因素

产业的知识因素是指一个产业生产产品或提供服务所需要的知识情况，主要指生产过程的复杂程度、产业创造新知识的水平、创新单位的规模和不确定性的程度。例如，把制药工业与纺织工业进行比较，显然制药工业的生产过程更复杂，需要更多的投资才能产生新知识，需要更大的单位规模才能实施创新，并且不确定性也更高。

2. 产业的需求因素

影响创业企业生存情况的产业需求因素主要有以下三个。

（1）市场规模：有研究表明，新企业在市场规模大的产业表现更好。原因在于市场规模大的产业，新企业更容易获得利润。

（2）市场成长性：在快速成长的产业里的新企业比成长缓慢或萎缩的产业里的新企业更容易获得赢利。原因很简单，在快速成长的产业里，原有企业的生产服务能力不能完全满足市场的需要，新企业的发展空间比较大。

（3）市场的细分情况：在市场细分明确的产业中，新企业容易生存。因为新企业容易在细分后的市场中找到现有企业没有满足的“缝隙”，并以此为利基市场，从而得到发展。

3. 产业生命周期

任何一个产业都和人一样存在产生、发展、成熟、衰亡的周期过程，了解产业生命周期的情况有利于我们了解创业企业适应生存的阶段。产业成长期比衰老期更适宜创业企业的生存。越是在产业发展初期，新企业越容易进入。产业进入成熟期的标志是出现了通行标准，通行标准出现前比通行标准出现后更适宜创业企业的生存。

4. 产业结构

不同产业的结构也不同。有的产业比另一些产业更适合新企业生存；资本密集程度低、规模经济效应不显著、产业集中程度低、以中小企业为主的产业更适合创业产业的生存。

创业是一个系统工程，它要求创业者在企业定位、战略策划、产权关系、市场营销、生产组织、团队组建、财务体系等一系列领域都有一定的知识积累，大学生有了好的项目或想法，只是代表“创业的长征路”刚跨出了一步，而在大学生创业者中，认为凭一个好的想法与创意就一定能创业成功的人也不少，而在创业准备时对可能遇到的问题准备不充分或根本就没有思考对策与设计好退出机制，对来自各方面的反面因素浑然不知，导致一开始便遇到各种各样的难题，使创业者还没有走出多远，即以失败告终。所以创业者不是全才，但要着眼于全局。

（二）财务分析

财务分析是对创业者筹集和使用资金的规划。资金是创业最重要的资源之一，由于创业型的企业没有足够的信用，筹资问题在创业初期总是困扰创业者的难题，创业者面对一个创业机会，对创业机会进行财务分析，有利于制定出未来筹资的规划，使创业者能有条不紊地完成创业的每个步骤，避免由于缺少资金影响创业初期的发展。

创业者在选择创业机会时如果没有进行财务分析，往往很容易低估创业对于资金的需求和融资的难度。创业过程中不断出现的新情况使得粗略规划的资金需求大大增加，而不同阶段的不当融资行为可能增加融资成本。就创业机会本身来说，低估一个创业机会所需的资金可能使得创业者投入一些超过自身融资能力的项目，造成不必要的时间和资源的浪费。

成功企业的发展必然会经历一个从创建初期到逐渐发展成熟的过程，而处于初创期的企业，必然要面临诸多的问题，例如资金的短缺、管理经验不足、经受外界市场风险和政策变化的考验等，尚未形成核心竞争力。

大学生在创业时首先碰到的问题是创业资金问题，即创业的钱从何而来，在有了创业资金后，又必须解决钱如何用的问题。要想成功融资，大学生必须能够开发出一种盈利模式，而要想用好创业资本，大学生必须学会分析几种基本的财务报表。财务报表是公司的财务状况、经营业绩和发展趋势的综合反映，是投资者了解公司、决定投资行为的最全面、最翔实的、往往也是最可靠的第一手资料。财务报表分析又简称财务分析，大学生在创业时，不能回避的几张财务报表是：成本费用表、资产负债表、收益表和现金流量表。

（三）人力资源分析

人力资源分析是创业者对于创业机会所需具有相关能力的人才的分析，也就是从创业者和创业团队的角度分析创业机会价值。一个创业机会对于创业者的价值不仅仅取决于其客观的创业环境，创业者及其团队是否具有所需的能力并发挥相关能力是决定创业机会选择的主观因素。创业者在评估创业机会的时候，必须把所需人才的使用成本计算在内，企业外雇人员需要考虑付给的相关收入等，创业者自身也要考虑劳动力的付出程度和创业行为的机会成本。

好的创业机会能够充分发挥每个创业团队成员的竞争优势，包括创业者的从业经验、相关技能、性格特点等。很多大学生在创业过程中经常会遇到一个共性的问题——创业团队的分裂。这仿佛始终是大家关注却又无可奈何的事情，似乎也只能慨叹一句“共苦易，同甘难”。以下介绍人力资源管理及防止创业团队散伙的五条建议，仅供参考。

1. 理念上要正确

要坚信创业组织能够健康发展下去，不要一开始就想着失败，尤其不要用经典的理论“只能共苦，不能共甘”“天下没有不散的宴席”“过河拆桥”等来支配自己的思想，脑子里根本不应该有这种想法。如果你的精力集中于失败，你必然失败。

2. 持续不断地沟通

开始要沟通，遇到问题也要沟通，解决问题时要沟通，有矛盾时更要沟通，多想有利于组织发展的事情。有不同的看法，不要在公开场合辩论，不要把矛盾展示给下属。

3. 发现有人钻空子，坚决开除

领导之间的矛盾，不要让下属来评论、解决。如果双方沟通有困难，要主动寻找外方的力量，尤其是双方都信得过的好朋友来“解铃”。在解决问题时，要就事论事，不要对人进行讨论。如果发现组织中有人利用领导之间的矛盾分歧以达到个人的目的并损害组织利益，就要毫不犹豫地予以开除。

4. 及时协调立据

任何事情都不可能在最初时期计划周全，事情是随时都有可能发生变化的，合作运营过程中，遇到新问题、新矛盾一定要先说清楚，立下字据再行动，千万不要先干再说，因为事情发生后人们都是朝着自己有利的一方面考虑。先干再说，看似快了，其实容易埋下隐患，将来就不是速度快慢的问题，而是风起云涌、企业组织颠覆性运动的根源。

5. 不在小事上计较

在创业合作过程中遇到问题矛盾时应向前看，向前看才能保证事业成功，只有事业取得成功才会给合作者带来丰厚的利润回报。另外，难得糊涂对创业合作的各方面来说都是保养自己心灵的鸡汤和企业组织的润滑剂。

（四）团队精神是核心

团队精神也许是最平常、最易懂的管理概念了，但由于大学生这一特定创业群体一般年龄在 25 岁以下，他们的社会经验与人生经验都不足，而且处于热血沸腾的感情阶段，个性化、自信心等都较强，所以在团队组建、团队分工、团队规则制度等诸多体现“人与人合作”的工作中，大学生创业者往往会出现“一人是龙，二人是虫”的情形。在实际工作中，大学生常常会出现以己为主、刚愎自用等不利于合作创业的情形。

对于创业者来说，一个人想独自创业是很难的，找到志同道合、富有创业激情的人并组建成创业团队则是明智之举。能力再强的人也做不了全部的事，因此找到合适的创业伙伴并做好合理的分工、逐步形成团队精神则是企业创业成功的核心。对于优秀的企业来说，确立未来企业的核心领导人，同时确定未来企业各个部门的负责人员，在职权分配的过程当中要职责明晰，职务明确责任到人，通过激励的方法与手段才能形成富有竞争力的团队。

在风险投资商看来，再出色的创业计划也具有可复制性，而团队的整体实力是难以复制的，因此他们在投资时，往往更看重有合作能力的创业团队，而非那些徒有想法的单干者。对打算创业的大学生来说，强强合作，取长补短，要比单枪匹马更容易聚集创业优势。

三、把握创业政策

1998 年召开的世界高等教育大会强调指出，“为方便毕业生就业，高等教育应主要培养创业技能与主动精神；毕业生将越来越不再仅仅是求职者，而首先将成为工作岗位的创造者”（《世界高等教育会议宣言》）。这指明了当代大学生要成为岗位创造者，不但可以解决自己的就业问题，而且还为其他人提供就业机会。2002 年国务院办公厅转发教育部等部门《关于进一步深化普通高等学校毕业生就业制度改革有关问题意见的通知》（国办发〔2002〕19 号），明确提出鼓励和支持高校毕业生自主创业。

近年来，教育部、人力资源和社会保障部等各部委相继出台了一系列指导大学生灵活就业、自主创业的政策，营造与大学生创业相关的政策环境、法律环境、商业环境等。各地方政府也积极响应国家政策对大学生创业的支持，创建科技孵化园，鼓励大学生创业团队入驻。各大高校也举办大学生创业计划大赛、开展创业课程等，进一步增强学生的创业意识，培养学生的实践能力。此外，社会风险投资机构也进一步加强了对大学生创业项目的关注和支持。

我国的政府政策对创业环境的建设可谓做出了重要的贡献。特别是近些年来，针对中小企业融资难以及我国风险投资、资本市场等方面存在的不足，政府在金融、法制环境等方面制定了大量的政策。2008 年国家推出了《关于促进创业带动就业工作指导意见》，给创业环境带来极大的政策环境支持，对创业环境的进一步优化具有指导意义，给创业者创业带来

“五大利好”的消息。

国务院制定的《创业投资企业管理暂行办法》配套规章，加快了创业风险投资企业的发展，完善了创业风险投资的法律保障体系。国家鼓励高新技术开发区推进“二次创业”，深化管理体制改革，加强软环境建设。2009 年，国务院办公厅转发发展改革委等部门《关于创业投资引导基金设立与运作指导意见的通知》，扩大了产业技术研究资金创业投资试点。天津市于 2007 年 12 月成立了当时国内最大的政府创业投资引导基金。北京市、浙江省、山东省、吉林省等省市也先后成为创业投资引导基金的首批试点。

目前，全国多个省市都公布或已实施了针对大学生创业的政策措施。上海市工商局出台了《关于鼓励创业促进就业的若干意见》，其中第一条尤为引人注目：毕业两年内的高校毕业生，投资设立注册资本 50 万元以下的有限责任公司，可“零首付”注册，自公司成立之日起两年内缴足注册资本。在杭州，2008 年年底就颁布了《关于鼓励和扶持大学生在杭自主创业的若干意见》，将大学生创业项目申请无偿创业资助的金额从原来的最高 10 万元提高到 20 万元，还在税费方面给予很多优惠。

（一）大学生创业具体优惠政策

（1）大学毕业生在毕业后两年内自主创业，到创业实体所在地的工商部门办理营业执照，注册资金（本）在 50 万元以下的，允许分期到位，首期到位资金不低于注册资本的 10%（出资额不低于 3 万元），1 年内实缴注册资本追加到 50%以上，余款可在 3 年内分期到位。

（2）大学毕业生新办咨询业、信息业、技术服务业的企业或经营单位，经税务部门批准，免征企业所得税两年；新办从事交通运输、邮电通信的企业或经营单位，经税务部门批准，第一年免征企业所得税，第二年减半征收企业所得税；新办从事公用事业、商业、物资业、对外贸易业、旅游业、物流业、仓储业、居民服务业、饮食业、教育文化事业、卫生事业的企业或经营单位，经税务部门批准，免征企业所得税一年。

（3）各国有商业银行、股份制银行、城市商业银行和有条件的城市信用社要为自主创业的毕业生提供小额贷款并简化程序，提供开户和结算便利，贷款额度在 2 万元左右。贷款期限最长为两年，到期确定需延长的，可申请延期一次。贷款利息按照中国人民银行公布的贷款利率确定，担保最高限额为担保基金的 5 倍，期限与贷款期限相同。

（4）政府人事行政部门所属的人才中介服务机构，免费为自主创业毕业生保管人事档案（包括代办社保、职称、档案工资等有关手续）两年；提供免费查询人才、劳动力供求信息，免费发布招聘广告等服务；适当减免参加人才集市或人才劳务交流活动收费；优惠为创办企业的员工提供一次培训、测评服务。

宁波银行针对个人有两类贷款：①抵押类，用房产做抵押；②信用类，无须任何抵押。白领通放贷对象：①公务员或事业单位正式编制人员；②注册资金在 1000 万元以上的企业里的高级管理人员，这两类人员可以向银行递交相关资料，待银行审核通过后发放贷款。

（二）各地创业培训优惠政策

1. 南京市：新企业初犯劳动法规“三不罚”

南京市劳动和社会保障局出台新规定：新企业成立 1 年内首次违反劳动法规，如符合

3 种情况，可享受不给予罚款处罚的政策，劳动保障监察时采取“初犯不罚、轻犯不罚和整改到位不罚”的原则。南京市出台的《关于当前涉企劳动保障行政执法“三不罚”的实施意见》（以下简称《实施意见》）对“初犯”“轻犯”做出了进一步解释。

《实施意见》规定，3 种情况属于初犯，不给予罚款处罚：新建企业领取营业执照 30 日内没有办理社会保障登记，但在 60 日内补办的；新建企业成立 1 年内首次违反劳动保障法律法规行为的；劳动保障诚信企业，其违法行为发生至立案不超过 6 个月的。

根据南京市的有关规定，情节轻微的劳动保障案件，企业违法行为涉及劳动者 20 人以下且未超过劳动者总数 10%的，可视为“轻犯”，不给予罚款处罚。

另外，企业已经主动或按照《限期改正指令书》要求纠正违规行为的，可视为“整改到位”，不给予罚款处罚。

2. 天津市：在校大学生可利用大学生公寓自主创业

天津将放宽企业名称、经营范围和场所限制。在校或毕业两年内的大学生可以利用大学生公寓自主创业，从事软件设计、动漫设计等行业。

天津市政府常务会议上原则审议通过了《关于促进当前经济发展的 30 条措施》。根据这些措施，天津将放宽企业名称、经营范围和场所限制。

天津还将允许在校或毕业两年内的大学生利用大学生公寓自主创业，从事软件设计、动漫设计、服装设计、装饰设计等行业；允许利用临时性闲置场地、临时空地开办早市、夜市等临时性市场。

对于外来人员在天津创业的，上年度纳税额达到 30 万元以上或吸纳就业达到一定数量，本人及其配偶和未成年子女可在津落户。

3. 陕西省：高校毕业生可免费参加 SYB 创业培训

有创业意愿的高校毕业生可免费参加 SYB（“创办你的企业”英文单词首写字母）创业培训，培训期满合格后，凭创业培训结业证书可进入小额担保贷款程序。

SYB 创业培训是为有志创办企业的大学生创业者提供创办企业、管理企业系统知识的培训。SYB 创业培训的内容包括财务、管理、法律、工商税务等活动的基本条款和办理流程等。

有创业意愿的学员可在参加为期 15 天的创业培训后，提交创业计划书并参加结业考试。取得创业培训结业证的学员可进入小额担保贷款程序，个人担保贷款额为 3 万~8 万元，团队担保贷款额最高不超过 50 万元。

4. 湖南省：高校毕业生就业援助政策出台：安排 30 万见习岗位

湖南省的高校毕业生就业援助政策措施：凡是湖南省内的普通高校、湖南籍的毕业生，或者是户口档案已经迁回湖南的、湖南生源的普通高校毕业的没有就业的待业人员都是援助的对象，具体援助政策有以下 3 个方面。

（1）通过一对一的就业指导，向用人单位重点推荐一些公益性岗位，这种帮扶措施帮助离校后未就业的高校毕业生就业，并按照规定落实公益性岗位的补贴、社会保险补贴等就业援助政策。

（2）免费为离校后没有就业的高校毕业生提供咨询、职业指导、职业介绍和档案托管等服务，优先安排这些毕业生参加就业见习、职业技能培训等服务，安排30万的毕业生进行就业见习。

（3）对离校后经过援助还是没有就业的学生，通过公益性的岗位进行过渡性安置，这个过程中会给予相应的岗位补贴和社会保险补贴。

5. 重庆市：出台激励政策支持“草根”创业

根据重庆市政府第73次常务会议审议通过的《重庆市人民政府关于大力发展微型企业的若干意见》，重庆市将对雇员（含投资者）20人以下、创业者投资金额10万元及以下的微型企业依据“投资者出一点、财政补一点、税收返一点、金融机构贷一点”的“3+1”模式进行扶持。

重庆市2010年在主城区和部分区县先行试点，取得经验后，自2011年起在全市范围内推行。预计每年新增微型企业2万户，新增就业10万人以上；计划5年扶持微型企业10万户、吸纳就业50万人以上。同时孵化一批具有稳定成长前景的中小企业乃至大型企业，培育一批具有创业经验和较强经营能力的企业家队伍。

此次市工商局针对微型企业出台的利好政策，被称为“一拖三”政策：个人投资50万元，财政补贴5万元，税收减免5万元，银行优惠贷款10万元，即50万元投资可换回15万元资金和5万元的税收减免。重庆市将初期投资在10万元以下的企业定义为“微型企业”，俗称“草根”创业。

6. 上海市：市人力资源和社会保障部门扶持大学生创新创业政策

根据上海市委、市政府有关规定，为进一步支持大学生创新创业，营造鼓励大学生创新创业的社会氛围，上海市人事局特制定扶持政策如下。

（1）上海人才发展资金向创新创业大学生开放

按照上海市人才发展资金管理办法，结合大学生创新创业的特色，设立大学生创新创业资助资金，资助额度为5万~20万元。

（2）人才评价服务向创新创业大学生开放

本市各类专业技术职称评审、专业技术考试、职业资格考试和专业技术水平认证向创新创业大学生开放。符合条件的人员，可以通过本市各人才服务窗口、考试报名点或在网上报名参加相应的考试、评审等。

（3）办理人才居住证提供政策倾斜

按照《引进人才实行上海市居住证制度暂行规定》等有关文件精神，为创新创业大学生办理人才类《上海市居住证》提供政策倾斜。大学生创新创业企业的创办人员可以办理《上海市居住证》；大学生创新创业企业中参与高新技术成果转化项目的人员可以参照高新技术成果转化项目人才的相关政策，办理《上海市居住证》；大学生创新创业企业为本单位申请引进人才申办《上海市居住证》时，可不受企业注册资金的限制。

（4）开辟大学生创新创业人才服务绿色通道

上海市人才服务中心设立专门服务窗口，对享受创新创业资金资助企业、对大学生创新创业优秀人才和团队实行以下免费服务。

①免费提供两年应届大学生创业企业员工从事档案委托管理、从事证明出具服务。

②免费建立员工诚信档案。

③免费提供政府人事行政部门相关政策规定以及操作咨询。

④免费提供急需人才信息。

⑤免费提供为大学生创业企业量身订制的有关创业政策、创业资金申请、资金使用、营销技巧、员工管理等的培训服务。

7. 成都市：高校将全面开设创业培训课程

2010年6月9日，成都市教育局、共青团成都市委联合举办的KAB（know about business）创业教育（中国）项目师资培训班开班。教师培训完成后，学校就将开设学生创业培训课程。

KAB项目是团中央、全国青联与国际劳工组织合作，自2005年8月起在中国大学生开展的创业教育（中国）项目。目前，KAB创业教育已经在全球30多个国家开展。成都市已确定，在全市高校推广以KAB创业教育为主的创业教育项目，力图对大学生就业观念进行科学指导，培养和提高大学生的创业、就业能力。

8. 杭州市：关于创业者的落户政策

在杭自主创办企业且符合杭州市产业发展导向要求的高校毕业生可以申请落户杭州。具体需要提供材料有以下几种。

（1）毕业证书原件及复印件。

（2）户籍证明或户口迁移证（迁往地址为杭州市）。

（3）工商登记的营业执照原件及复印件。

（4）税务登记证明原件及复印件。

（5）同意落户证明。

四、选好法律顾问

（一）法律顾问的形式

目前，选择法律顾问通常有两种形式：第一种聘请的是作为企业专职工作人员的法律顾问，有时也称为公司法务人员；第二种是从社会上聘请律师作为外部法律顾问，其中又分为专项法律顾问和常年法律顾问。而理想的状况是，大型企业设立法律顾问室，顾问室设立专职法律顾问若干人，同时在企业外聘请1~2名法律顾问；中小型企业为了节约费用，一般不专门设立专职法律顾问，而是在企业外聘请1~2名法律顾问。

通常来讲，大型企业内外部涉及法律法规的事物较多，在聘请专职法律顾问时应注意两个问题。一是要选择有专业水平的专职法律顾问。企业应当从律师、法律工作者中挑选合适人选作为企业内部法律顾问；二是要确认公司内法律顾问室的地位。

A公司将甲项目发包与B公司施工，现项目已完工并投入使用，但B公司仍驻守在工地现场，各种临时设施、设备等仍未撤离，已严重影响A公司对甲项目的使用。

B公司是打算以撤离现场为条件，要求继续承包A公司开发的乙项目，并迫使A公司在甲项目的结算中让步。

做法一：亡羊补牢

为了让B公司撤离现场，A公司请律师打官司，历时半年，官司打赢了，B公司不得不撤离现场。A公司花费10万元律师费、诉讼费等，由B公司赔偿，可不计损失。这半年里，因临时设施障碍，部分面积未能出租，A公司少了100万元的收入，这种间接损失，一般比较难得到赔偿。虽然官司打赢了，但A公司也丧失了100万元的收入，且花费了半年的时间和精力，对其他客户的影响还没计算在内。

做法二：事前防范

我们通常的做法如下。

(1) 签订合同时把撤离现场与支付某笔款项挂钩，撤离后才付款。

(2) 在合同中写明：假如项目已完成，B应在N天内撤离现场，B确认超过该时间，现场的所有财物归A所有，由A处置，并由B承担处置费用。

项目完成后，B为了拿到付款，一般也只能撤离。假如B超期不撤离，A也可不付款，且现场的财物归A所有和处置。A完全掌握主动权，无须支付额外费用就能达到目的。

实际上，很多公司只重视发生问题后打官司，却不重视事前的防范。但对企业而言，法律的真正作用在于预防，打官司只是最次的办法。

(二) 内外部法律顾问的抉择

1. 外部法律顾问的优缺点

优点：律师事务所社会关系较广泛，与司法机关的关系较熟，在诉讼方法上更有优势。

缺点：不了解企业的情况，对法律顾问的工作不太重视。很多律师事务所把工作重点放在大案子上，不太重视企业法律顾问的工作。外部法律顾问服务较被动，很难起到防范风险的作用。

2. 内部法务人员的优缺点

优点：更了解企业的情况，有利于把法律与实际结合，防范风险。

缺点：对外关系方面可能比较欠缺，接触面较窄，诉讼的经验方面可能不足。

3. 抉择

(1) 诉讼业务（请律师事务所）

一般的企业不会经常打官司，只是偶尔、有意外才需要打官司，内部员工的诉讼经验较少；而律师事务所以诉讼为主业，在诉讼方面更有优势，诉讼可请律师事务所处理。

(2) 证券类或兼并收购类业务（请有经验的律师事务所）

对单个企业而言兼并或证券类业务是个案，不会经常发生，内部法务人员这方面的经验较少，大的案例可请有经验的律师事务所参与。

(3) 日常法律事务（内部法务人员）

日常法律事务以防范为主，防范应与企业的实际结合。

内部法务人员了解公司的业务特点，清楚企业的立场和目标，可以主动地、更好地为决策层、管理层、其他部门同事提供法律信息、服务，配合好其他同事的工作。这一步做好了，可以减少很多纠纷或官司，就算万不得已打官司，也能处于有利地位。

律师事务所很难充分了解企业的情况，通常只是被动服务，很难起防范作用。而且提供的法律意见仅从法律角度，未与业务特点、管理需要结合，较难真正起作用。

（三）聘请法律顾问注意事项

1. 要选择适合的外部法律顾问

不同律师有不同的知识背景，应选择适合自己企业性质的外部法律顾问。法律顾问一般要通过司法考试、律师资格考试或法律专业毕业。

2. 要清楚聘请外部法律顾问的目的

应该让外部法律顾问充分发挥作用，提前预防和降低企业可能存在的法律风险。法律一般规定事情发生后如何处理，而企业更需要明确的是：在事情发生前怎么做才能得到自己想要的结果。

不管是专业律师还是其他人员，很多人都认为法律的最大作用在于打赢官司。打官司只是亡羊补牢的事，牢补得再好，已损失了一批羊，而且还要增加补牢的成本。比如我们开头举的例子，需要在签合同前就预见到可能会发生什么情况，在签合同前就设置好相应的应对措施，才可以防患于未然。这需要有关人员熟悉企业的业务，有预见性、熟悉法律、考虑周密、灵活运用。

3. 要选择处事心态端正的法律顾问

企业里的法务人员需要主动了解企业的业务特点、管理上的需要，把法律与管理、其他专业工作更好地结合，才能更好地发挥其价值，而不是单纯从法律角度考虑问题。这需要法务人员有全局思维和主动配合、服务的意识。

在企业里，法律的主要作用在于防范，防范是隐性效益，做得好不一定能看到效益，但做不好就很容易发生损失。对法务人员的工作要有要求、有激励，鼓励他们做好事前的防范工作。

第二节　创业者如何组建公司

建立一个新企业是大多数创业者进入市场的首选方式。在创业之初，是单干还是合伙，抑或选择其他组织形式？对于所有准备创业的人来说，是首先要考虑和解决的问题。创业者应该根据自己的实际情况，选择不同的企业形式。

当创业者发现创业机会，看好某个市场并准备进入该市场时，首先面临的问题是采用何种方式进入该市场，即选择进入市场的方式。现有的市场进入方式主要有三种：创建一个新企业，收购现有企业，加入特许经营。

一、新创企业的类型

（一）个人或家庭创建新企业

这类新创企业的所有者为个人或者家庭，所有者集企业出资者与经营者的身份于一身，并在企业经营活动中处于经营决策者和指导者的地位，既决定着企业生存与发展的方向，又担负着日常经营管理等事务性工作的企业管理。根据所有者及其家庭成员参与程度的不同，这类企业又可分为完全个人创业型企业和家庭参与创业型企业两种。

1. 个人或家庭创建新企业的类型

（1）完全个人创业型企业。企业所有者为个人，所有者独自创办企业并始终作为企业经营者全面管理企业，家庭成员及外部人员不参与日常经营管理活动。这种类型的企业的经营活动完全由所有者个人控制，他人基本无法介入企业的日常经营活动。其特点是企业对市场变化的反应较快，能较迅速地把握商机，做出经营决策。

（2）家庭参与创业型企业。企业管理所有者为个人及其家庭，家庭投资创办企业并在企业创办初期由主要投资者个人承担经营职责，其他成员在企业度过生存危机之后开始参与企业经营管理，主要承担部分或大部分管理职责。这类企业的特点在于，企业的经营决策权依然掌握在某个人手中，但日常经营管理事务则部分或大部分转交给家庭成员。随着企业的不断发展，其家庭成员参与企业经营管理的程度也日益加深，但通常仍局限于日常经营管理。

2. 个人或家庭创建新企业方式的优缺点

个人或家庭创建新企业的优点是：经营管理上的制约因素少，创业者可以按照自己的意愿进行经营管理；经营者拥有完全决策权，可以按照市场变化及时调整生产和经营，处理问题快捷简便；不需要向企业外部公布企业管理信息，企业信息完全保密；可以按法律规定享受税收优惠。在个人独资企业中，由于企业所得即为个人所得，所以可以免收个人所得税；企业的全部利润归创业者所有。

个人或家庭创建新企业的缺点是：企业注册资金少，抗风险能力差；经营状况受个人经营能力的影响大；融资难度大，较难获得银行贷款；承担无限责任，一旦经营失败，企业财产无法清偿债务时，创业者的个人财产也要用来清偿债务。

（二）合伙创建新企业

合伙企业是指自然人、法人和其他组织依照《中华人民共和国合伙企业法》在中国境内设立的，由两个或两个以上的自然人通过订立合伙协议，共同出资经营、共负盈亏、共担风险的企业组织形式。合伙企业可以由部分合伙人经营，其他合伙人仅出资并共负盈亏，也可以由所有合伙人共同经营。

1. 合伙企业的类型

合伙企业包括普通合伙企业和有限合伙企业。普通合伙企业由 2 人以上普通合伙人（没有上限规定）组成，合伙人对合伙企业债务承担无限连带责任。有限合伙企业由 2 人以上 50 人以下的普通合伙人和有限合伙人组成，其中普通合伙人至少有 1 人；当有限合伙企业只剩下普通合伙人时，应当转为普通合伙企业；当只剩下有限合伙人时，应当解散。普通合伙人对合伙企业债务承担无限连带责任；有限合伙人以其认缴的出资额为限对合伙企业债务承担责任。

2. 合伙企业的特征

（1）生命有限。合伙企业比较容易设立和解散。合伙人签订了合伙协议，就宣告合伙企业的成立。新合伙人的加入，旧合伙人的退伙、死亡、自愿清算、破产清算等，均可造成原合伙企业的解散以及新合伙企业的成立。

（2）责任无限。合伙组织作为一个整体对债权人承担无限责任。按照合伙人对合伙企业的责任，合伙企业可分为普通合伙和有限合伙。普通合伙的合伙人均为普通合伙人，对合伙企业的债务承担无限连带责任。有限责任合伙企业由一个或几个普通合伙人和一个或几个责任有限的合伙人组成，即合伙人中至少有一个人要对企业的经营活动负无限责任，而其他合伙人只能以其出资额为限对债务承担偿债责任，因而这类合伙人一般不直接参与企业经营管理活动。

（3）相互代理。合伙企业的经营活动由合伙人共同决定，合伙人有执行和监督的权力。合伙人可以推举负责人，合伙负责人和其他人员的经营活动由全体合伙人承担民事责任。换言之，每个合伙人代表合伙企业所发生的经济行为对所有合伙人均有约束力。因此，合伙人之间较易发生纠纷。

（4）财产共有。合伙人投入的财产由合伙人统一管理和使用，不经其他合伙人同意，任何一个合伙人不得将合伙财产移为他用。只提供劳务，不提供资本的合伙人仅有权分享一部分利润，而无权分享合伙财产。

（5）利益共享。合伙企业在生产经营活动中所取得、积累的财产，归合伙人共有；如有亏损，则亦由合伙人共同承担。损益分配的比例，应在合伙协议中明确规定；未经规定的可按合伙人出资比例分摊，或平均分摊。以劳务抵作资本的合伙人，除另有规定者外，一般不分摊损失。

3. 创建合伙企业的注意事项

为了避免经济纠纷，在合伙企业成立时，合伙人应首先订立合伙协议，其性质与公司章程相同，对所有合伙人均有法律效力。合伙协议一般包括以下内容：合伙企业的名称（或字号）、所在地及地址；合伙人的姓名及其家庭地址；合伙企业的经营以及设定的存续期限；合伙企业的设立日期；合伙人的权利和义务；合伙人的投资形式及其计价方法；合伙的退伙和入伙的规定；损益分配的原则和比率；付给合伙人贷款的利息；付给合伙人的工资；每个合伙人可以抽回的资本；合伙人死亡的处理以及继承人权益的确定；合伙企业结账日和利润分配日；合伙企业终止以及合伙财产的分配方法；其他需经全体合伙人同意的事项。

二、新创企业设立的具体程序

（一）企业登记注册

我国《公司法》在其有关条款中对公司登记做了具体规定，并于 1994 年 6 月颁布了《中华人民共和国公司登记管理条例》，并于 2005 年、2014 年分别进行了修订，明确规定有限责任公司和股份有限公司的设立、变更和终止，都应该依照该条例办理登记。企业法人登记注册事项主要包括：名称、住所、经营场所、法定代表人、经济性质、经营范围、经营方式、注册资金、从业人数、经营期限、分支机构等。

企业登记注册的具体过程、步骤及内容将在本章第四节做详细的介绍。

（二）员工招聘与培训

在公司开业前，需要招聘第一批员工，并对员工进行必要的培训。

1. 员工招聘

（1）员工招聘的程序

招聘是一个连续的过程，包括制订招聘计划、发布招聘信息、接待和甄别应聘人员、发出录取通知书。

1）制订招聘计划。招聘计划应该包括招聘目的、招聘职务描述、招聘标准和条件、招聘对象的来源、传播招聘信息的方式、招聘组织人员、参与面试人员、招聘时间、新员工入职时间、招聘经费预算等。

2）发布招聘信息。发布招聘信息是利用各种传播工具发布职位信息，鼓励和吸引人员参加应聘。企业根据面向内部或外部的不同招聘对象，选择最有效的发布媒体和渠道传播信息。发布招聘信息时要有明确的潜在应聘对象，招聘内容要求正确描述职位的特点、应聘者必备的条件，以及有关应聘的方法、需要提供的应聘资料等。

3）接待和甄别应聘人员。接待和甄别阶段是在招聘当中对职位申请人的选拔过程。招聘人员一般首先要审查申请表，初步筛选出那些满足最低应聘条件的人员；然后安排候选人面谈，参加各种必要的测试，对通过测试的应聘者进行背景调查；再从中优选出应聘人员接受主管经理或高级行政管理人员的面谈；最后通知合格人员做健康检查。这个阶段对应聘人员的评价必须客观与公正，这是控制招聘效率的关键。

4）发出录用通知书。在这一阶段，招聘人员与正式受聘人共同签订劳动合同，并向其发出上班试工的通知，通知中应写明上班时间、地点与报到部门。

（2）招聘员工的来源

招聘员工的具体来源很多，主要包括以下途径。

1）直接的求职者和被推荐者。直接的求职者是指那些得到企业明确的招聘信息后，直接申请某一职位的人。被推荐者是指那些企业内部人员或熟人推荐而申请职位空缺的人。对新创企业来说，这两类来源往往是很有利的，他们有可能成为可供挑选的最优资源。

2）通过报纸和期刊广告招聘。通过做广告来招聘人员是一种很普遍的方式。尽管这种方式要比采用直接申请或挑选的方式来填补所有职位空缺花费的费用要高，合适的人选要少，但一些形式的广告还是必需的。

3）普通人才中介机构。在我国的很多城市都有大量的人才中介机构，这些机构规模不等，性质也不同。有些机构规模较大，覆盖的行业和地理范围比较广泛；有的机构规模较小，覆盖的地区和涉及的行业比较有限。其中有些大机构已经建立起自己较完善的网络，创业者也可以通过互联网与它们联系。

4）大型人才交流会。一些劳动力中介机构和有关大型活动场所往往会在周末举办大型的人才交流会。对很多新创企业来说，这种人才交流会也是招聘员工的主要途径。

5）猎头公司。猎头公司是一种特殊的人才中介机构，“猎头”招聘来源往往与这里所谈的其他招聘来源有很大不同。它们所做的工作是“挖人”和“推荐人”，与这些公司发生关系的几乎全是有工作的人，而且一般都是专业人士和职业经理。这往往是创业者获得杰出人才的一种方式。

6）高等院校。一些小型企业的创业者一般很少会到高等院校去招聘工作人员，一个原因是小型企业往往不能等到把一个大学毕业生培养成为合格的工作人员再来用他，而且刚毕业的学生跳槽的可能性非常大。

延伸阅读

企业如何招聘到合适人才

企业和求职者之间是一个互相选择的关系，企业在选择自己想要的人才时，求职者也在选择自己满意的企业。那么，对于一个企业，什么才是求职者最看重的？

有研究机构做过一份调查显示，求职者在选择企业的过程中，最看中的几项企业指标分别为薪资福利（40%）、个人发展前景（29.33%）、公司前景（18.67%）、其他因素（5.33%）。专家表示，企业在网络招聘的过程中，可以尽量着重企业自身在薪资福利和该职位发展前景上的描述，从而获得更多求职者的青睐。同时，在招募人才的过程中，企业本身就成为一件“商品”，若要让“消费者”（求职者）对商品产生兴趣，企业在招聘信息中必须考虑“商品”的五大要素：品牌、质量、价格、渠道和口碑。对于求职者来说，企业是否有知名度、职位要求是否符合期望、薪资福利是否合理、上班地点是否方便以及他人对该企业的评价如何等，都是他们考虑的因素。

因此，企业希望招聘到合适的人才，必须先将自己介绍得清清楚楚。企业是否有知名度、其传递给求职者的信息是否正确、是否具有吸引力，都直接影响企业的招聘效果。一些企业在招聘过程中极度神秘，不愿意让应聘者了解公司，也不愿意公开薪资福利待遇。但这些企业忽略了很重要的一点：现今网络极其发达，求职者通过各种平台同样能够了解到企业的基本情况，包括薪资福利待遇。与其这样，还不如用自己的声音，官方地、正式地告之求职者招聘方是什么样的企业，希望找寻什么样的人才。

首先，企业在填写“公司介绍”一栏时，应多花些心思。尤其对于中小企业来说，这是一个让求职者了解自身的非常好的渠道。也许很多企业在招聘时，非常注重对职位的描述，但往往忽视了“公司介绍”这一栏的作用，一般的人力资源管理人员会将已有的、针对客户端的企业介绍不管三七二十一统统贴上去，又或者只是写个两三行介绍敷衍了事。其实，这些细节可能都会让求职者觉得企业招人的诚意不够。其实，在这一栏恰当表现公司的创设愿景、成立宗旨、重要里程碑、经营状况、过往绩效和未来的发展期许，都可以让求职者更加了解该公司的经营特色和企业文化是否符合自身需求。但也不要过于冗长，求职者可能会没有耐心看完全部。当然，如果可以用多种介绍方式去吸引求职者，如图片、博客等，那就更亲切了。还有些企业喜欢在“公司介绍”一栏写出企业与众不同的特点和理念，比如一些有特色的企业福利，去吸引求职者。这样的成功招聘案例也不在少数。

曾经有一家刚成立不久的企业需要招聘员工，他们在公司介绍中这样描述道：所有员工都有“董事长椅”可以坐。其实，这个简单的想法背后，希望传达给求职者的信息是这家公司对员工的尊重和期许，表示公司将员工放在一个非常重要的位置。并且，这样的表达方式会让员工觉得这是一家非常有创意和人性化的企业，主动应聘的简历就会像雪花般飞来。

其次，除了公司介绍之外，职位描述是否准确、详细也非常重要。比如，求职者通常能够在很多企业的招聘职位中看到“储备干部”这一条，但很多人其实不了解它其中的含义。所以，如果企业对这部分有比较详细的描述，那么求职者主动应聘的意愿就会提高。除了以上提到的这些因素，企业自身的口碑、薪资水平等状况也是影响到求职者考虑是否应聘的重要条件，这必须要求企业自身不断改善。

所以说，要想赢得求职者的青睐，首先还是要从企业自身下功夫。

2. 员工培训

新员工被企业录用以后的第一件事就是熟悉组织环境，掌握工作要求和工作技能。企业会将他们介绍给同事和领导，使他们能尽快担当起企业分配的任务。通常在招聘过程中，被录用的员工已经对企业的性质、声誉、产品或服务的类型有所了解，同时，企业也会向他们介绍企业的总体情况以及工作的条件和职责、薪金、福利待遇等。此外，在新员工进入企业后，同事、领导会向他们说明企业内部的一些情况。但是，所有这些信息都比较粗略，甚至有时候会产生误导，因此对新员工的培训就显得格外重要。一个有效的培训计划会对新员工产生及时的和长久的良好影响，并成为新员工走向成功的起点。新员工培训包括两个主要层次：公司层次的一般培训，内容是与所有员工相关的共同问题；部门层次的岗位培训，内容针对新员工的具体部门和具体工作。

（三）设备安装与调试

在确定了开业日期后，在正式投产前，应该对设备进行调试与试生产，检查设备运行状态，验证工艺，以便调整。

（四）开业典礼

对于开业典礼，创业者需要做好充分的准备。首先，这一天需要生产出合格的产品，并保证工艺与设备运行正常，这样能够给创业者极大的信心。同时，可以邀请有关人士，如政府官员、用户、媒体参加开业典礼，以加强新创企业与社会各界的联系，扩大企业的社会影响。

三、新创企业的组织形式

（一）企业组织形式分类

企业组织形式是指企业财产及其社会化大生产的组织状态，它表明一个企业的财产构成、内部分工协作与外部社会经济联系的方式。根据市场经济的要求，现代企业的组织形式可按照财产的组织形式和所承担的法律责任划分。国际上通常的分类为独资企业、合伙企业和公司企业。

1. 独资企业

独资企业，西方也称“单人业主制”。它是由某个人出资创办的自然人企业，即个人出资经营，归个人所有和控制，由个人承担经营风险和享有全部经营收益的企业。其主要优点是，企业的建立与解散程序简单，经营管理灵活自由，业主对企业的债务负无限责任。但是，也存在一般情况下企业的规模有限，企业的存在缺乏可靠性等缺点。我国的个体户和私营企业很多属于此类企业。

2. 合伙企业

合伙企业是由几个人、几十人甚至更多人联合起来共同出资创办的企业。它不同于所有权和管理权分离的公司企业。它通常是依据合同或协议组织起来的，结构较不稳定，合伙人对整个合伙企业所欠的债务负有无限责任。合伙企业不如独资企业自由，决策通常要由合伙人集体做出，但它具有一定的企业规模优势。

以上两类企业均属于自然人企业，出资者对企业承担无限责任。

3. 公司企业

公司企业是按所有权和管理权分离，出资者按出资额对公司承担有限责任创办的企业。它主要包括有限责任公司和股份有限公司。

有限责任公司是指不通过发行股票，而由为数不多的股东集资组建的公司（一般由 2 人以上 50 人以下股东共同出资设立），其资本无须划分为等额股份，股东在出让股权时受到一定的限制。在有限责任公司中，董事和高层经理人员往往具有股东身份，使所有权和管理权的分离程度不如股份有限公司那样高。有限责任公司的财务状况不必向社会披露，公司的设立和解散程序比较简单，管理机构也比较简单，比较适合中小型企业。

股份有限公司的全部注册资本由等额股份构成并通过发行股票（或股权证）筹集资本，股东以其认购的股份对公司承担有限责任，公司以其全部资产对公司债务承担责任。其主要特征是：公司的资本总额平分为金额相等的股份；股东以其所认购股份对公司承担有限责任，公司以其全部资产对公司债务承担责任；每一股有一表决权，股东以其持有的股份享受权利，承担义务。股份有限公司本质也是一种有限责任公司。

（二）决定新创企业组织形式的主要因素

企业组织形式反映了企业的性质、地位、作用和行为方式；规范了企业与出资人、企业与债权人、企业与政府、企业与企业、企业与员工等内外部关系。企业只有选择了合理的组织形式，才有可能充分地调动各个方面的积极性，使之充满生机和活力。在决定新创企业的组织形式时，需要考虑如下几个因素。

1. 税收

在西方发达国家，新创企业的创办人首先考虑的因素就是税收。在美国公司法中，也将这一因素称为决定性因素。在我国，对公司企业和合伙企业实行不同的纳税规定。国家对公司营业利润在企业环节上征公司税，税后利润作为股息分配给投资者，个人投资者还需要缴纳一次个人所得税；而合伙企业则不然，营业利润不征公司税，只征收合伙人分得收益的个人所得税。再对比合伙企业和股份有限公司：合伙企业要优于股份有限公司，因为合伙企业只征一次个人所得税，而股份有限公司还要再征一次企业所得税；如果综合考虑企业的税基、税率、优惠政策等多种因素的存在，股份有限公司也有有利的一面，因为国家的税收优惠政策一般都只为股份有限公司所适用。

2. 利润和亏损的承担方式

独资企业，业主无须和他人分享利润，但需要一人承担企业的亏损；合伙企业，如果合伙协议没有特别规定，利润和亏损由每个合伙人按相等的份额分享和承担。有限公司和股份公司，公司的利润是按股东持有的股份比例和股份种类分享的，对公司的亏损，股东个人不承担投资额以外的责任。

3. 资本和信用的需求程度

通常，如果投资人有一定的资本，但尚不足，又不想使事业的规模太大，或者扩大规模受到客观条件的限制，则更适宜采用合伙或有限公司的形式；如果所需资金巨大，并希望经营的事业规模宏大，则适宜采用股份制；如果创办人愿意以个人信用为企业信用的基础，且不准备扩展企业的规模，则适宜采用独资的方式。

此外，企业的存续期限、投资人的权利转让、投资人的责任范围、企业的控制和管理方式等因素都会对投资人在选择企业组织形式时形成影响，必须对各项因素进行综合分析。

（三）新创企业组织形式的多元化发展

企业组织存在于一定的社会经济环境之中，像自然界一样，也是“适者生存”。为了适应企业不断发展变化的内外部环境，企业的组织形式也在不断发生着新的变化。特别是进入21世纪后，经济全球化和知识经济时代的到来，引发了企业组织结构形式的一系列变化。

1. 组织重心两极化

买方市场的形成和竞争的不断加剧，使企业管理的工作重心由过去的生产问题逐渐转向新产品的开发研制和市场销售。从企业经营的过程来看，企业的组织结构特征正在形象地由“橄榄形”转变为“哑铃形”。所谓“橄榄形”企业形态，是指企业以生产为中心，以新产品开发和市场销售为辅助的企业形态，其工作的主要投入为生产过程，即“中间大，两头小”；而“哑铃形”企业形态，则是以企业的新产品开发和市场销售为主，产品生产只是新产品开发的目的和市场销售的前奏，其工作的投入主要在两头，即“两头大，中间小”。

企业组织结构由“橄榄形”向“哑铃形”发生转变的最主要原因是企业市场环境的变化。买方市场形成、技术进步加快、新技术的不断应用等，都使得企业解决生存发展的核心问题由产品的生产问题转变为企业产品创新的速度和市场拓展能力的问题。在传统的大批量生产的工业经济时代，企业竞争取胜的法宝只是低成本，而当今和未来企业竞争取胜的关键将逐步转变为快捷的服务和全新的个性化。

2. 组织结构扁平化

扁平化的组织结构是相对于传统的“金字塔形”结构而言的。在“金字塔形”结构中，由于管理信息传递的层次多、速度慢、信息的衰变严重等，已经越来越严重地制约企业管理效率的提高，制约企业市场竞争能力的提高。又由于电子计算机和互联网在企业生产经营中的应用日益普及，企业管理信息的收集、整理、传递以及经营控制手段逐步现代化，传统的“金字塔形”组织结构越来越不适应企业经营环境的变化。这些直接促使传统组织结构向层次少的扁平化组织结构演变。在当今的企业组织结构的变革中，减少中间层次、加快信息传递速度、实现直接控制是一个基本趋势。

3. 组织运作柔性化

柔性的概念最初起源于柔性制造系统，是指制造过程的可变性、可调整性，描述的是生产系统对环境变化的适应能力。柔性概念应用到企业的组织结构上，是指企业组织结构的可调整性以及对环境变化的适应能力。很显然，企业组织结构发生这种变化，也是企业所处的社会经济环境不断变化的结果。随着新经济时代的到来，企业外部环境的变化已大大高于工业经济时代的变化，企业的战略和组织结构也将因此做出及时调整。所以，企业组织运作柔性化也将成为企业组织结构未来发展的一种趋势。

4. 团队组织形式兴起

所谓团队组织形式，是指由为数不多的团队成员承诺共同的工作目标和任务，并且互相承担责任的一种企业组织形式。这种组织形式多出现在知识型企业中。实践证明，这是一种非常适应企业现代经营环境的组织形式，因此备受赞誉，并被普遍推广采用。第一，团队组织与传统的部门不一样，它是自觉形成的，是为完成共同的任务，建立在自觉的信息共享、横向协调的基础上的；第二，在团队中，没有拥有制度化权利的管理者，团队成员不是专业化人才，而是多面手，具有多重技能；第三，团队中员工的分工界限不像传统的组织结构形式那么明确、严格，他们相互协作、彼此激励、共同承担责任。团队组织形式的采用，消除了因目标对立而引起的组织内耗增加，彼此之间的竞争关系转化为共同合作关系，团队成员相互取长补短、支持促进，从而提高了团队效率。团队组织具有的这些积极作用，使它得到了迅速普及和发展。

5. 企业整体形态创新

企业整体形态创新的根本原因是企业高新技术的不断运用以及互联网技术的不断发展。在高新技术，特别是互联网技术的激励下，企业模式正经历着一场深刻的、根本性的大转变。这场变革的结果就是企业内部组织结构的重大变化。如何实现企业组织形态的创新以适应新知识经济时代的要求，已经成为每个管理者所必须面对的严肃课题。

例如，虚拟企业就是企业组织形态创新的一种具体表现，也是企业整体形态创新的一种尝试。所谓虚拟企业，是在经济全球化、信息化、知识化的大环境下与传统企业相对而言的一种动态网络联盟企业。它最重要的特征是将传统企业固定的、封闭的集权式结构改变为灵活的、开放的网络式结构。这种网络式结构将所有协作伙伴、雇员、外部经销商、供货商和客户以各种不同的合作形式联系在一起，形成一个错综复杂的平面网络，彼此互相依存、紧密合作。虚拟企业是一个没有固定构成的外部化的网络组织，是一个在一定利益条件下靠协议结合成的松散组织，组织各部分的调整皆因企业市场经营环境的变化，容易而且快捷，是一种能够满足当前市场变化快、技术进步快、信息传递快、产品研制开发难度大的现状要求的企业生存发展模式。这种企业可能总部设在美国，在印度编制软件，在德国进行工程设计，而在日本进行制造。每个前哨基地都通过网络进行无缝连接，以使分布广泛的雇员和自由职业者能够同时工作。

四、新创企业经营场所的选择

（一）经营场所与企业法人住所

经营场所是指企业法人进行主要业务活动、经营活动的处所，是企业进行生产、经营、服务的基本条件。场所大小是确定企业经营规模的依据之一。企业法人住所或公司住所是指公司主要办事机构所在地，即公司主要经营活动的中心场所。企业法人住所和经营场所的法律意义是不同的，但在实际工作中，企业法人住所和经营场所往往是同一地点。所以，必须把住所和经营场所作为企业法人的主要登记事项。

在法律上规定企业法人住所的意义，主要是为了确定以下几项内容：①企业法人住所是企业法人独立承担民事责任的必备条件；②企业法人住所是确定诉讼管辖的依据；③企业法人住所是确定企业登记主管机关管辖的依据，企业登记主管机关对企业的管理首先是地域管辖，企业没有固定住所，国家执法机关就无法对其进行有效的管理；④企业法人住所是企业法人从事生产经营活动的必要条件。

需要说明的是，在《公司法》《税法》等各种法律制度中，经营场所和企业法人住所在使用上会有所不同。①二者的适用范围不同。经营场所可泛指公司、企业的一切经营所使用的场所，明显要比企业法人登记住所（只准一处固定场所）范围广泛。②二者的法律内容不同。经营场所的其中一个中心场所登记为企业法人住所，经营场所可用于所有的日常经营使用；而企业法人住所是具有法定的民事、刑事的权利和义务所指向的。

（二）经营场所选择的影响因素

社区环境是选择经营场所时需要重点考虑的方面。因为创业者在进入一个社区创业前，必须了解它的历史、人口、收入状况、其他的相关企业和商业繁荣程度等。最重要的是对以下一些因素进行考察。

1. 现有的竞争者

现有企业已经在社区内占有了一定的市场份额，赢得了一定的竞争地位，新创企业的加入会瓜分现有企业的市场份额，对其竞争地位构成威胁。因此，现有企业的反应是选择经营场所时需要考虑的重要因素。当然，创业者不应该把社区的其他企业仅仅看成是竞争对手，很多情况下他们还可能成为企业的朋友和合作伙伴。

2. 潜在市场的规模

在选择经营场所时要考虑的最重要因素之一是企业潜在的市场。创业者应该考虑下面几个问题：①社区内人们的职业主要是什么？②社区内主要是年轻人、中年人还是老年人？③社区内人们的生活方式怎样？他们如何度过闲暇时间？④该社区有什么特殊需要？⑤顾客到拟创企业购物是否方便？⑥交通流量是否足够大？⑦潜在的顾客群的收入和购买力是否能承受得起创业者所提供的商品和劳务价格？等等。

3. 潜在的竞争者

如果新创企业具有较大的市场潜力，那么除了考虑现有企业的竞争之外，还必须考虑潜在的竞争因素。主要包括以下问题：社区内还有哪些企业可能提供同样的商品和服务吗？这些企业的实力和竞争能力如何？新创企业能否在社区内取得一席之地并获得生存发展呢？等等。

4. 建筑物和其他费用

在寻找经营场所时，要对附近企业所付的租金和地产进行比较。如果准备租用厂房或店面，需要考虑的因素之一是建筑的自然条件。建筑物是否需要整修？如果需要，整修的费用如何承担？有时创业者可能希望把租约期限定得尽可能短，以防万一经营场所选得不满意可以重新选择新的经营场所。然而，如果企业经营比较成功，签订一个较长时期的合同可能对创业者更为有利。如果准备自建厂房或店面，创业者应该将自建成本与租赁成本进行比较，选择一种成本更低的形式。

（三）企业经营场所选择的依据与策略

当企业选择经营场所时，首先要考虑是租赁还是购买。如果选择购买，对于企业来讲是一种房地产投资。作为企业固定资产投资中最重要的活动，因其具有高投入性和长期性，直接影响着企业的财务成本、现金流及股东投资回报率。因此，每一项房地产投资都必须引起企业最高管理者的高度重视，在选择之前一定要慎重考虑。

企业经营场所的租赁或者购买涉及金额巨大，因此无论是购买还是租赁，任何企业都十分关注在这个过程当中遇到的法律问题，如开发商的资信、签订合同的阶段、企业自身利益的保障等。

新创企业选择经营场所时还需要注意以下三点。①邻居群体。企业选择物业，从某种程度上也可以提高企业的形象。置身一个高知名度的邻居群体当中，会让人觉得自身也是很好的企业。②办公室功能的灵活性。如果企业成长很快，购买办公室时要考虑，如果将来一旦扩充，现在的办公室是不是可以转型做其他功能使用。③历史与文化。这个方面可以提高企业本身的文化，是塑造品牌的一个基础、一个渊源。

（四）不同类型企业的经营场所选择

不同类型的企业在选择经营场所时遵循的原则不同。

1. 制造型企业厂址的选择

对大多数制造型企业来说，是否靠近顾客并不是关键因素，因为顾客一般不会到企业直接购买。比较重要的是与企业生产成本相关的因素，如企业是否接近原材料供应地点、水电供应情况、运输情况等。如果大部分的原料都来自同一地区，应当考虑是否在该地设厂。同时，要分析一个离原料产地较近的竞争对手是否比一个离原料产地较远的竞争对手更有优势，而这种优势和离顾客较近相比，哪一个更重要。一般来说，对制造型企业而言，接近原料的产地比接近顾客更为重要，如很多大型钢铁公司都选择离铁矿很近的地方建厂。另外，还要考虑原材料供应是否受季节的影响以及未来的供应情况等。

2. 服务型企业经营场所的选择

服务型企业选址考虑最多的因素是目标顾客群的特点，在此基础上再选择一个最适合这类顾客的地点或场所。例如，一般认为，高档饭店最好不要开设在低收入社区；便民连锁店、美容美发店、家用电器维修店有时并不需要开设在商业区，而开设在居民住宅区，可以更方便为顾客服务。

3. 零售型企业经营场所的选择

零售型企业选择经营场所是一个更为复杂的问题，要考虑的因素很多，主要有以下几方面。

（1）各种企业的相容性。在一定区域内的不同类型企业之间可以共享顾客，或者同类企业之间相对集聚形成“商圈”，使各企业可以在巨大的客流中受益。例如，人们经常看到一些大型零售商店周围布满了许多饭店、美容美发店、冷饮店等，因为大型零售商店巨大的客流量往往会为它们带来很多生意。即使是出售同类商品的竞争企业，如果它们出售产品的形式、种类和价格不同，也能通过综合的吸引力创造更多的顾客，也具有一定的相容性。

（2）房租或地产成本。不论营业的建筑设施是租用的还是自己拥有的，企业都要支付房租或地产成本。自己拥有的房产也要提取房屋折旧、原始投资的利息、保险费、税收以及房屋的维修费等。地产成本通常从商业中心到边缘地带逐渐降低。一般来说，广告成本从商业中心到边缘地带逐渐提高。因为位于商业中心的企业不需要花费多少广告费就可以招徕顾客，而离市中心较远的企业则要花费大量的广告费以吸引顾客。一些专业性较强的零售企业由于位于黄金地带，分享大企业的顾客，从而获取较高的利润，其广告成本却非常低。

国外对消费者的调查资料对企业经营场所的选择具有借鉴作用。例如，位于步行者多的一边比步行者少的一边好；与交易量很大的企业在同一边比在这类企业的对面要好；位于人口增长较快的一边比人口增长缓慢的一边要好；位于最不受气候影响的一边比气候多变一边要好；位于能遮蔽下午阳光的一边比下午有阳光直射的一边要好，位于汽车较少来往的一边比汽车较多的一边要好。有的研究者认为，零售型和服务型企业选址时，宁可位于街道较有利的一边的底端，也不要位于另外一边。因为步行者一般不会因对面商店的装潢很吸引人而绕到马路对面去购物。同时，商店位于中心街道的右侧或位于下班人群经过的路上也是非常有利的。

第三节　企业登记注册过程

企业登记注册是创办企业的法定程序，主要包括工商登记注册、税务登记、银行开户、其他相关手续等。

一、工商登记注册

在办理工商登记注册时，创业者应该仔细阅读有关要求，熟悉基本的办事程序，按照工商行政管理机关提供的办事程序和要求，完成登记注册手续。

（一）企业登记注册的步骤

企业登记注册，一般要经过申请和受理、审查和核准以及颁发执照和发布公告三个步骤。

1. 申请和受理

申请是创业者的主动行为。在正式申请前，可以到工商行政管理局向有关人员了解申请的程序，认真听取有关要求。申请开业需要填写开业申请登记表或开业登记注册书，还要填写有关人员履历表。要如实填写拟定的企业名称和银行开设的临时账号，如果企业的注册资本达到一定的规模，要出具会计师或审计师事务所的验资证明，同时还要出具有关行业管理部门的经营许可证等。

受理是指登记主管机关接受创业者正式登记申请的过程。受理登记需要申请者交纳一定的费用。对于证件、文件不全的申请，登记主管机关会确认为无效申请，不予受理。申请人可以说明自己的准备情况，请求帮助和理解。登记主管机关需要讲清申请材料中缺乏的项目，以便申请人补充。

2. 审查和核准

审查是注册审批工作的关键环节，主要由工商行政管理机关来完成。注册分局或各区工商分局要审查申请者提交的申请书和各种文件，确认是否符合程序，提交的批准文件或资格证明材料是否完备，审查核实申请登记的企业是否具备企业登记条件，企业登记主要事项是否属实，生产经营项目是否符合国家的有关规定等。审查的另外一项内容是经营场地调查。申办企业的场地调查由工商局注册分局企管科负责。在审查过程中，工商机关可以提醒和帮助申请者补齐各种要求的文件。对于文件不具备的申请者，说明理由，驳回申请。经过审查，工商行政机关在规定的时间内做出核准登记或不予核准登记的决定。

3. 颁发执照和发布公告

在审查核准的基础上，工商行政管理机关填写企业法人营业执照，颁发给符合条件的申请者。创业者经过核准登记，领到营业执照，就表示企业已经取得了合法的经营地位，同时也取得了名称专用权和生产经营权，其正当经营、合法权益和资产受法律保护。登记管理机关还要发布登记公告，将核准登记的企业，通过报刊、电台等新闻媒体，向社会公开发布。开业登记公告的内容包括企业名称、住所、法定代表人、经济性质、企业类别、注册资金、经营方式、经营范围、注册号等。

（二）企业登记注册的内容

企业登记注册的主要内容有企业名称、企业负责人姓名、经营场所、企业种类、注册资金、经营范围、经营方式、从业人员和雇工人数等。

1. 企业名称

初步拟定新创企业的名称后，要到当地的工商局注册分局进行计算机查询，确定自己拟定的名称是否与别人已注册的企业名称重复。这个程序称为“名称查重”。按照国家有关法律规定，企业名称具有专用性和排他性，一旦核准登记，在规定的范围内享有专用权，受法律保护，其他单位或者个人不得与之混用或假冒其名称。

2. 企业负责人姓名

办理工商注册，填写企业负责人姓名时必须使用真名，不得使用别名或假名。按照规定，个人独资企业的负责人是投资者本人；合伙企业的负责人是由全体合伙成员推举的负责人；有限责任公司负责人则是全体股东或股东代表大会选举产生的公司董事长或总经理。

3. 经营场所

这项内容应按要求如实填写和报告。经营场所如果属于创业者的物业，在申请时应该出具房产证明；如果属于租用，要出具租赁合同，并同时出具出租方的房屋租赁许可证。

4. 企业种类

企业可分为个人独资企业、合伙企业和有限责任公司三种类型。

5. 注册资金

注册资金是指企业自有的固定资金和流动资金的总额。它是企业财产的货币表现，同时反映了企业生产经营能力和企业规模。企业在注册之前，先要在银行开设临时账号，然后寻找一家合法的会计师或审计师事务所来为自己验资，并出具验资报告。关于验资收费，国家有统一的标准规定。

6. 经营范围

经营范围是指企业生产经营的商品类别和服务项目。根据企业生产经营的商品类别和服务项目在企业中所占的比重大小，经营范围分为主营项目和兼营项目。经工商行政管理机关核准登记的经营范围是法定经营范围，企业不得擅自超越。如果企业在实际经济活动中超越核准登记的经营范围，就属非法经营了。

7. 经营方式

经营方式主要包括自产自销、代购代销、来料加工、商品批发、商品零售、批零兼营、客货运输、储运、装卸、咨询服务等。

8. 从业人员和雇工人数

从业人员是指企业中的全体生产经营人员。雇工人数是指不包括企业投资者在内的企业生产经营人员。

工商行政管理机关自收到申请人提交的符合有关规定的全部文件起受理，在受理之日起30日内做出审核决定。企业营业执照签发日期为企业成立日期。营业执照分为正本和副本两种。正本为悬挂式，用于企业亮证经营；副本为折叠式，用于携带外出进行经营活动，创业者可以根据需要，申请领取所需本数。凭营业执照可以刻制图章、开立银行账户、签订合同等，进行经营活动，符合规定条件的可以申请贷款。

注册登记后，企业如要改变名称、住所、经营场所、法定代表人、经济性质、经营范围、经营方式、注册资金、经营期限，以及增设或者撤销分支机构，都应当申请办理变更登记。

另外，企业歇业、被撤销、宣告破产或者因其他原因终止营业，应当向登记主管机关办理注销登记。

二、税务登记

创业者领取营业执照之后，应按照《税务征收管理法》进行税务登记。根据《税务征收管理法》的规定，税务登记分为开业税务登记、变更税务登记、注销税务登记和停业、复业登记。创业者创办企业，要进行开业税务登记。

（一）纳税人种类

创业者首先应明确自己属于何种纳税人。需要办理开业税务登记的纳税人主要分为以下两类。

（1）领取营业执照从事生产经营活动的纳税人。这部分纳税人包括企业，即从事生产经营的国有企业、集体企业、私营企业、中外合资合作企业、外商独资企业以及各种联营、联合、股份制企业等，还包括企业在外地设立的分支机构和从事生产经营的场所，以及个体工商户，从事生产经营的机关团体、部队、学校和其他事业单位等。

（2）不从事生产经营活动，但依照法律法规负有纳税义务的单位和个人。另外，企业在外地设立的分支机构和从事生产经营的场所，其税务登记应由总机构统一办理。但创业者应注意，分支机构也应该办理税务登记。

（二）办税的步骤

办税主要是指办理税务登记、办理纳税申报、办理税款缴纳等手续。

1. 办理税务登记

税务登记是税务机关对纳税人的开业、变动、歇业以及生产经营范围变化实行法定登记的一项管理制度。从事生产、经营的纳税人自领取营业执照之日起 30 日内，持有关证件向税务机关申报办理税务登记。新创企业申办税务登记时，应先持企业法人营业执照到市技术监督部门申领组织机构代码，这是办税的必备材料。具体办理税务登记的步骤如下。

（1）纳税人须在规定的时间内，持企业法人营业执照向地方税务局税务登记分局提出税务登记申请，领取税务登记表，一式三份。

（2）纳税人按要求如实填写税务登记表，并标明企业或个人所在地位置，加盖印章后连同有关证件、资料报送税务登记分局。

（3）税务登记分局对纳税人的税务登记表、工商营业执照和提供的有关证件资料进行审核，符合规定要求的，即可准予登记，并发给纳税人税务登记证或注册税务登记证。税务机关应当自收到申报之日起 30 日内审核并颁发税务登记证件。

2. 办理纳税申报

纳税人应在领取税务登记证或注册税务登记证之日起 15 日内，不分经济性质和隶属关

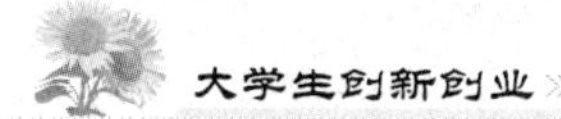

系，按照属地征收的原则，到主管征收分局办理纳税申报。纳税人无论有无经营和收入所得、有无应纳税款发生，均应按经营范围和经营项目的实际收入，依适用的税种、税目和税率向主管征收分局（所）报送纳税申报表、财务会计报表和税务机关根据实际需要要求附送的其他证件、资料。

根据企业经营规模大小和经营方式的不同，税款征收（缴纳）的方式有自核自缴、自报自缴、查账征收、查验征收、代扣代缴、代收代缴、委托代征、代征、邮寄申报、数据电文等。

3. 办理税款缴纳

纳税人应该根据要求，在指定的若干家银行中选择一家市内可实现本行计算机联网的银行，设立纳税账户，并与其签订委托银行划转税款协议书，将开户银行及账户报送主管征收分局征收科（所）。每月办理纳税申报前，纳税账户至少存足当月的应纳税款。已在银行开设纳税账户的纳税人，只需在征收分局规定的期限内通过上门申报或邮寄、传真、电子邮件等申报方式将纳税申报表及其他有关纳税资料报送征收分局后，由征收分局通知纳税人开设纳税账户的银行，将纳税人本期应纳税金划入国库，并将税票交纳税人。个人所得税纳税人到居住所在地的征收分局办理缴税手续。

（三）办税的内容

1. 营业税

营业税是对我国境内提供交通运输、建筑、金融保险、邮电通信、文化体育、娱乐、服务等劳务、转让无形资产、销售不动产的单位和个人，就其营业税额征收的一种税。营业税的特点是税源广泛，税负较轻，按行业、类别征收。

2. 增值税

增值税是对在我国境内销售货物或者提供加工、修理修配劳务以及进口货物的单位和个人，就其取得的货物或应税劳务销售额以及进口货物金额计税，并实行税款抵扣制的一种流转税。企业的产品销售额扣除该产品所耗费的原材料、燃料、动力、包装、加工以及其他费用后的余额，就是增值税纳税部分。

3. 消费税

在我国境内生产、委托加工和进口的特定消费品的企业都要缴纳消费税。特定消费品包括烟、酒、鞭炮、贵重首饰等。

4. 企业所得税

企业所得税是对企业生产经营所得征收的一种税。企业每一纳税年度的收入的总额，减掉成本、费用、所得税前列支税金、营业外支出后的余额为所得额，乘以一定的税率即为企业所得税。

5. 印花税

在经济活动和经济交往中书立、使用、领受凭证的企业，需要缴纳印花税。凡在我国境内书立、领受印花税条例列举凭证的单位和个人都是印花税的纳税人，包括立合同人、立账簿人、立据人和受领人。

企业需要缴纳的税种还有城市维护建设税、城镇土地使用税、房产税、耕地占有税等。

（四）税务登记的内容

1. 登记内容

纳税人应按要求如实填写税务登记表。其主要内容包括以下方面：

（1）企业名称、法定代表人或业主姓名及其居民身份证或者其他合法证件的号码。企业名称应填写企业全称。

（2）住所、经营地点。应按照企业详细地址填写。

（3）经济性质。应按照企业所属性质填写。

（4）企业形式、核算方式。核算方式有三种情况，即独立核算、联营、分支机构。

（5）生产经营范围、经营方式。经营范围应按照工商行政管理部门批准的自产自销、加工修理、修配、委托收购、代销、批发、批零兼营、零售及服务项目等填写。

（6）注册资金、投资总额、开户银行及账号。

（7）生产经营期限、从业人数、营业执照号码。其中，生产经营期限按主管部门批准的期限登记，从业人数按在册人数填写，营业执照号码按工商机关核发的执照号填写，一般还要填写发证日期。

（8）财务负责人、办税人员。应填写企业财务主要负责人的姓名、职业；办税人员一栏应填写纳税人指定办税人员的姓名和职务。

2. 登记所需资料

报送税务登记表申请办理税务登记时，应根据不同情况携带证件资料。其主要包括：营业执照（正本）原件、复印件，有关合同、章程、协议书复印件，银行基本存款账户开户卡复印件，法人代表或业主的居民身份证的原件、复印件，技术监督部门颁发的组织机构代码证书复印件，企业自有房产证明或租赁房屋证明复印件。

如果在领取营业执照后超过 30 天才去办理税务登记，应提供由工商机关开出的“办理工商执照工本费收据”原件和复印件。税务登记分局通过审核资料，对符合要求的，准予登记，并颁发税务登记证件。税务登记证件分为两种：税务登记证及其副本；注册税务登记证及其副本。

税务登记证是纳税人履行的纳税义务的书面证明，仅限于纳税人自己使用。税务登记证件不得转借、涂改、损毁、买卖或者伪造。纳税人凭税务登记证副本可申报办理减税、免税、退税、补税，领购发票，申报办理外出经营活动税收管理证明，以及税务机关登记的其他有关税务事项等。

（五）纳税申报的内容

1. 申报类型

根据《中华人民共和国税收征收管理法》及其实施细则的规定，纳税申报实行全面纳税申报，即纳税人从办理税务登记起，不论有无经营收入、是否亏损或者享受减免税，都应在规定的申报期限内办理纳税申报。全面纳税申报的内容包括正常申报、减免申报、零申报、定期定额申报、延期申报等。

2. 申报内容

纳税申报一般包括报送纳税申报表、企业财务会计报表和有关纳税资料。应按照税法规定或税务机关核定的期限，填报纳税申报表或者代扣代缴、代收代缴税款报告表。其主要内容包括：税种，税目，应纳税项目或者应代扣代缴、代收代缴税款项目，计税依据，扣除项目及标准，适用税率或者单位税额，应退税项目及税额，应减免税项目及税额，应纳税额或者应代扣代缴、代收代缴税额，税款所属期限，延期缴纳税款，欠税，滞纳金等。

3. 申报所需资料

纳税人在填写纳税申报表时，一定要如实填写，计算数据要准确，填写项目要完整，递交手续要完备，填写报送要按时。纳税人办理纳税申报，在如实填写纳税申报表的同时，要根据不同情况相应报送下列有关证件、资料。

（1）财务会计报表及其说明材料；

（2）与纳税有关的合同、协议书及凭证；

（3）税控装置的电子报税资料；

（4）外出经营活动税收管理证明和异地完税凭证；

（5）境内或者境外公证机构出具的有关证明文件；

（6）税务机关规定应当报送的其他有关证件、资料。

扣缴义务人办理代扣代缴、代收代缴税款报告时，应当如实填写代扣代缴、代收代缴税款表，并报送代扣代缴、代收代缴税款的合法凭证以及税务机关规定的有关证件、材料。

三、银行开户

银行账户是客户在银行开立的各种存款、贷款、结算等账户的总称，是办理信贷、结算、汇兑和现金收付业务的工具，它可以连续、系统地记录各个会计科目所反映的经济业务内容。银行账户包括基本账户、一般账户、专用账户、临时账户等。

1. 基本账户

基本账户是指企业办理日常转账结算和现金收付的账户。企业工资、奖金等现金的支取只能通过基本账户办理。一个企业只能开设一个基本存款账户，不能多头开立基本存款账户。在银行开立基本存款账户，实行由中国人民银行当地分支机构核发开户许可制度。

申请开设基本账户的企业，必须是已经在工商行政管理机关注册登记，并已取得营业执照，实行独立经济核算的企业。企业申请开立基本账户，要凭当地工商行政管理机关核发的企业法人营业执照或营业执照、机构代码、法人身份证到当地银行领取开户许可证。向银行提交开户申请书，在申请书上应写明企业全称、地址、性质、经营业务范围和申请开立账户的种类，同时提交开户规定的证件，提交印鉴卡片。银行同意企业的开户申请后，企业要填写印鉴卡。申请企业要详细填写企业全称、开立账户、企业地址，企业负责人和财会人员名称，同时，印鉴卡片上必须盖预留银行印鉴，包括单位财务公章、财务负责人印章及出纳人员印章三个印章，并在印鉴卡的背面加盖单位公章，同时注明盖几枚章方为有效。账户启用日期等项目在单位送交印鉴时由银行填写，并告诉企业财务经办人员。各企业开户后要存入一定数量的存款，并陆续办理结算、汇兑、取款等业务，为此应向银行领取或购买各种空白业务凭证。印鉴卡是单位与银行事先约定的一种具有法律效力的付款依据，银行在为单位办理结算业务时，凭开户单位在印鉴卡片上预留的印鉴审核支付凭证的真伪。如果支付凭证上加盖的印章与预留的印鉴不符，银行可以拒绝办理付款业务，以保障开户单位款项的安全。

2. 一般账户

一般账户是指存款人在基本账户以外的银行借款转存，与基本账户的存款人不在同一地点的附属非独立核算单位开立的账户。存款人可以通过本账户办理转账结算和现金缴存，但不能办理现金支取。企业申请开立一般存款账户时，应填制开户申请书，提供相应的证明文件，递交盖有存款人印章的印鉴卡片，经银行审核同意后，即可开立账户。

3. 专用账户

专用账户是指企业因特定用途需要而开立的账户。企业一般应开设纳税专用账户。企业申请开立纳税专用账户时，应填写开户申请书，提供税务登记证及相关证件，递交盖有存款人印章的印鉴卡片，经银行同意后，即开立纳税专户。

4. 临时账户

临时账户是指企业因临时经营活动需要开立的账户。企业可以通过该账户办理转账结算和根据国家现金管理规定办理现金收付。企业申请开立临时存款账户时，应填制开户申请书，提供临时执照等相应的证明文件，送交盖有存款人印章的印鉴卡片，经银行审核同意后，即可开立此账户。

创业者在银行开立账户后，在使用账户前，应注意先了解一下必须遵守的事项：银行账户只供本企业使用，不得出租、出借或转让给其他单位或个人使用；保证账户内有足够的资金用来支付；不得签发空头支票；保证多种收支凭证真实可靠；如实填写款项来源和用途；不得利用账户搞非法活动；要及时记账，定期与银行核对账单，处理错误账单。

四、其他相关手续

创业者创办企业，除了需要办理以上手续外，还需要办理的其他相关手续有用工手续、供水申请以及用电申请等。

1. 用工手续

创业者招募人员要规范，应办理相应的劳动用工手续。办理劳动用工的手续时，应注意以下几点。

（1）向劳动部门出示营业执照正本或副本并附复印件，申请招募人员；

（2）填写劳务工就业证、暂住人口登记表、办理劳动用工手续统计表等；

（3）缴纳暂住人口管理费，按劳务工人数和上岗时间计算；

（4）招用劳务工时要注意，所招收的劳务工应该符合法律规定，不得使用未满 16 周岁的童工。

2. 供水申请

申请供水要去当地自来水公司填写并提交用水申请书。用水申请书的主要内容包括：用户名称、营业执照号码、用水地址、表后给水设计单位、表后给水安装单位、工程性质、用水性质、建筑层数、建筑总面积及户数、用水量等。一般情况下，凡供水管理所及的地区，用水申请都可得到批复。表前给水管必须由当地供水公司派专业队伍负责设计、报建、施工；表后水管工程须经供水部门审批后，方能委托其他有给水施工资质的单位施工。

3. 用电申请

申请用电要去当地电力部门填写并提交用电申请书。用电申请书的主要内容包括：用户名称、用电地址、所属行业、申请属性、经营性质、用电性质、申报用电设备清单、用电说明等事项。申请时，要带申请人居民身份证。用电批复后，用户要缴纳全部增容费用；室外线路由电力部门统一安装施工并结算费用；室内线路由用户自己安排持有省级电力设施安装许可证的单位安装施工并结算费用。室内线路工程的设计资料送审、开工登记、申请验收及竣工报装均由承装单位统一办理。室外线路完工以及室内线路完工并被验收后，电力部门合闸送电。

思考练习

1. 企业设立的一般程序包括哪些？
2. 决定企业组织形式的主要因素有哪些？
3. 简述企业经营场所选择的评估方法。
4. 简述企业登记注册过程。

CHAPTER

第七章 创业企业管理

引导案例

马化腾：腾讯创业团队的主心骨

腾讯的马化腾创业五兄弟，堪称难得，其理性堪称标本。之所以将创业五兄弟称之为难得是因为直到2005年的时候，这5人的创始团队还基本是保持这样的合作阵形，不离不弃。

都说一山不容二虎，尤其是在企业迅速壮大的过程中，要保持创始人团队的稳定合作尤其不容易。在这背后，工程师出身的马化腾从一开始对于合作框架的理性设计功不可没。

从股份构成上来看，5个人一共凑了50万元，其中马化腾出了23.75万元，占了47.5%的股份；张志东出了10万元，占20%；曾李青出了6.25万元，占12.5%的股份；其他两人各出5万元，各占10%的股份。

虽然主要资金都是马化腾所出，他却自愿把所占的股份降到一半以下，47.5%。要他们的总和比自己多一点点，不要形成一种垄断、独裁的局面。同时，他自己又一定要出主要的资金，占大股。如果没有一个主心骨，则股份大家平分，到时候也肯定会出问题，同样完蛋。

据《中国互联网史》作者林军回忆说，马化腾非常聪明但非常固执，注重用户体验，愿意从普通的用户的角度去看产品。张志东是脑袋非常活跃，对技术很沉迷的一个人。马化腾技术上也非常好，但是他的长处是能够把很多事情简单化，而张志东更多的是把一件事情做得完美化。

后来，马化腾在接受多家媒体的联合采访时承认，他最开始也考虑过和张志东、曾李青3个人均分股份的方法，但最后还是采取了5人创业团队，根据分工占据不同的股份结构的策略。即便是后来有人想加钱、占更大的股份，马化腾也说不行，根据我对你能力的判断，你不适合拿更多的股份。因为在马化腾看来，未来的潜力要和应有的股份匹配，不匹配就要出问题。如果拿大股的不干事，干事的股份又少，矛盾就会发生。

可以说，在中国的民营企业中，能够像马化腾这样，既包容又拉拢，选择性格不同、各有特长的人组成一个创业团队并在成功开拓局面后还能依旧保持着长期默契合作，是很少见的。而马化腾的成功之处就在于其从一开始就很好地设计了创业团队的责、权、利。能力越大，责任越大，权力越大，收益也就越大。

第一节　创业团队建设

一、创业团队的含义及作用

（一）创业团队的含义

1. 创业团队的概念

有关团队的最具有代表性的定义是Salas（1992）等在Hackman（1987）基础上提出的。它是指一个由两人或两人以上的成员所组成的相互影响和依赖并为实现一个共同的价值目标（或使命）而工作的可识别的集合。创业团队作为创业背景下形成的团队，除了具备团队的特点外，还应该具有创业的特点。

国内外的研究对创业团队的理解是有分歧的。Cooper和Daily（1997）认为创业团队不仅仅是简单的团队，因为创业团队拥有共同的义务。Katzenbach（1997）认为共同拥有的义务应该是责任。而Kamm等（1990）认为共同的义务是股权或是财务上的利益。创业团队就是两个或两个以上的人一起共同建立新企业并拥有股权利益。1993年，Kamm和Nurick（1993）在修正创业团队的定义时，认为创业团队就是两个或两个以上的人正式建立新企业并拥有股权。而Eisen-Hardt和Schoonlaoven（1990）认为创业团队的成员应该是一群在企业成立之时全身心投入岗位的人。

目前，广泛运用的是Leon Schjoedt提出的一个相对比较全面的创业团队的定义：创业团队由两个或两个以上的人组成，他们对企业的将来负责，拥有共同的财务或其他方面的义务，他们在完成共同目标的工作中相互依赖，他们对创业团队和企业负责，在创业的初级阶段（包括企业成立时和成立前）处于执行层的位置并施行企业的主要执行工作。这群人自认为也被公认为是一个社会实体。

2. 团队组成的要素

（1）目标。创业团队应该有一个既定的共同目标，为团队成员导航，知道要向何处去，没有目标的团队没有存在的价值。目标在创业企业的管理中以创业企业的愿景、战略的形式体现。

（2）人员。人是构成创业团队最核心的力量，在一个创业团队中，人力资源是所有创业资源中最活跃、最重要的资源。目标是通过人员来实现的，所以人员的选择是创业团队中非常重要的一个部分，在一个团队中可能需要有人出主意，有人订计划，有人实施，有人协调不同的人一起工作，还有人去监督创业团队工作的进展、评价创业团队最终的贡献，不同的人通过分工来共同完成创业团队的目标。在人员选择方面要考虑人员的能力、技能如何互补搭配，如何调动人员的积极性。

（3）定位。创业团队的定位包括两层意思。

①创业团队的定位：创业团队在企业中处于什么位置，由谁选择和决定团队的成员，创

业团队最终应对谁负责，创业团队采取什么方式激励下属。

②个体（创业者）的定位：作为成员在创业团队中扮演什么角色，是制订计划还是具体实施或评估。

（4）权限。创业团队中领导人的权力大小与其团队的发展阶段和创业实体所在行业相关。一般来说，团队越成熟，领导者所拥有的权力相应越小，在创业团队发展的初级阶段领导权相对比较集中。

（5）计划。计划是指创业团队达成最终目标的行动方案和工作程序。只有在计划的操作下创业团队才会一步步接近目标，从而实现最终目标。

（二）创业团队的作用

1. 提高识别机会的能力

创业团队可以充分利用成员的知识、经验和学历背景的组合，为团队创业机会的识别进行更加科学合理的决策，避免决策的失误。同时，团队也可以利用成员的社会联系，有效获得开发机会所需要的资源，增加机会开发成功的可能。

2. 提高企业运作能力

将团队成员的技能和经验组织到一起可以充分发挥每个人的优势，能帮助团队应对如创新研究开发、市场营销、财务管理、质量管理、客户关系管理等多方面的挑战。

3. 有利于创造良好的心理环境

团队的良好氛围与业绩是相辅相成的，团队成员为了共同的目标而努力的过程中更容易达成相互信任、相互鼓励的氛围，这种良好的心理环境能够支持团队克服困难、创造更好的业绩。

二、创业团队的人员构成

（一）团队领导人

1. 含义

团队领导人是全面负责创业项目的领导，负责按照进度、预算和要求完成创业项目并具有完成工作的职权。团队领导人应当与创业团队紧密合作，确保执行创业项目所需要的资源能够及时到位。同时，项目领导人还要负责创业项目计划的编制，获取创业项目所需要的工具，建立创业项目工作的质量标准，保持团队成员的技术熟练度及生产力，保证创业项目在进度、预算及质量范围内顺利完成。

2. 配置标准

在创业公司里，通常会由创业项目发起人来承担团队领导人的角色，选择项目领导人可参考以下标准。

（1）创业理念

团队领导人承担着负责创业项目整体运行的责任，因此其本人对创业项目的认知水平、对未来企业发展走势的判断、对创业企业发展目标的把握都直接影响着企业的生存和发展。因此创业领导人不仅仅要对创业企业的核心技术、核心产品、核心服务有深入的了解，更要对企业的发展规律，对创业企业的发展目标有清晰深刻的认识。

（2）领导力

一个好的团队领导人要能够通过个人影响力赢得团队成员的信任和支持并提高团队成员的凝聚力。领导力可以包含学习力、决策力、组织力、教导力、执行力、感召力等方面的内容。

（3）人际关系

团队领导人既要能够与团队成员保持良好的沟通与合作关系，同时也要处理好与企业之外的包括供应商、销售商、政府、媒体、公众等众多利益相关体之间的关系。特别是当出现突发事件的时候，团队领导人要能够有能力进行危机公关活动。

（二）核心团队成员

1. 含义

核心团队成员负责执行创业项目的各项关键活动、协助团队领导人的工作并在创业项目预算及进度等约束条件下完成创业项目。核心团队成员主要负责创业项目的关键活动，他们具有的能力可以满足创业项目的广泛需求。

2. 配置标准

核心团队成员的选择是由团队领导人负责的。创业初期，核心团队成员可能在多个创业项目中交叉分配，因此团队领导人不可能把在各个专业方面最出色的成员挑选在一个团队里。因此，团队领导人在选择核心成员时，必须把团队的任务和活动进行适当分类，对于那些关键路径活动、高风险活动和高商业价值额创业项目要选择高技术或高水平的专业成员来负责；对于非关键活动的创业项目可以由相同专业的但经验和能力稍欠缺的成员负责；而对于那些非核心的活动和创业项目则可以考虑外包。

一般而言，核心团队成员的配置可以考虑的标准包括团队意识、责任感、工作能力和技能水平、心理素质等。

（三）普通团队成员

1. 含义

在创业团队中，承担非核心业务或技术的创业团队成员就是普通团队成员。有些成员在创业项目中的时间可能很短，他们掌握的技术只是在创业项目特定的时间内需要，他们适时地参与创业项目，一旦分派的任务完成就要离开团队。

2. 配置标准

普通团队成员对创业团队也具有积极的作用，团队领导人要考虑到这些成员的加入是否能够为团队带来有意义的帮助，否则，如果盲目扩大团队的规模则有可能为初创企业带来不必要的人力成本负担。因此在选择的时候应当考虑的内容包括技术或能力的匹配程度、工作时间的符合程度以及责任心等。

三、创业团队的类型

按照创业团队的组成者进行划分，可以将创业团队分为 3 类：星状创业团队、网状创业团队和虚拟星状创业团队。

（一）星状创业团队

1. 含义

星状创业团队是由一个核心来组织所需要的团队，一般在团队中有一个核心主导人物充当领军的角色。这种团队在形成之前，一般是核心领导人有了创业的想法，然后根据自己的设想进行创业团队的组织。因此，在团队形成之前，核心领导人已经就团队组成进行过仔细思考，根据自己的想法选择相应人物加入团队，这些加入创业团队的成员也许是核心领导人以前熟悉的人，也有可能是不熟悉的人，但其他的团队成员在企业中更多时候是支持者角色。

2. 特点

星状创业团队的优点是组织结构紧密，高度集权，向心力强，主导人物在组织中的行为对其他个体影响巨大；决策程序相对简单，组织效率较高。但它也存在很明显的缺点，即容易形成权力过分集中的局面，从而使决策失误的风险加大。特别是当其他团队成员和主导人物发生冲突时，因为核心主导人物的特殊权威，使其他团队成员在冲突发生时往往处于被动地位，在冲突较严重时，一般都会选择离开团队，因而对组织的影响较大。

（二）网状创业团队

1. 含义

网状创业团队往往是由几个志趣相投的人共同组成的创业团队。它的成员一般在创业之前都有密切的关系，比如同学、亲戚、同事、朋友等。一般都是在交往过程中，共同认可某一创业想法并就创业达成了共识以后，开始共同进行创业。在创业团队组成时没有明确的核心人物，大家根据各自的特点进行自发的组织角色定位。因此，在企业初创时期，各位成员基本上扮演协作者或者伙伴角色。

2. 特点

网状创业团队没有明显的核心，整体结构较为松散，组织决策时，一般采取集体决策的方式，通过大量的沟通和讨论达成一致意见，因此组织的决策效率相对较低。但由于团队成员在团队中的地位相似，因此容易在组织中形成多头领导的局面。当团队成员之间发生冲突时，一般都采取平等协商、积极解决的态度消除冲突。团队成员不会轻易离开。但是一旦团队成员间的冲突升级，使某些团队成员撤出团队，就容易导致整个团队的涣散。

（三）虚拟星状创业团队

虚拟星状创业团队是由网状创业团队演化而来的，基本上是前两种的中间形态。在团队中有一个核心成员，但是该核心成员地位的确立是团队成员协商的结果，因此核心人物某种意义上说是整个团队的代言人而不是主导型人物，其在团队中的行为必须充分考虑其他团队成员的意见，不像星状创业团队中的核心主导人物那样有权威。

四、创业团队的组建

（一）组建创业团队的模式

一般而言，创业团队在创建时可采用的组织形式主要有个人独资企业、公司制、合伙制等形式，每种形式各有其特点。

1. 个人独资企业

（1）含义。个人独资企业是指依法在中国境内设立，由一个自然人投资，财产为投资个人所有，投资人以其个人财产对企业债务承担无限责任的经营实体。

（2）应具备的条件。按照我国的《中华人民共和国个人独资企业法》的规定，设立个人投资企业应具备如下条件：一是投资人为一个自然人；二是有合法的企业名称；三是有投资人申报的出资；四是有固定的生产经营场所和必要的生产经营条件；五是有必要的从业人员。

2. 公司制企业

（1）含义。公司制企业是一种以法人财产制度为核心，以科学规范的法人治理结构为基础，从事大规模生产经营活动，具有法人资格并依法设立的经济组织。

（2）特点。公司制具有两个主要特点。第一，公司就是法人。公司是一个法人团体，具有法人地位，具有与自然人相同的民事行为能力，这是现代公司制的根本特点。第二，公司实现了股东最终财产所有权与法人财产权的分离。

我国法定公司形式有两种，即有限责任公司和股份有限公司。

1）有限责任公司的设立条件。根据《中华人民共和国公司法》规定，有限责任公司的设立需要符合的条件包括：有限责任公司由50个以下股东出资设立；有限责任公司注册资本的最低限额为人民币3万元；股东共同制定公司章程；有公司名称，建立符合有限责任公司要求的组织机构；有公司住所。

2）股份有限公司的设立条件。根据《中华人民共和国公司法》规定，股份有限公司的设立需要符合的条件包括：应当有2人以上200人以下为发起人，其中须有半数以上的发起人在中国境内有住所；股份有限公司注册资本的最低限额为人民币500万元；股份发行、筹办事项符合法律规定；发起人制定公司章程，采用募集方式设立的经创立大会通过；有公司名称，建立符合股份有限公司要求的组织机构；有公司住所。

（3）创业企业采用公司制的优势。采用公司制一是能有效集中资金进行投资活动；二是因以自有资本进行投资有利于控制风险；三是对于投资收益，公司可以根据自身发展作必要扣除和提留后再做分配。

3. 合伙制企业

合伙制企业是指由两人以上按照协议投资，共同经营、共负盈亏的企业。合伙制企业财产由全体合伙人共有，共同经营，合伙人对企业债务承担连带无限清偿责任。

设立合伙制企业应符合的条件包括：有两个以上合伙人并且都依法承担无限责任；有书

面合伙协议；有合伙人实际缴付的出资；有合伙企业的名称；有经营场所和从事合伙经营的必要条件。

（二）创业团队建设中容易出现的问题

纵观各类创业团队的发展史，创业团队分裂最容易发生在企业从创业阶段向集体化阶段过渡的时期。集体化阶段的特征是企业已经度过了生存期，开始提出明确的目标和方向。部门也随着权力层级、工作分派及劳动分工而建立。在此期间，企业从不规范过渡到正常经营管理状态，创业团队中的很多矛盾很容易由此暴露出来，而这些矛盾正是创业团队分裂的主要原因。导致创业团队不够稳定甚至走向分裂主要有三大因素。

1. 目标差异和价值观冲突

在这种情况下，团队成员的性格差异和处理问题的不同方式就容易被掩盖。有些团队从表面上看，好像大家都在努力工作，但真正全身心投入者只有一到两个人，同时团队内又缺乏真正的沟通，那么该团队实际上并未形成真正的团队，而若团队成员间目标不一致，那么造成的结果就是 $1+1<2$ 了。这种情况必定会导致创业团队的解散。而这种情况是非常普遍的。

2. 成员搭配不当、职责不明导致团队混乱

在成功的创业团队中，团队成员必须根据自身专业技能承担至少一项职能工作并确保高效的执行力和对团队的贡献。就创业团队而言，一般应至少设置管理、财务、市场营销和技术 4 个角色并不断完善，最终达到团队组合的优化配置。但在实际操作中，有的创业团队在成员选择上往往存在偶然性和随意性，使创业团队对高素质专业性人才的需求得不到满足，影响企业经营管理。

3. 激励与利益分配不完善

这种情况在企业中是非常普遍的。如果在创业初期，由于无法准确衡量成员的作用和贡献并顾及成员之间的人际关系，则往往采用平均主义的分配方式，缺乏有针对性的激励措施，而这恰恰带来团队内部冲突、个人内心的冲突和人际关系冲突等问题，如果不能妥善加以解决，则常常导致团队关键成员的退出，进而影响创业团队目标的实现。

（三）完善创业团队建设机制的实施途径

1. 树立共同目标和发展远景，建立通畅的沟通渠道

在创业团队建设过程中，首先，要充分认识到创业过程的风险并将建立创业团队的共同愿景作为前提条件。团队创始成员必须认同团队的发展目标和方向，明确具体的工作目标和要求，严格遵循企业规范并建立个人的行为准则；其次，在创业过程中根据实际不断调整创业目标，保证团队目标的可行性；最后，目标要具备一定的激励性并符合所有团队成员的利益，以实现团队与成员的共同发展。

畅通的沟通渠道是实现团队目标的重要保证。团队成员异质性的客观存在决定了团队必须进行有效的沟通，增强相互了解，化解冲突，提高工作效率。要完善团队机制，针对团队目标进行合理分工，明确成员的工作职责，在此基础上进行有效的协作，避免工作中不必要的冲突；应营造健康的企业文化，创造良好的工作氛围，融洽人际关系，促进团队成员之间

相互信任和尊重。

2. 建立学习型组织

加强培训、保持团队的创造力和学习力。学习型组织对创业团队尤为重要，培养创业团队的内部学习气氛能充分发挥员工的创造性思维能力，使创业团队更为高效、更为人性化并可持续发展。创业企业在渡过初创期后，可能会出现动态调整，包括原有成员退出和新成员加入。此时，保持创业团队的学习力和创造力至关重要，加强创业团队的团队价值观、业务技能、沟通合作技能、组织文化等方面的培训，提高成员的专业性和相互之间的默契度，是保持创业团队稳定与发展的关键。

在具体实施手段上，既要分阶段地实施全员培训，又要对技术和管理方面的骨干成员重点培养，以实现团队整体能力的提升。

3. 完善团队建设机制

建立、健全薪酬、奖惩等各项制度，按照公平性、实用性与可行性原则，从绩效管理、激励、分配和约束 4 个方面建立和完善团队建设机制，具体包括：制定出兼顾团队利益和成员个人利益的绩效评估指标，以实现全面而公正的考核；使团队成员的性格特征与职务尽量匹配并运用目标管理法对每个成员进行工作目标分解，加强工作业绩考核和反馈；建立差异化激励方案，使每个成员的付出都得到回报。

4. 整合各类创业资源，保障创业团队的可持续发展

整合人力、资金、知识、信息等各类创新资源是创业团队建设的主要任务之一，应充分调动每一名团队成员的积极性，利用团队成员的人际关系渠道获取各类资源。如创业团队的启动资金，可通过游说家人或从亲戚朋友处筹借，也可以利用平时兼职打工的报酬来筹集。创业团队要积极利用学校创业教育课程如 KAB 课程等，来提高自己的创业知识与技能；也可以向正在创业的学长们请教，借鉴他们的经验与教训；保持与专业老师的沟通，提高自己理论联系实际的能力。

创业团队还要加强与外界联系，建立信息资源平台，及时把握市场商机。总之，创业资源的整合是团队能力建设的体现并能保证创业团队可持续发展。

第二节　创业企业组织设计

企业的存在和发展与企业的组织是分不开的，企业发展目标的实现必须通过有效的组织形式来保证，企业经营管理的职能必须通过统一的组织与组织程序来实现。

一、企业组织设计的内容

组织设计是为了有效完成经营战略目标的一项工作，它通过建立组织机构，确定部门及人员的职能、职责和职权，协调相互关系，将企业内部各个要素连接成一个整体并使生产经营能够协调、有序进行。

组织设计的内容包括工作岗位的专业化和部门化划分、组织职能划分、各项职权划分、人员配置安排。

二、企业组织设计的原则

(一) 任务与目标原则

企业组织设计的根本目的是为实现企业的战略任务和经营目标服务。这是一条最基本的原则。组织结构的全部设计工作必须以此作为出发点和归宿点，即企业任务、目标同组织结构之间是目的同手段的关系；衡量组织结构设计的优劣，要以是否有利于实现企业任务、目标作为最终的标准。

从这一原则出发，当企业的任务、目标已经发生重大变化时，例如，从单纯生产型向生产经营型、从内向型向外向型转变时，组织结构必须做相应的调整和变革，以适应任务目标变化的需要。又如，进行企业机构改革，必须明确要从任务和目标的要求出发，该增则增，该减则减，避免单纯地把精简机构作为改革的目的。

(二) 专业分工和协作的原则

现代企业的管理工作量大、专业性强，分别设置不同的专业部门有利于提高管理工作的质量与效率。在合理分工的基础上，各专业部门只有加强协作与配合，才能保证各项专业管理的顺利展开、达到组织的整体目标。贯彻这一原则，在组织设计中要十分重视横向协调问题。主要的措施有以下 3 种。

(1) 实行系统管理，把职能性质相近或工作关系密切的部门归类，成立各个管理子系统，分别由各副总经理（副厂长、部长等）负责管辖。

(2) 设立一些必要的委员会及会议来实现协调。

(3) 创造协调的环境，提高管理人员的全局观念，增加相互间的共同语言。

(三) 指挥统一的原则

组织机构的设置必须保证行政命令和生产经营指挥的集中统一。为此，在机构设置上要实行以下制度。

(1) 首脑负责制：一个企业、车间、科室、班组等，都必须确定一个人负总责并实行全权指挥，以避免多头指挥和无人负责的现象。

(2) 正职领导副职，正副职之间是上下级的关系。

(3) 一级管一级，即指挥链的原则。各个管理层次实行逐级指挥和逐级负责，一般情况下不应当越级指挥。

(4) 实行直线参谋制。将全部管理人员划分为两类，直线指挥人员可以向下级发号施令；参谋职能人员是同级直线指挥人员的参谋和助手，对下级只能实行业务指导和监督，从而避免多头指挥。

(四) 有效管理幅度原则

由于受个人精力、知识、经验条件的限制，一名领导人能够有效地实行领导的直属下级人数是有一定限度的。有效管理幅度不是一个固定值，它受职务的性质、干部的素质、职能机构健全与否等条件的影响。这一原则要求在进行组织设计时，领导人的管理幅度应控制在一定水平，以保证管理工作的有效性。由于管理幅度的大小同管理层次的多少成反比例关系，这一原则要求在确定企业的管理层次时必须考虑到有效管理幅度的制约。因此，有效管理幅度也是决定企业管理层次的一个基本因素。

（五）责、权、利相结合的原则

责、权、利相结合原则要求：①建立岗位责任制，明确规定每一管理层次、部门、岗位的责任和权力，以利于建立和健全正常的管理秩序；②赋予管理人员的责任和权利要相对应，有多大的责任，就要有相应大的权利，要防止两种偏差，即有责无权或责大权小，以避免责任制形同虚设或影响管理人员的积极性；杜绝有权无责或权大责小，以杜绝滥用权利和瞎指挥的官僚主义；③责任制度的贯彻落实还必须同相应的经济利益挂钩起来，使管理人员尽责用权具有必要的动力机制。

（六）集权与分权相结合的原则

企业组织设计时，既要有必要的权力集中，又要有必要的权力分散，两者不可偏废。集权是大生产的客观要求，它有利于保证企业的统一领导和指挥，有利于人力、物力、财力的合理分配和使用。而分权也是调动下级积极性、主动性的必要组织条件。合理分权有利于基层根据实际情况迅速而正确地做出决策，也有利于上层领导摆脱日常事务，集中精力抓重大问题。因此，集权与分权是相辅相成的，是矛盾的统一。

没有绝对的集权，也没有绝对的分权。但每一企业在具体执行这一原则时，哪些权力应集中，哪些应分散，集权与分权应达到什么程度，应做具体分析，克服不分时间、地点、条件一律一个模式的做法。企业在确定内部上下级管理权力分工时，主要应考虑的因素有企业规模的大小、企业生产技术特点、各项专业工作的性质、各单位的管理水平和干部条件等。不同的行业和企业，集权和分权的程度应有差别。就一个企业而言，所属各分厂、车间也有大有小，情况各异，也应区别对待。一个企业处于不同的成长发展时期，集权与分权的程度也会发生变化，不能固定不变。

（七）稳定性和适应性相结合的原则

稳定性和适应性相结合原则要求组织设计时，既要保证组织在外部环境和企业任务发生变化时，能够继续有序地正常运转；同时又要保证组织在运转过程中，能够根据变化了的情况做出相应的变更，组织应具有一定的弹性或适应性。为此，需要在组织中建立明确的指挥系统、责权关系及规章制度；同时又要求选用一些具有较好适应性的组织形式和措施，使组织在变动的环境中具有一种内在的自动调节机制。

（八）执行和监督机构分设的原则

执行和监督机构分设原则要求企业管理系统中的监督性机构，如质量监督、安全监督、环保监督、财务监督等机构应当单独设置，不应当同执行性机构合并为同一机构。只有分开设置，才能使监督性机构起到应有的作用。

贯彻这一原则，要使员工懂得，对管理机构的监督并不是对某个人员的不信任，而是为了对企业的整体目标负责，是整个企业管理职能的有机组成部分；同时，在监督性机构分开设置后，又必须强调在监督的同时加强对被监督部门的服务。既监督又服务，有利于监督职能的顺利履行。

三、创业企业组织结构的选择

组织结构反映组织成员之间的分工协作关系，设计组织结构的目的就是为了更有效、更合理地整合组织成员的力量形成组织合力，为实现组织的目标而协同努力。随着企业的产生和发展及机制的演变，企业组织结构形式也经历了一个发展变化的过程。对于创业企业而言，可以选择的企业组织结构主要有直线型、职能型、直线职能型、动态网络型组织结构。

1. 直线型组织结构

直线型组织结构是比较适合于创业初级阶段的小企业的一种组织结构，它是一种最简单的高度集权式的组织结构形式。这种组织结构没有职能机构，最高级管理者直接管理若干个作业人员，整个组织形式如同直线，如图 7-1 所示。

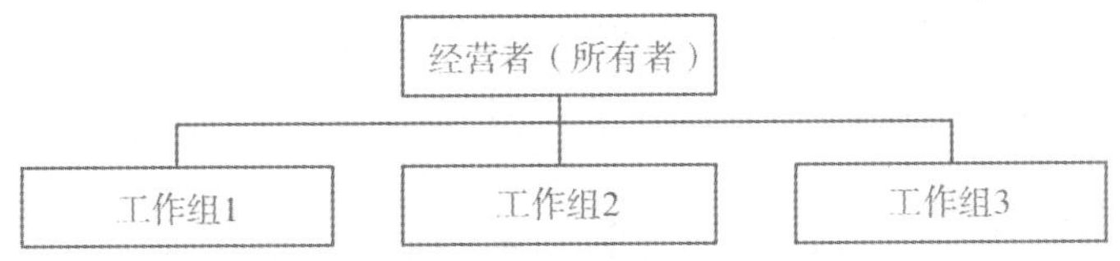

图 7-1　直线型组织结构

直线型组织结构的优点是组织结构简单，决策集中迅速，责权明确，内部容易协调。但是，直线型组织结构对经营者的要求较高，经营者既要具有全面的业务知识和管理能力，同时又要直接管理各项事务，会影响其进行重要的决策。

2. 职能型组织结构

在职能型组织结构中，除主管负责人外，企业从上到下按照相同的职能将各种活动组织起来设立一些职能机构，如所有的营销人员都被安排在营销部，所有的生产人员都被安排在生产部等，这种结构要求主管负责人把相应的管理职责和权力交给相关的职能机构，各职能机构有权在自己业务范围内向下级行政单位发号施令。因此，下级行政负责人除了接受上级行政主管人指挥外，还必须接受上级各职能机构的领导。

当企业组织的外部环境相对稳定而且组织内部不需要进行太多的跨越职能部门的协调时，或对于只生产一种或少数几种产品的中小企业组织而言，职能式组织结构不失为一种最为有效的组织形式，如图 7-2 所示。但由于环境趋向于不确定，组织结构逐渐向扁平化、横向结构的方向发展，几乎没有企业能够成功地保持严格意义上的职能式结构，企业必须建立横向联系以弥补纵向职能层级的不足，如建立各种综合委员会、内部跨部门的信息系统、各种会议制度、专职整合人员（如项目经理、客户经理等），以协调各方面工作，起到沟通作用。

职能型结构适合于产品和技术都较为稳定的中小企业。它的优点是减轻经营者负担、专

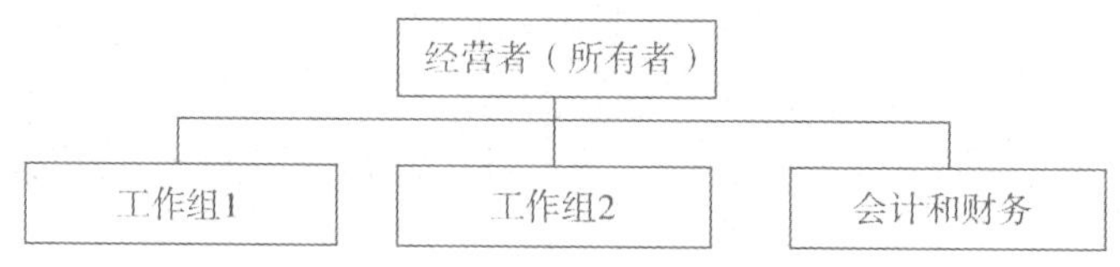

图 7-2　职能型组织结构

业化管理。它的缺点是管理费用高、统一指挥困难、权力分散且职责不清。

3. 直线职能型组织结构

直线职能制是在直线制和职能制的基础上取长补短，吸取这两种形式的优点而建立起来的。这种组织结构形式是把企业管理机构和人员分为两类，一类是直线领导机构和人员，按统一指挥原则对各级组织行使指挥权，其在自己的职责范围内有一定的决定权和对所属下级的指挥权并对自己部门的工作负全部责任；另一类是职能机构和人员按专业化原则，从事组织的各项职能管理工作，他是直线指挥人员的参谋，不能对直接部门发号施令，只能进行业务指导，如图 7-3 所示。

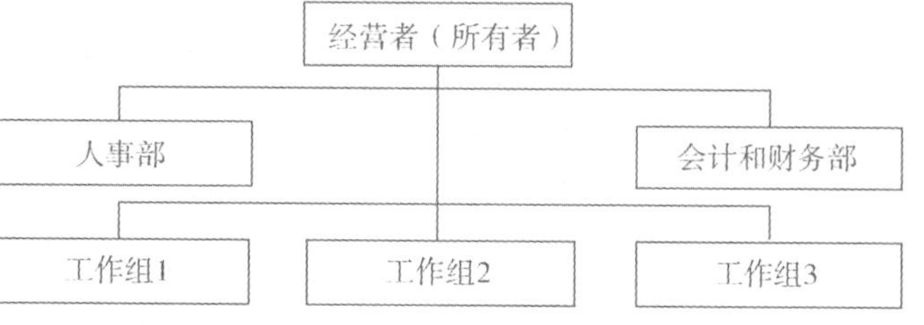

图 7-3　直线职能型组织结构

4. 动态网络型组织结构

动态网络型组织结构是目前正在流行的一种新的组织设计形式，它的低成本竞争具有更大的适应性和应变能力，也比较适合创业企业采用。网络结构是一种很小的中心组织，依靠其他组织以合同为基础进行制造、分销、营销或其他关键业务的经营活动的结构。在网络型组织结构中，组织的大部分职能从组织外购买，这给管理当局提供了高度的灵活性并使组织集中精力做最擅长的事。

动态网络型结构的优点是网络型组织结构极大地促进了企业经济效益实现质的飞跃：一是降低管理成本，提高管理效益；二是以项目为中心的合作可以更好地结合市场需求来整合各项资源，而且容易操作；三是简化了机构和管理层次，实现了企业充分授权式的管理，如图 7-4 所示。

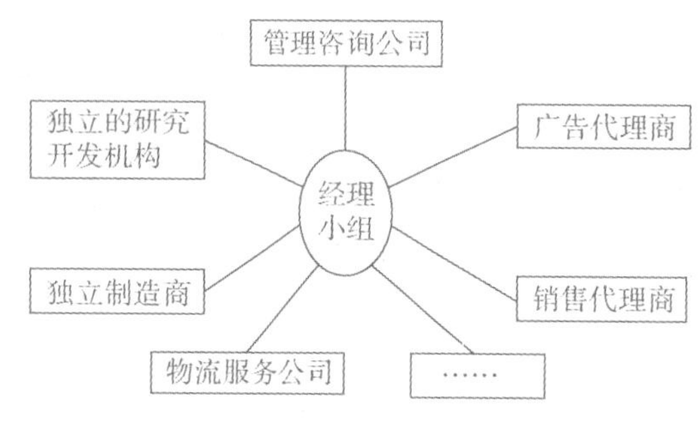

图 7-4　动态网络型组织结构

动态网络型结构的缺点是可控性太差。这种组织的有效动作是通过与独立供应商的广泛而密切的合作实现的，存在着道德风险和逆向选择性，一旦组织所依存的外部资源出现问题，如质量问题、提价问题、及时交货问题等，组织就将陷入非常被动的境地。另外，外部合作组织都是临时的，员工随时都有被解雇的可能，因而员工对组织的忠诚度也比较低。

第三节　创业企业人力资源管理

人力资源是企业最具有影响力、最具活力的因素，对于刚创办的企业而言，由于各方面资源极为有限，人才对于企业而言更加珍贵。对人力资源进行合理的开发与利用不仅关系到初创企业是否能度过初创期，而且也是企业进一步发展壮大的基础。

创业企业人力资源管理包括人力资源规划、人力资源招聘、绩效、评价、职业生涯规划等。

一、人力资源规划

（一）人力资源规划的含义及意义

1. 人力资源规划的含义

人力资源规划是指根据企业创业战略，分析新企业行业环境中人力资源的供给与需求状况，制定必要的政策和措施，以确保有适当数量的职位人选承担企业的工作，使得人与岗位相互匹配的过程。

2. 人力资源规划的意义

（1）使组织及时了解人力资源管理方面的变化。组织的生存和发展与组织的人力资源密切相关，组织经营活动过程中的任何变化都有可能导致组织中人力资源的变化，如果组织的人力资源不能适应组织的这种变化，则组织的目标就难以实现。人力资源规划就是要预见组织变化将要产生的组织对人力资源需求的变化并且及早进行准备。

（2）使组织预见未来的潜在问题。对于一个不断变化的组织来说，人力资源的需求和供给不可能实现自动平衡。人力资源规划通过分析组织变化、预测人力资源的供求差异，及时预见组织在未来可能出现的人力资源不足或过剩的潜在问题并及时采取措施进行调节。

（3）有助于组织获得优秀的人力资源。通过人力资源规划，组织可以了解哪些人员是组织短缺的，组织应该制定什么样的员工发展政策和薪酬政策吸引和留住组织所需要的人力资源。人力资源规划对调动员工的积极性也很重要。因为只有在人力资源规划的条件下，员工才可以看到自己的发展前景，从而去积极努力地争取。人力资源规划有助于引导员工职业生涯设计和职业生涯发展。

（4）使组织充分有效地利用人力资源。人力资源规划既可以保障组织拥有足够数量而且满足工作要求的人力资源、满足组织发展的需要，又能够防止人力资源的浪费，最大限度节约人力成本。人力资源规划是人员招聘和员工安置的重要依据，它使组织能够将合适的员工安置在合适的岗位，最有效地利用每一个人力资源。

（5）使员工能够适应不断变化的环境需要。人力资源规划在为员工招聘提供信息的同时，也为员工培训提供了信息。在快速变化的环境下，组织不可能通过外部招聘的办法解决组织所遇到的所有人力资源短缺的问题。通过人力资源规划，组织可以了解未来组织发展对员工的知识、技能提出了哪些新的要求，现有的员工能否满足这些要求，组织应该为员工提供哪些培训等。员工培训不仅使员工个人的知识技能水平得以提高、工作适应性加强，也能满足组织对人力资源新的需要。

（二）人力资源规划的程序

1. 收集有关信息资料

人力资源规划的信息包括组织内部信息和组织外部环境信息。组织内部信息主要包括企业的战略计划、战术计划、行动方案、本企业各部门的计划、人力资源现状等。组织外部环境信息主要包括宏观经济形势和行业经济形势、技术的发展情况、行业的竞争性、劳动力市场、人口和社会发展趋势、政府的有关政策等。

2. 人力资源需求预测

人力资源需求预测包括短期预测和长期预测，总量预测和各个岗位需求预测。人力资源需求预测的典型步骤如下：①现实人力资源需求预测；②未来人力资源需求预测；③未来人力资源流失情况预测；④得出人力资源需求预测结果。

3. 人力资源供给预测

人力资源供给预测包括组织内部供给预测和外部供给预测。人力资源供给预测的典型步骤如下：①内部人力资源供给预测；②外部人力资源供给预测；③将组织内部人力资源供给预测数据和组织外部人力资源供给预测数据汇总，得出组织人力资源供给总体数据。

4. 确定人力资源净需求

在对员工未来的需求与供给预测数据的基础上，将本组织人力资源需求的预测数与在同期内组织本身可供给的人力资源预测数进行对比分析，从比较分析中可测算出各类人员的净需求数。这里所说的净需求，既包括人员数量，又包括人员的质量、结构，即既要确定需要多少人，又要确定需要什么人，数量和质量要对应起来。这样就可以有针对性地进行招聘或培训，为组织制定有关人力资源的政策和措施提供依据。

二、人力资源招聘

（一）招聘工作存在的问题

1. 招聘工作具有盲目性

譬如有一家企业招聘广告上写着招聘项目经理、营销经理、人力资源部经理、××技术人员等职位及其大概要求。

实际上，该企业还处于始创阶段，企业的有关战略定位、部门设置都还不十分明确，在具体选聘人员时只能将所有经理当作行政管理人员一并考核录用；××技术人员的人数、技术要求等都没有明确的规划。可见，如此招聘只是糊里糊涂地要人而非目标明确地引才。

2. 选聘缺乏标准

如果企业决策者对自己所要聘用的人员应符合哪些要求、具有哪些素质都不十分清楚，那么是无法招聘到合适的人选的。有些决策者仅凭自己的经验和想象来评判应聘者中哪一位可能适合某一职位，然后考查、询问、验证该应聘者是否符合自己的判断，若符合则录用，若不符合则不录用。这说明这些初创企业决策者还缺乏选聘人才的能力。

3. 面试安排缺乏科学性

有一个高新技术企业，四五个岗位应聘者达150多人。但是面对如此众多的应聘者，企业决策者却想用一个上午让他们决出高低。结果可想而知，既便采用十名一批地集体面试，一个上午仍难完成任务。面试考官们个个晕头转向，而排在后面的选手也白白地在急切难安的心情中苦等好几个小时。

究其原因，一是企业对收集的档案资料没有进行精心筛选，不管应聘者是否有明显不符合要求的因素，一律通知面试，结果白白浪费双方的时间和精力；二是对于应聘人数多、岗位分类明显的，没有分开安排不同的面试时间或由不同的面试考官分组进行，而是所有岗位、所有人员一起集中面试，造成拥挤低效的局面，面试质量也难以保证。

4. 对落选者处理不当

所有应聘者都是对本企业感兴趣的人，有些人还是对本企业整体或某些方面十分看好而极想加盟的人员。因此，不管他们是否成为本企业员工，都将是企业的一笔宝贵财富，企业要重视它、利用它。然而，我们从这些企业招聘工作中观察到的却并非如此，他们对于来应聘的人员并没有感谢之情，把落选者更是当作垃圾一样随意抛弃。有的企业不仅没有把握好招聘会上的宣传时机，对于落选者的资料也没有做档案保存。这些决策者可能认为人才有的是。其实，他们只看到眼前，没有看到将来。因此，我们应该礼待落选者，充分利用对本企业感兴趣的人去宣传企业文化，树立企业形象。

5. 对经验与学历存在片面认识

企业的决策者都倾向于得到有实际工作经验者，对于初创企业来说，一是企业缺乏知名度，优秀的有经验者不太可能慕名而来；二是企业缺乏经济实力，企业也不可能拿出有竞争力的薪酬福利吸引人。这就决定了初创企业不大可能吸引到特别优秀的有实际工作经验的人才，同时人才市场上也不可能有特别充足的有实际工作经验者供初创企业自由挑选。因此，这种急功近利的人事策略使企业与一些具有高学历、有发展潜力、有开拓创新能力的人失之交臂。

（二）招聘策略

1. 做好工作分析，确定人员素质要求

根据人力资源规划，对各个部门、各个岗位的工作内容、责任、目标、职务等进行具体分析，主要包括以下几方面内容。

（1）工作描述：如职务名称、工作活动和工作程序、工作条件和物理环境、社会环境等。

（2）聘用条件：如工作时数、工资结构、支付工资的办法、福利待遇、该工作在组织中的正式位置、晋升机会、工作的季节性、进修机会等。

（3）工作说明：即职务要求，包含一般要求，如年龄、性别、学历、工作经验等；生理要求，如健康状况、体能水平、感观灵敏度等；心理要求，如观察能力、记忆能力、理解能力、创造性、性格、气质、兴趣爱好、态度、事业心、合作性、领导能力等。工作分析明确具体，企业所需各类人员的素质要求也就十分清楚了。

2. 确定招聘渠道，发布招聘信息

招聘渠道的选择应根据拟招人员的素质要求、急切程度、人力资源供给情况来灵活选择，主要渠道有以下几个。

（1）校园招聘：它适合招聘非急需、经验要求不高、战略储备性的人才。

（2）人才市场招聘：它适合招聘急需、有经验、不同层次的人员。

（3）报纸杂志广告招聘：由于此方式不易控制招聘进度，不易预测应聘人数，故只适合于招聘非急需的初级、高级或专业型人才。

根据我国现状，初创企业以选择人才市场招聘和期刊广告招聘为宜，同时瞄准校园，适时进行校园招聘，还可以辅以熟人介绍、委托猎头公司招聘以及长年进行求职者登记工作。

总之，要根据企业不同发展阶段、不同需求状况灵活选用招聘渠道，适时发布招聘信息。招聘信息应当包含：岗位职务及要求；报名登记的时间、地点、方式以及必备资料、证件等。

3. 组织实施招聘登记，积极宣传企业文化

无论从何种渠道进行招聘，企业首先都应分岗位、分职务准备好相关报名登记表，表格内容应按照工作分析的具体事项来精心设计。在具体报名登记时，要广泛宣传企业文化特色、战略目标、发展前景，尽可能多地吸引和收集求职者的资料信息，以便于建立自己的人才信息库。值得重视的是在组织招聘的过程中一定要搞好本企业的宣传，特别是在大型人才交流会、校园招聘等公开招聘场合中，应将准备好的宣传资料发放给对本企业感兴趣的所有人。

宣传资料的内容应包括企业性质、企业战略发展方向、业务范围、部门与岗位设置、职工物质文化待遇、生活环境、职位晋升机会、企业详细地址和人事部电话等。由于这些宣传成本相对较低，所以要尽量利用机会将企业特色展示于人，同时也将企业对人才的要求具体明确地传递给大众。其好处有二，一是避免了不符合要求者乱投资料，浪费供求双方的时间和精力；二是便于渴望加盟本企业的人继续准备、自我提高素质，以备下次应聘。这相当于无形中建立起了一个人才培养基地，未来企业人力资源供给将会比较充足。

4. 组织面试，礼退落选人员

在获取充足的报名登记资料后，企业人事部门或企业决策者要认真审阅每一份资料，进行初步筛选，剔除明显不符合要求的人选，确定面试人员。接下来便是通知面试，可采用电话、信函、E-mail 等多种形式通知当事人何时、何地进行面试。

面试方式很多，有面谈、书面考试、人机对话等。书面考试是效率较高、效果较好的方式，因为书面考试可以根据不同岗位要求设计不同的考卷内容，可以同时考查出应聘者对社会经济信息、专业知识和技能等的了解和掌握程度并可以从答卷中分析应试者的文化素质、心理素质以及办事态度等。因此，书面考试可以让不同岗位、不同企业的人员同时进行，节省面试时间，质量相对较高。若面试人员较少，也可以采用面对面交谈的方式，以减少复试

的麻烦。

面试结束工作中也要注意处理好几个问题。应聘人数不多、短时间内又可得出面试结论的，可以让应聘者等待结果。此间一定要搞好面试者的招待工作，不可冷待求职者。可以借此机会继续宣传、介绍企业文化，与求职者进行感情沟通和交流。当面试结果出来后，应当感谢那些落选者对本企业的关爱并希望他们继续关注，一旦有机会，本企业就会再次邀请他们加盟以期共同创业。有经济实力的企业，应当考虑给予所有面试人员一份代表企业的纪念礼物，宣传效果会更大。

5. 严格考核，复试录用

经过面试确定下来复试选手一般比最终录用人数多，故需要严格考核复试选手。一般可以采用专家集体测评法进行最后的筛选，即组织专家小组对每一位复试人员进行个别考查，如专业技能、岗位技能、心理素质、职业志向等是否符合企业要求。虽说录用原则应坚持宁缺毋滥，但对于初创企业来说，由于它百业待举，正是用人之际，切不可对人才求全责备，而要善于发现人才的主要特长，利用人才组合形成人才团队优势才能满足初创之时的人才之需。

三、绩效评价

（一）绩效评价的作用

1. 传递组织的价值观和文化

员工有时可能无法对组织的目标有一个很清晰的了解，尤其是组织对员工所任职职位的要求。一个员工可能很想按组织的要求来工作，但如果缺少指导，这一目标可能无法实现。绩效评估是一个非常有力的工具，可以告诉员工哪些是重要的，哪些是次要的。同时，就结果（组织寻求的目标）和过程（可接受的方法）而言，绩效评估对于明确组织文化和行为准则也是一个重要的方法。这种价值观的传播不仅仅针对企业内部，同时还针对企业外部，组织各项和外部有重要关联性的评估。

2. 监测战略和目标的执行情况

有统计资料显示：80%的企业战略不成功，主要原因不是战略本身的问题，而是战略执行不利。评估系统可以将组织战略转化成可衡量、可控制的要素，通过定期收集相关数据，可以清楚地看到战略和目标的执行情况，便于及时采取措施，保证组织战略和目标的实现。

3. 发现问题，寻找组织的绩效改进点

通过绩效评估，便于发现组织中存在的问题，将问题界定清楚，将原来隐藏在冰山之下的问题凸显出来，推动管理者去寻找解决问题的方法，最终达到改善绩效的目的。

4. 公平合理的评价与报酬员工

绩效评估可以向员工表明哪些地方做得较好，哪些地方做得还不够，需要改进。公平合理的绩效评价对组织内成员非常重要。在此基础之上的报酬可以包括薪酬、福利、职位晋升、职位调整、培训、淘汰等物质与非物质的内容。

5. 提升管理者（评估者）与员工（被评估者）的技能

绩效评估最直接的是管理者能影响其下属的行为，让管理者随时关注下属的工作状态，促使管理者去推进、改善原有的行为方式和管理难题，特别是那些平时不会主动、不太愿意去做的事情，这对管理者和下属都是一种挑战。管理者在这个过程中将会提升自身的组织管理能力、沟通能力、计划能力、监控能力等基本管理技能；下属将更为关注自己的绩效，想办法改善工作方法以达成更高的绩效结果。在绩效压力下，管理者与员工将提升自身的技能。

6. 建立沟通与反馈的平台

绩效评估是一个沟通、反馈，再沟通、再反馈的过程，在这个过程中，上下级不是在绩效结果产生之后才进行评估，而是在这个过程中就需要不断进行沟通与反馈，从而能及早地发现问题，有利于组织内部的信息交流。

7. 建立基础管理平台

要提升绩效评估的客观性，就需要“一切用数据说话”，这需要许多基础数据的支持，通过绩效评估的推进可以加强组织内部的基础管理，建立起规划的基础管理平台。

（二）绩效评价的方法

1. 目标管理法

目标管理法使管理活动围绕和服务于目标中心、以分解和执行目标为手段、以圆满实现目标为宗旨的一种管理方法。其目的是将组织的整体目标逐级转化为下属单位和个人的子目标，形成一个完整的目标考评体系，以此来提高组织绩效。

目标管理法的实施包括以下步骤。

（1）建立一套完整的目标体系

实行目标管理，首先要建立一套完整的目标体系，将目标任务向下细分转化，构成一种锁链式的目标体系，上下级的目标之间形成一种“目的-手段”的关系。

（2）制定目标

要由所有的管理人员参与决策并为组织中的每一个成员指定具体的目标，在制定目标时，尽量尊重目标制定者的愿望，使人们增强责任感和提高工作的兴趣，而非自上而下地摊派工作任务。

（3）运用 SMART 原则

运用 SMART 原则对各种指标进行量化处理，以保证各种指标具有可衡量性。SMART 原则即具体性（specific）、可度量性（meastlrable）、可实现性（attainable）、现实性（realistic）、时限性（time-bound）。

（4）确定时间范围并组织实施

要有明确的完成任务的时间范围，目标既定，时间既定，主管人员就应放手把权力交给下级成员，而自己去抓重点的综合性管理。

（5）对绩效进行评估并提供反馈

对各级目标的完成情况定期进行检查、评价并听取员工的反馈，使得目标管理进入下一轮循环过程。对于成果评定的结果，不仅应该给予相应的奖励和表彰，还应把个人成果反映到人事考核上，作为晋级、提升的依据。

2. 360 度绩效评价

360 度绩效评价系统是由被考评人的上级、同级、下级和（或）内部客户、外部客户甚至本人担任考评者，全方位地对被评者进行评价，考评的内容也涉及员工的任务绩效、管理绩效、周边绩效、态度和能力等方方面面，考评结束再通过反馈程序将考评结果反馈给本人，达到改变行为、提高绩效等目的。传统的考评仅仅是员工的上级考评，是只有一个方向的。

与传统的考评方法相比，360 度绩效评价反馈方法从多个角度来反映员工的工作，使结果更加客观、全面和可靠，特别是对反馈过程的重视，使考评起到"镜子"的作用并提供了相互交流和学习的机会。当然，这种考评方法也对企业人力资源管理工作者的能力提出了更高的要求。一是收集和整理的信息数量将大大增加；二是管理人员尤其是人力资源管理人员的反馈能力直接关系到绩效评价反馈系统的效能；三是绩效评价的内容和形式设计要复杂得多。

3. 关键绩效指标考核（KPI）

关键绩效指标又称 KPI（key performance indicator），是通过对组织内部流程的输入端、输出端的关键参数进行设置、取样、计算、分析，衡量流程绩效的一种目标式量化管理指标，是用于评估和管理被评估者绩效的定量化或者行为化的标准体系。也就是说，关键绩效指标是一个标准体系，它必须是定量化的，如果难以定量化，那么也必须是行为化的。如果定量化和行为化这两个特征都无法满足，那么就不是符合要求的关键绩效指标。

四、职业生涯规划

（一）企业初创期实施组织职业生涯管理的必要性

在初创期，企业虽然还没有明晰的发展战略和人力资源战略，但企业创办者在进行决策时仍需具备战略性的思维。结合初创期企业人力资源管理的核心任务，这个阶段实施组织职业生涯管理的战略意义在于以下几方面。

1. 有利于企业内部基本实现事事有人能干

在考虑创业队伍组建的过程中，创办者如果能导入组织职业生涯管理，就会懂得从创业队伍的成分分析开始制定出组织初创期的职位需求目标，以确保创业队伍中关键人才的能力互补，基本实现事事有人能干。

2. 使企业成长与员工发展相得益彰

初创期企业导入组织职业生涯管理就应在创业队伍挑选过程中关注组织发展目标和员工发展需求的一致性，使员工与组织同步发展，以便适应组织的持续发展和变革的需要。

3. 促进对企业核心文化的分析、理解及塑造

一个高瞻远瞩的公司往往在创业之初就已经明确了自己这个组织的核心理念并希望能够

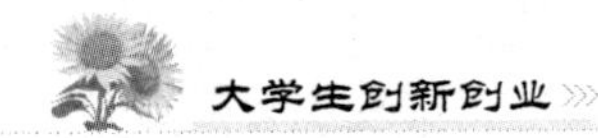

营造一种环境来推动其内化为组织的核心文化。组织职业生涯管理有利于营造良好的组织氛围并促进分析、理解及塑造企业核心文化。

4. 组织吸引和留住人才的重要措施

企业在初创期导入组织职业生涯管理将使企业在向前发展的过程中更容易实现人才聚集。与此同时，随着企业的不断扩大能够更为前瞻性地关注其职位需求不断增长中的人才补充及培训计划。

5. 有效节约人力资本开支，增强员工对组织的承诺

企业在初创期导入组织职业生涯管理有利于引导员工关注自身的职业技能和水平的提升，以降低其对物质激励的敏感度。这样既满足了员工的发展需要、增强了其对组织的承诺，又能使员工特别是优秀员工留在组织中和组织共同成长。

（二）初创期企业组织职业生涯管理的策略分析

1. 企业初创期的员工价值特征分析

在企业实施组织职业生涯管理时，我们不仅要结合企业所处阶段的组织特性来选择具体的管理措施，还要基于企业不同发展阶段员工的价值特性分析来定位我们职业生涯管理的对象。

在企业创业初期，员工价值特征表现为：高层团队由企业发起人组成，他们多数是父子、兄弟或是同学、朋友关系，这个层面队伍的稳定主要靠患难与共的精神，因而也最稳定。这个时期处在高层的团队具有较强的宏观分析及决策能力并且在一定程度上会做到事必躬亲。他们之间的关系主要依赖创业精神来维系，在股权分配、职位上没有太多的计较。

而这时的中层有两种人，一种是从外面挖来的经理人；另一种是与高层有着千丝万缕联系的人，他们的流动率也不会很高，除非企业办不下去。由于这个时期公司吸引力有限，愿意供职的中层人员管理能力一般，但相应的员工数量有限，管理幅度和管理难度不是太高，因此基本上还是能够胜任的。而一般员工却完全是另一种景象：受企业管理制度不完善、保障体系不健全、领导水平不高、工资待遇低等因素制约，好不容易招进来的人又留不住，一般员工成了最容易流动的人群。这也是我们很少在企业里面见到创业初期就供职的老员工的缘故。

2. 妥善完成组织早期职业生涯规划任务

组织早期职业生涯规划的任务包括完成员工的组织化任务、促进相互接纳、建立心理契约和克服现实震动。对于初创期企业而言，由于组织本身是新生命而决定了员工都是这个新的生命体中崭新的细胞。因此，组织职业生涯管理包括了以这些新员工为对象展开的早期职业生涯规划。它通过完成新员工的组织化实现个人对职业岗位的适应、组织文化的适应和职业心理的转换；通过对新员工实施公平的绩效评价、激励性的薪酬、适度分享组织“机密”和推动有才干的员工接受组织价值观并向组织内流动等措施促进组织与新员工的相互接纳。

3. 做好组织职业生涯开发

初创期企业的组织职业生涯开发一定要结合企业现状以及员工价值分布特征来开展各类有计划、有系统的教育训练活动。因此，这个阶段的员工培训有其自身的特点和要求。

由于这个阶段企业开展培训活动受到企业资源的限制，因此，要选择恰当的培训方法并考虑企业发展的需要，对不同层次的员工实施有差别的培训策略，才能够实现投资回报率的最大化。对于初创期企业来说，高层人员可能激情有余，但领导经验不足，因此需要对其进行领导技能的深度培训和开发；中层管理人员往往在招聘进公司前有相关的知识、经验，但也要结合公司业务特征及发展需求，重视对其管理潜能的开发；基层人员由于流动性较大，更多的是对工作态度的培训，这样既可以保证业务的顺利开展，又有利于稳定员工队伍。

第四节　创业企业的财务管理

财务管理是根据资金的运动规律，遵守国家法令制度，对企业生产经营过程中资金的形成、使用和分配，进行预测、决策、计划、控制、核算和分析，提高资金运用效果，实现资本保值增值的管理工作。投资管理是财务管理的本质，将筹集的资金运用到能够产生最大效益的项目或资产上，才能够使投入的资金产生更大的增值；企业日常的财务活动及其现金流管理是财务管理的核心内容，为企业的采购、生产、营销与销售等经营活动提供全方位的财务支持；利润分配及其管理是财务管理的终点和起点，任何融资活动的最终目的是取得利润，增加企业价值，而利润分配是否合理则会影响企业可用于再投资的内部财务资源，影响企业的增长潜力。

财务管理目标是企业目标在财务管理活动中的体现。一般认为，财务管理目标是企业在市场环境下，通过组织财务活动、处理财务关系所期望达到的根本目的。企业的组织形式不同、在财务管理目标的定位和表述上也有所不同。有的强调利润最大化。一般认为，利润额的高低反映企业资产利用程度的高低和经济效益的好坏，以利润最大化为财务目标，意味着企业生产经营所涉及的各项财务决策都必须以能否取得利润、能取得多少利润为评判依据。有的则强调股东财富最大化，应通过财务上的合理运营，为股东带来更多财富。该目标强调财务管理的终极服务对象是股东，强调公司决策层和管理层对股东的财产信托责任。

一、财务会计知识

（一）反映企业财务状况的会计要素

1. 资产

资产是指企业过去的交易或者事项形成的、由企业拥有或者控制的、预期会给企业带来经济利益的资源。资产按流动性分类，可分为流动资产和非流动资产。流动资产是指预计在一个正常营业周期中变现、出售或耗用，或者主要为交易目的而持有，或者预计在资产负债表日起一年内（含一年）变现的资产以及自资产负债表日起一年内交换其他资产或清偿负债的能力不受限制的现金或现金等价物。流动资产主要包括货币资金、交易性金融资产、应收票据、应收账款、预付款项、应收利息、应收股利、其他应收款、存货等。非流动资产是指流动资产以外的资产，主要包括长期股权投资、固定资产、在建工程、工程物资、无形资产、开发支出等。

资产的主要特征有以下几点。

（1）资产预期会给企业带来经济利益。预期会给企业带来经济利益，是指直接或间接导致现金和现金等价物流入企业的潜力。

（2）资产是由企业拥有或者控制的资源。由企业拥有或者控制，是指企业享有某项资源的所有权，或者虽然不享有某项资源的所有权，但该资源能被企业所控制。

（3）资产是由企业过去的交易或事项形成的。企业过去的交易或事项包括购买、生产、制造行为或者其他交易或事项。预期在未来发生的交易或事项不形成资产。

（4）资产必须能够用货币来计量。

2. 负债

负债是指企业过去的交易或者事项形成的、预期会导致经济利益流出企业的现时义务。负债按流动性分类，可分为流动负债和非流动负债。流动负债是指预计在一个正常营业周期中清偿，或者主要为交易目的而持有，或者自资产负债表日起一年内（含一年）到期应予以清偿，或者企业无权自主地将清偿推迟至资产负债表日后一年以上的负债。流动负债主要包括短期借款、应付票据、应付账款、预收款项、应付职工薪酬、应交税费、应付利息、应付股利、其他应付款等。非流动负债是指流动负债以外的负债，主要包括长期借款、应付债券等。

负债的主要特征有以下几点。

（1）负债是企业过去的交易或事项形成的现时义务。

（2）现时义务是指企业在现行条件下已承担的义务。未来发生的交易或事项形成的义务，不属于现时义务，不应当确认为负债。

（3）负债的清偿预期会导致经济利益流出企业。

3. 所有者权益

所有者权益是企业投资人对企业净资产的所有权，实质是企业资产扣除负债后由所有者享有的剩余权益，包括实收资本（或者股本）、资本公积、盈余公积和未分配利润。

（二）反映企业经营成果的会计要素

1. 收入

收入是指企业销售商品、提供服务和让渡资产使用权等日常活动中所形成的经济利益的总流入。

2. 费用

费用是指企业为销售商品、提供服务等日常活动而发生的经济利益的总流出。

3. 利润

利润是指企业在一定会计期间的经营成果。利润包括收入减去费用后的净额、直接计入当期利润的利得和损失等。

直接计入当期利润的利得或损失，是指应当计入当期损益、会导致所有者权益发生增减变动的、与所有者投入资本或者向所有者分配利润无关的利得或损失。

（三）会计等式

1. 资产=负债+所有者权益

企业的资产来源于所有者的投入资本和债权人的借入资金，以及企业在生产经营中所产生效益的积累。资产来源于权益（包括所有者权益和债权人权益），归属于所有者的部分形成所有者权益；归属于债权人的部分形成债权人权益（即企业的负债）。资产与权益必然相等。

在某个特定的时点，资产、负债和所有者权益三者之间存在平衡关系，即资产=负债+所有者权益。这是复式记账法的理论基础，也是编制资产负债表的基础。

2. 收入-费用=利润

企业一定时期的收入扣除所发生的各项费用后的净额，经过调整后等于利润。在不考虑调整因素（如直接计入当期利润的利得和损失等）的情况下，收入减去费用等于利润，即，收入-费用=利润。收入、费用和利润之间的上述关系，是编制利润表的基础。

二、会计管理知识

（一）会计凭证

会计凭证是记录经济业务发生和完成情况的书面证明，也是登记账簿的依据。会计凭证可以检查经济业务的真实性、合法性和合理性，为会计监督提供重要依据。会计凭证按照编制的程序和用途不同，分为原始凭证和记账凭证两类。

1. 原始凭证

原始凭证又称单据，是在经济业务发生或完成时取得或填制的，用以记录证明经济业务的发生或完成情况的原始凭据。原始凭证按来源不同，分为外来原始凭证和自制原始凭证。外来原始凭证，是指在经济业务发生或完成时，从其他单位或个人直接取得的凭证，如购货时取得的增值税专用发票，对外支付任何款项时取得的相应发票或收据、职工出差取得的飞机票、火车票等。自制原始凭证是本单位内部人员在执行或完成某项经济业务时需填制的原始凭证。它仅供本单位内部使用，如收料单、领料单、产品入库单、产品出库单、借款单、工资发放明细表、折旧表等。

2. 记账凭证

记账凭证是会计人员根据审核无误的原始凭证，按照经济业务的内容加以分类，并据以确定会计分录后所填制的会计凭证，它是登记账簿的直接依据。企业可购买制式的记账凭证，如果公司有会计软件的话，软件里可直接制出会计凭证。记账凭证应具备以下基本内容或要素：

（1）记账凭证的名称；

（2）填制记账凭证的日期；

（3）记账凭证的编号；

（4）经济业务的内容摘要；

（5）经济业务所涉及的会计科目（包括一级科目、二级科目或明细科目）及记账方向；

（6）经济业务的金额；

（7）记账标记；

（8）所附原始凭证张数；

（9）会计主管、记账、审核、出纳、制单等有关人员的签章。

会计凭证应定期装订成册，防止散失。会计部门在依据会计凭证记账后，应定期（每天、每旬或每月）对各种会计凭证进行分类整理，将各种记账凭证按照编号顺序，连同所附的原始凭证一起加具封面、封底，装订成册，封面应注明单位名称、凭证种类、凭证张数、起止张数等有关事项。

任何企业在完成经济业务手续和记账之后，必须将会计凭证按规定的归档制度形成会计档案资料，妥善保管，防止丢失，不得任意销毁，以便日后查阅。

（二）会计账簿

会计账簿是由具有一定格式、相互联系的若干账页所组成，以会计凭证为依据，用以全面、系统、连贯、分类地记录各项经济业务的簿籍。通过设置和登记账簿可以提供企业全面、系统的会计信息，为财务报表的编制提供依据，并且也便于创业者、经营者及其他利益相关者对企业的经济活动进行监管。

1. 会计账簿的种类

（1）序时账簿。也称为日记账，是按照经济业务发生的时间先后顺序，逐日逐笔登记经济业务的账簿。

（2）分类账簿。是对全部经济业务按总分类账户和明细分类账户进行分类登记的账簿。总分类账簿是根据总分类科目开设账户，用来登记全部经济业务，进行总分类核算，提供总括核算资料的分类账簿。它能够全面反映企业经济活动的概况，是财务会计报表的主要依据。明细分类账簿是根据总账科目设置，按其所属明细分类科目开设账户，用来登记某一类经济业务，进行明细分类核算，提供明细核算资料的分类账簿。

（3）备查账簿。是对某些在日记账和分类账簿中未能记载或记载不全的经济业务进行补充登记的账簿，如受托加工材料登记簿、代管商品物资登记簿等。备查账簿是对其他账簿记录的一种补充。

2. 会计账簿的设置原则

为保证账簿能提供企业全面、系统的会计信息，账簿的设置需要遵循一定的原则，主要有以下三个方面。

（1）适应企业规模和特点，满足管理要求。

（2）适当简单化。设置账簿要“单不重填，账不重设”，在满足实际业务需要的前提下，注意人力、财力和物力的节约，避免重复记账。

（3）科学严谨。设置账簿时，应保证其体系的完整，以利用不同账簿间的数据关系，在账簿间形成一种严谨的勾稽关系，避免经济业务的重记或漏记等。

3. 账簿的基本内容

小企业的会计账簿中应当对现金、应收账款、存货、机器设备等固定资产、应发工资、应付款项、应交税费、银行借款的情况以及企业的收入、费用和利润等情况进行记录。

(1) 现金记录。创业者必须清楚知道企业的现金余额，以决定能否付清账单，这就要求对现金的流入和流出进行及时记录，随时了解其支付能力。

(2) 应收账款记录。在某种情况下，客户也会向创业者赊账，这就是应收账款。创业者通过应收账款的记录可以知道应收款的到期日、应收金额以及债务人等信息，以便及时收回账款。

(3) 存货记录。通过存货记录可以了解原材料的库存情况、产品的销售情况等信息，以根据存货记录更新库存商品，保证生产和销售所需。

(4) 应付工资额记录。创业者必须清楚企业应支付的工资额。这笔账需要单独列出，记录要准确无误，而且要按一定顺序记录下来，以便核查。

(5) 应付款记录。企业欠别人的账款就叫作应付款。应付款需要及时结清，因为及时结账有时可以得到现金折扣，而逾期付款则需要支付违约金，此外，及时结账也有利于维护自己的信誉，与业务伙伴保持良好的业务关系。

(6) 应交税费记录。税费是根据企业的营业额或盈利额来计征的，企业需要按照税法规定的税率和企业的营业状况，及时足额交纳税费，履行社会责任。

(7) 收入、费用和利润等记录。创业者最关心投入的资金能否获得足够的盈利，这三个会计要素能向创业者提供企业的经营状况。

(三) 现金管理

会计范畴中的现金又称库存现金，是指存放在企业并由出纳人员保管的现钞。现金是流动性最大的一种货币资金，它可以随时用以购买所需物资，支付日常零星开支，偿还债务等。现金管理就是依据《现金管理暂行条例》，对现金的收、付、存等各环节进行的管理。现金管理制度主要包括以下内容。

1. 现金的使用范围

企业可用现金支付的款项有以下几点。

(1) 职工工资、津贴，个人劳务报酬；

(2) 根据国家规定颁发给个人的科学技术、文化艺术、体育等各种奖金；

(3) 各种劳保、福利费用以及国家规定的对个人的其他支出；

(4) 向个人收购农副产品和其他物资的款项；

(5) 出差人员必须随身携带的差旅费；

(6) 结算起点以下的零星支出；

(7) 中国人民银行确定需要支付现金的其他支出。

除上述情况，其他款项的支付应通过银行转账结算。

2. 现金的限额

现金的限额是指为了保证企业日常零星开支的需要，允许企业留存现金的最高数额。这一限额由开户银行根据单位实际需要核定，一般按照企业 3~5 天日常零星开支的需要确定。核定后的现金限额，企业必须严格遵守，超过部分应于当日终了前存入银行。需要增加或减少现金限额的单位，应向开户银行提出申请，由开户银行核定。

3. 现金收支的规定

企业收入现金应于当日送存银行，当日送存确有困难的，由开户银行确定送存时间。企业支付现金，可以从本单位库存现金中支付，不得从本单位的现金收入中直接收取。同时，收支的现金必须入账。企业从开户银行提取现金时，应如实写明提取现金的用途，由企业财会部门负责人签字盖章，并经开户银行审查批准后予以支付。此外，不准用不符合国家统一的会计制度的凭证顶替库存现金，即不得“白条顶库”；不准谎报用途套取现金；不准用企业收入的现金以个人名义存入储蓄；不准保留账外公款，即不得“公款私存”，不得设置“小金库”等。

（四）银行结算

银行存款是指企业存入银行或其他金融机构的各种款项。企业应当根据业务需要，按照规定在其所在地的银行开设账户，进行存款、取款以及各种收支转账业务的结算。

企业在日常取现时应用现金支票，必须加盖银行预留印鉴（一般是财务章和法人章），并写清用途，一般为备用金等。转账则应用转账支票，付款方在支票上写清日期，企业名称，开户行名称，开户行账号，收款方企业名称，开户行名称，开户行账号，款项用途等信息，将支票交由收款方，收款方进账时，则需由出纳人员填制银行制式的进账单。

三、财务报告知识

财务会计报告包括：会计报表、资产负债表、利润表、现金流量表、所有者权益变动表、会计报表附注、财务情况说明书。

（一）资产负债表

资产负债表是反映企业某一特定日期（月末、季末、年末）的财务状况的会计报表。该表的格式主要有两种：水平式和报告式。最常见的是水平式，又叫账户式。

资产负债表的作用包括：了解企业所掌握的经济资源，分析企业的偿债能力，了解企业承担的债务，了解企业投资者持有的权益，分析企业未来的财务状况。

资产负债表可以说是一张照片，它反映了企业在某个定点的财务状况，如期末企业管理者就可从资产负债表上观察出企业截至资产负债表日拥有的货币资金、应收账款、固定资产、无形资产等资产金额，并可与上期进行比较；同样企业有多少负债，应付账款有多少，其他应付款有多少，也可从资产负债表上获得；而实收资本科目则反映了企业注册时的注册资本，未分配利润则可反映企业截至期末为止究竟盈亏多少（注意和利润表区别）。

（二）利润表

企业利润表是反映企业在一定时期内（月、季、年）利润或亏损情况的报表。该表的格式主要有两种：单步式和多步式。单步式是将本期所有收入加在一起，然后再把所有费用加在一起，两者相减，一次计算求出当期损益。多步式是按营业毛利润、营业净利润、利润总额、净利润、可供分配的利润进行分类。

利润表的作用包括：了解企业的各种收入和费用；了解企业的损益情况、利润总额、各项投资收益；了解企业应交所得税和净利润实现情况；考核企业计划完成情况，分析利润增减变化的原因；确定企业利润分配的依据；评价企业的经营业绩；分析和预测企业的赢利趋势，做出投资价值评价等。

利润表被描述成一段录像，反映了企业在一定会计期间内的经营情况，也就是说如果是年度利润表，则该表反映了该年度企业的盈利亏损状况，而不是企业整个生产经营过程中的累计数。通过利润表，企业管理者可直观地掌握企业当期营业收入、营业成本、管理费用、经营费用以及主营业务税金等信息，帮助企业管理者更好地了解企业，从而制定出下期的经营目标、预算等。

（三）所有者权益变动表

该表反映构成所有者权益的各组成部分当期的增减变动情况，包括当期损益、直接计入所有者权益的利得和损失、与所有者的资本交易导致所有者权益的变动。

所有者权益变动表的作用包括：了解和分析企业弥补亏损、提取盈余公积金、公益金及利润结余等情况；了解企业当年税后利润额、可用于分配的利润额和年末未分配利润额；分析企业净利润的分配去向；判断企业利润分配合理与否；为改善利润分配方案提供依据。

（四）现金流量表

该表反映企业在一定会计期间现金和现金等价物流入和流出情况。现金流量表的作用包括：了解企业当期现金流入流出的原因；有助于评价企业的挣钱能力；根据收付实现制编制，是对以权责发生制为依据披露的财务信息的必不可少的补充；有助于信息使用者正确判断企业现实的现金支付能力和与之相联系的股利政策及理财过程，以正确地做出投资决策；有助于评定企业的信贷等级；有助于分析企业未来获取现金的能力。

（五）会计报表附注

指为方便报表使用者理解报表内容，对会计报表中列示项目的文字描述或明细资料，以及对未能在报表中列示项目的说明。

主要内容包括：采用的主要会计政策；财务报表的编制基础；遵循企业会计准则的声明；会计政策的变更情况、变更原因及对财务状况和经营成果的影响；非经营项目的说明；报表中有关重要项目的明细资料；其他有助于理解和分析报表所需要说明的事项。

（六）财务情况说明书

对企业的一些财务状况（生产经营情况、盈利情况、资金使用情况等）进行概括性介绍的文字。

（七）关于财务报告报送的有关规定

1. 有限责任公司的财务报告

有限责任公司的财务报告应定期报送各投资单位（人）、债权人、税务机关等。

2. 股份有限公司的财务报告

股份有限公司的财务报告应在召开股东会议的 20 日以前备置于公司办公处所，供股东查阅。

3. 报出时间要求和内容。

（1）月报应于月份终了后 6 天内对外提供；要求填制两表。

（2）季报应于季度终了后 15 天内报出；要求填制三表和会计报表附注。

（3）半年度报告应于年度中期终了后 60 天内（相当于两个连续的月份）对外提供；要求全套。

（4）年度财务会计报告应于年度终了后 4 个月内对外提供；要求全套。

（5）短于一个完成的会计年度的报告期间称为中期。《企业会计准则》规定，以中期为基础编制的财务报告称为中期财务会计报告，简称中报，半年度、季度和月度财务会计报告统称为中报。

思考练习

1. 创业团队的含义及作用是什么？
2. 简述创业团队的构成及其含义。
3. 简述企业组织设计的原则。
4. 简述人力资源规划的含义及意义。
5. 简述企业财务状况的会计要素。

CHAPTER

第八章 创业企业的市场营销

引导案例

戴尔模式

戴尔的模式习惯上被称为直销，在美国一般称为“直接商业模式”（*direct business model*）。所谓戴尔直销方式，就是由戴尔公司建立一套与客户联系的渠道，由客户直接向戴尔发订单，订单中可以详细列出所需的配置，然后由戴尔“按单生产”。戴尔所称的“直销模式”实质上就是简化、消灭中间商。他在自己所著的《戴尔直销》一书中解释说：“在非直销模式中，有两支销售队伍，即制造商销给经销商，经销商再销给顾客。而在直销模式中，我们只需要一支销售队伍，他们完全面向顾客。”“别的企业必须保持高库存量，以确保对分销和零售渠道的供货。由于我们只在顾客需要时生产他们所需要的产品，因此我们没有大量的库存占用场地和资金，没有经销商和相应的库存带来额外成本，所以我们有能力向顾客提供更高的价值，并迅速扩张。而对每一位新顾客来说，我们能收集到更多他们对产品和服务需求的信息。”

大多数公司主要是做产品细分，戴尔公司则在此之外还加上顾客细分。随着对每一个顾客群认识的加深，则对于他们所代表的财务机会更能够精确衡量，也可以更有效地衡量各营运项目的资产运用，通过评估每个细分市场的投资回报率，并与其他市场做比较，就可以制定出日后的绩效目标，使各项业务的全部潜能得以充分发挥。戴尔认为“分得越细，我们就越能准确预测顾客日后的需求与其需求的时机。取得这种策略性的信息后，便可与供应商协调，把信息转换为应有的存货”。由于省去了中间商环节，戴尔直接面对客户，有利于双方加深理解，客户得到了自己最想要的电脑，而戴尔对客户的要求也有了深入的了解，从而便于今后提供更好的售后服务。

戴尔深入地研究顾客，而不是竞争对手。有的人说，这种直销模式也许适用于美国，但在别的国家行不通。在亚洲，怀疑的声音更为强烈。有人告诉戴尔：“你这种西方观念在这里不可行。”戴尔公司进入中国后，戴尔又一次听到了同样的论调。联想集团总裁柳传志认为：“中国消费者看到实实在在的东西才会购买。”虽然柳传志可以说非常熟知中国电脑市场，同样许多外国企业由于坚持自己的经营方式，一味让中国消费者去适应而导致失败，但必须看到的是，戴尔公司经营的核心在企业，而不在个人消费者。戴尔认为："直销模式可应用于各种文化背景。如果你的设想真有强大的生命力，就不要理会那些说'不行'的人，而应招聘拥护你远见的人。"

多数产品都适用直线销售模式，而且在当今世界上，越来越多的人会愿意接受直销。之所以这样说，是因为直销不仅仅指面对面的销售，它可以通过其他途径，如国际互联网、电话，与顾客建立一种互动关系。所有的大众化标准产品都有机会实现直线销售模式。实现了直线销售模式，可以节省很多原本用于销售渠道、代理商、展厅等方面的开支，把这些钱转送给顾客。这样，产品就可能更便宜，或者提供更有成本效益的产品。

第一节　选择合适市场

任何一个市场或产品都存在寿命周期。一般来讲，在开始的一段时间增长较为缓慢，然后增长强劲，直到市场稳定并最终饱和。"机会窗口"是指市场存在的发展空间有一定的时间长度，它能使创业者在这一时段中创立起自己的企业，并获得相应的盈利和投资回报。一个创业者要抓住一个机会，这一"窗口"必须是敞开的而不是关闭的，并且它必须保持敞开足够长的时间以便被加以利用。美国创业者的一项研究调查表明，当机会窗口的时间短于3年，新事业投资失败率高达80%以上；如果机会窗口的时间超过7年，则几乎所有投资的新事业都能获得丰厚的回报。

一、做好市场细分

市场细分和市场定位是决定新创企业成功运作的真正核心。新创企业所有重要决定和策略都主要取决于市场调查、市场细分与市场定位。

所谓市场细分，是指创业者通过市场调查，依据消费者的需求、购买力、购买行为、购买习惯、地区文化等方面的明显差异，把某一类产品的整体市场划分为若干个消费群的市场分类过程。简单来说即回答这样一个问题："哪里是我们的市场目标?"

1. 企业对市场进行细分的意义

（1）帮助企业深刻地认识市场。市场由消费者组成，而每一个消费者都是集多种特征于一体，每一种特征都可能与一部分消费者相一致，与另一部分消费者不一致。消费者的不同特征和不同需求纵横交错导致市场极其复杂。企业在市场细分的基础上，对市场整体有了既清晰又全面的把握；并通过详细分析每一个细分市场的需求及其满足情况，寻找适当的市场机会。

（2）市场细分有助于企业发现最佳的市场机会。在市场供给看似已十分丰富，竞争者似乎占领了市场各个角落时，企业利用市场细分就能及时、准确地发现属于自己的市场机会。因为消费者的需求是没有穷尽的，总会存在尚未满足的需求。只要善于市场细分，总能找到市场需求的空隙。有时候，一次独到的市场细分能为企业创造一个崭新的市场。

（3）任何市场都有助于企业确定经营方向，开展针对性的营销活动。面对极其广阔的市场，任何企业都不可能囊括所有的需求，而只能满足其中的十分有限的部分。因此，慎重地选择自己所要满足的那部分市场，使企业的优势资源得以发挥是至关重要的。通过市场细分，企业把市场分解开来，仔细分析比较，及时发现竞争动态，避免将生产经营过度集中在某种畅销产品上，与竞争者一团混战。企业可以将有潜力又符合企业资源范围的理想顾客群作为目标，有的放矢地进行营销活动，集中使用人力、物力和财力，将有限的资源用在刀刃上，从而以最少的经营费用取得最大的经营成果。

2. 市场细分的准则

既然市场细分对于企业营销具有重要意义，要使之付诸实践，就必须找到适当的、科学的细分依据。就消费者市场而言，这些影响因素归纳起来主要包括地理变数、人口统计变数、心理变数及行为变数。

做好市场细分，必须满足下列四点准则：一是异质性。细分变数必须反映出市场中所存在的异质性，也就是经由细分变数切割后的市场细分，必须具有不同的偏好与需要。而且此种细分之间的差异越大，其意义越大。如果细分变数不能使营销管理人员掌握到这种异质性，对于目标营销便没有帮助，也就是无法设计不同的营销战略来针对不同的市场细分。所以营销管理人员在选择细分变数时，必须选择最能反映市场异质性的细分变数。二是足量性。好的市场细分所划分出来的每一细分市场都必须足够大，以保证其能发展和支持某一特定的营销组合。也就是说，营销管理人员尽管只是选择其中某一个单一细分，该细分市场必须要有足量的潜在顾客，才有实质的意义。三是可衡量性。细分市场必须可以清楚界定并加以区分，且每个细分市场内的规模大小及其购买力也应该可以清楚衡量。四是可接近性。营销管理人员运用其营销组合，应该能有效地接触该细分市场和针对所形成的细分市场进行服务。

和消费者市场一样，产品市场也必须进行市场细分，其细分变数可分为以下几类：地理位置、顾客类别、顾客购买数量、产品用途、主要的购买条件、购买战略、购买的重要性、顾客关系和顾客的购买习惯。

3. 市场细分的程序

市场细分是市场分析中的重要环节，市场细分作为一个过程，通常需要经过下列程序来完成：第一步，选择一种产品或市场范围以供研究。无疑，将要进行细分化的市场与企业任务、企业目标相联系。第二步，选择市场细分的形式。市场细分的形式可以是一种，更多的是两种以上的结合，选择的依据通常是既往营销活动的结果与经验。第三步，在选定的细分形式中，挑选出具体的细分变量作为分析单位。第四步，调查设计并组织调查。目的是取得与已选细分变量有关的数据和其他相关资料。当然，调查对象应是相关联的消费者或用户。第五步，分析、估量通过调查而确定的各个细分市场的规模和性质。第六步，选择目标市场，设计市场营销战略。

二、明确目标市场

所谓目标市场，是指企业营销活动所要满足的市场，是企业为实现预期目标而要进入的市场。

（一）目标市场评价要点

1. 目标市场的潜量

首先，目标市场应该有足够大的需求潜量。如果某一目标市场的潜量太小，则意味着该市场狭小，没有足够的发掘潜力，企业进入后发展前景黯淡；其次，目标市场的规模应恰当，唯有对企业发展有利的潜量规模才是具有吸引力的目标市场。要正确估测和评价一个市场的需求潜量，不可忽视消费者数量和他们的购买力水平这两个因素中的任何一个。

2. 目标市场内的竞争状况

对于某一个目标市场，进入的企业可能会有很多，从而就可能导致市场内的竞争。这种竞争可能来自市场中已有的同类企业，也可能来自即将进入市场的其他企业。企业在市场中可能占据的竞争地位是评估各个目标市场的主要方面之一。很显然，竞争对手实力越雄厚，企业进入的成本和风险就越大。而那些竞争者数量较小、竞争实力较弱或市场地位不稳固的目标市场则更有吸引力，该市场可能加入新的竞争者，这是企业的潜在对手，他们会增加生产能力并争夺市场份额。问题的关键是新的竞争者能否轻易地进入这个目标市场。根据行业利润的观点，最有吸引力的目标市场是进入壁垒高、退出壁垒低的市场。此外，是否存在具有竞争力的替代品也是评价目标市场的方面之一。替代品的存在会限制目标市场内价格和利润的增长，所以已存在替代品或即将出现替代品的目标市场吸引力会降低。当然，最终企业自身的竞争实力也决定了其对目标市场的选择。竞争实力强，对目标市场选择的自由度就大一些；反之，受到的制约程度就高一些。

3. 目标市场所具有的特征与企业总目标和资源优势的吻合程度

企业的资源优势表现在资金实力、技术开发能力、生产规模、经营管理能力、交通地理位置等方面。消费者需求的特点若能促进企业资源优势的发挥，将是企业的良机；否则，会出现事倍功半的情况，对企业是资源的浪费，严重时甚至造成很大的损失。

4. 目标市场的投资回报水平

企业十分关心目标市场的盈利水平。高投资回报率是企业所追求的，企业必须对目标市场的投资回报能力做出正确的估测和评价。

（二）目标市场评价方法

企业确定目标市场的方式有两种：一种是先进行市场细分，然后选择一至若干个细分市场即子市场作为自己的目标市场；另一种是先不搞市场细分而是以产品的整体市场作为目标市场。如果一种产品的市场是同质市场，无须细分，创业者就以该产品的整体市场作为自己的目标市场。进行市场细分，可采用涵盖市场的方式，即产品-市场矩阵方法进行市场细分，此方法归纳起来主要有以下五种。

（1）产品-市场集中化。即企业的目标市场无论从市场还是从产品角度，都是集中于一个细分市场。这种策略意味着企业只生产一种标准化产品，只供应某一顾客群体。

（2）产品专业化。即企业向各类顾客同时供应某种产品。当然，根据不同的顾客群，产品在档次、质量或款式等方面会有所不同。

（3）市场专业化。即企业向同一顾客群体供应性能有所区别的同类产品。

（4）选择性专业化。即企业决定有选择地进入几个不同的细分市场，为不同的顾客群体提供不同性能的同类产品。采用这种策略应当十分谨慎，必须以这几个细分市场均有相当的吸引力并能实现一定的利润为前提。

（5）全面覆盖。即企业决定全方位进入各个细分市场，为所有顾客群提供他们各自需要的有差异的产品。这是大企业为在市场上占据领导地位或力图垄断全部市场时采取的目标市场范围策略。大学生新创企业基本不能采用此方式。

（三）目标市场选择策略

企业选择的涵盖市场的方式不同，营销策略也就不一样。归纳起来，有三种不同的目标市场选择策略可供企业选择：无差异营销，差异性营销，集中性营销。

1. 无差异营销

如果企业面对的市场是同质市场，即使消费者是有差别的，他们的需求也有足够的相似之处而可以作为一个同质的目标市场加以对待。在这两种情况下，企业采用的就是无差异营销。该策略的具体内容是企业把一种产品的整体市场看作一个大的目标市场，营销活动只考虑消费者或者用户在需求方面的共同点，而不管他们之间是否存在差异。因而企业只推出单一的标准化产品，设计一种营销组合，通过无差异的大力推销，吸引尽可能多的购买者。

2. 差异性营销

采用这种策略的企业把产品的整体市场划分为若干细分市场，从中选择两个以上乃至全部细分市场作为自己的目标市场，并为每个选定的细分市场制定不同的市场营销组合方案，同时多方位或全方位地分别开展针对性的营销活动。

3. 集中性营销

企业不是面向整体市场，也不是把力量分散使用于若干细分市场，而是集中力量进入一个细分市场（或是对该细分市场进一步细分后的几个更小的市场部分），为该市场开发一种理想的产品，实行高度专业化的生产和销售。采用这种策略通常是为了在一个较小或很小的细分市场上取得较高的，甚至是支配地位的市场占有率，而不追求在整体市场或较大的细分市场上占有较小的份额。

上述几种策略各有优点和缺点，企业选择哪一种策略，必须从企业的特点和条件出发，并充分考虑以下因素。

（1）产品的差异度

对某种产品，如大米、小麦等，所有消费者具有大体相同的需求特征，这些产品尽管有质量上的差别，但消费者并不过分挑选，竞争焦点一般集中在价格上，对这种产品适合采取无差异性目标市场策略。而对服装、化妆品、家用电器等消费者需求差异较大的产品，则适合采取差异性目标市场策略。

（2）产品的生命周期

一般来说，企业的新产品在初次投入市场或处于成长时期时，宜采取无差异性目标市场策略，以探测市场需求和潜在顾客情况，也有利于节约市场的开发费用；当产品进入成熟期时宜采取差异性目标市场策略，以开拓新的市场；当产品进入衰退期时宜考虑采取集中性目标市场策略，以集中力量少数尚有利可图的目标市场。

（3）市场竞争状况

要判断调研竞争对手是多还是少，是强还是弱，是集中还是分散。如果竞争对手较弱，企业可以考虑采用无差异性目标市场策略。此外，还应尽量避免同竞争对手采取相同的策略，以防止加剧竞争，两败俱伤。

（4）企业资源情况

如果企业资源充足，可以采取差异性目标市场策略或无差异性目标市场策略。如果企业资源有限，就应当考虑采取集中性目标市场策略，以取得在小市场上的优势地位。

三、找准市场定位

所谓市场定位，是指根据竞争者现有产品在市场上的所处位置，针对消费者或用户对该产品的某种特征或属性的重视程度，强有力地塑造出本企业产品与众不同的、给人印象鲜明的个性或形象，并通过一套特定的营销组合，把这种形象生动地传递给顾客，影响顾客对该产品的总体感觉。简单来说即回答这样一个问题：“人们在目标市场中为什么要买我的产品或服务而不是其他竞争者的?”换句话说就是：“与其他竞争者的产品相比，人们认为我所提供的产品有什么价值?”

（一）市场定位的基本任务

为获得竞争优势而进行的市场定位包括以下主要任务：首先要明确企业可以从哪些方面寻求差异化；其次是找到企业产品独特的卖点；最后要开发总体战略策略，即明确产品的价值方案。

1. 寻求差异化

（1）产品差异化。实体产品的差异化可以体现在产品的诸多方面：形式差异，即产品在外观设计、尺寸、形状、结构等方面的新颖别致。特色，即对产品基本功能的某些增补。性能质量，即产品的主要特点在运用中可分为低、平均、高和超级等不同的水平。

（2）渠道差异化。通过设计分销渠道的覆盖面、建立分销特长和提高效率，企业可以取得渠道差异化优势。

（3）人员差异化。培养训练有素的人员，使一些企业，尤其是服务性行业中的企业取得渠道差异化优势。

（4）形象差异化。有效的形象差异化需要做到：建立一种产品的特点和价值方案，并通过一种与众不同的途径传递这一特点，借助可以利用的一切手段和品牌接触，传递可以触动顾客内心感受的信息。

2. 寻求独特的“卖点”

有效的差异化应该能够为产品创造一个独特的“卖点”，即给消费者一个鲜明的购买理由。有效差异化必须遵循以下基本原则。

（1）重要性。该差异化能使目标顾客感受让渡价值较高带来的利益。

（2）独特性。该差异化竞争者无法提供或者企业以一种与众不同的方式提供。

（3）优越性。该差异化明显优于消费者通过其他途径而获得的相似利益。

（4）可传播性。该差异化能被消费者看到、理解并传播。

（5）排他性。竞争者难以模仿该差异化。

（6）可承担性。消费者有能力为该差异化付款。

（7）盈利性。企业将通过该差异化获得利润。

3. 确定价值方案，开发总体定位战略

消费者根据自身的价值判断进行购买决策，因而确定价值方案就成为企业总体定位战略的核心内容。所谓价值方案是指企业定位所依赖的所有利益组合与价值的比较。消费者往往以此作为价值判断的依据。其公式如下：$V=B/P$，其中：V——价值；B——总利益；P——价格。

4. 灵活进行市场定位

市场定位是一种竞争策略，它显示了一种产品或一家企业同类似的产品或企业之间的竞争关系。定位方式不同，竞争态势也不同，下面分析三种主要定位方式。

（1）避强定位。是指企业力图避免与实力最强或较强的其他企业直接发生竞争，而将自己的产品定位于另一市场区域内，使自己的产品在某些特征或属性方面与最强或较强的对手有比较显著的区别。

（2）迎头定位。是指企业根据自身的实力，为占据较佳的市场位置，不惜与市场上占支配地位的、实力最强或较强的竞争对手发生正面竞争，而使自己的产品进入与对手相同的市场位置。

（3）重新定位。是指对销路少、市场反馈差的产品进行二次定位，旨在摆脱困境，重新获得增长与活力。

企业使用上述基本策略制定某种具体的定位方案时，也可考虑企业自身资源、竞争对手的可能反应、市场需求特征等因素。

第二节 研究顾客群体

一、研究确定客户

顾客是企业的根本，如果企业不能以合理的价格向他们提供他们需要和想要的产品和服务，他们就会到别处去购买。对企业感到满意的顾客会成为回头客，他们会向自己的朋友和其他人宣传你的企业。让顾客满意，就意味着会给企业带来更多的销售额和更高的利润。

市场营销是一门让顾客找你的艺术，是创业者把产品或服务推向市场所制订的计划。它告诉你：谁是你的顾客；他们需要什么；他们想要什么；你怎样满足他们的需要并从中获取利润。你在制订市场营销计划时，要考虑以下几个方面：向你的顾客提供什么样的产品或服务；为你的产品制定顾客们愿意支付的价格；为你的顾客生产和出售产品或提供服务的场所；向你的顾客传递有关你产品或服务的信息，吸引他们购买你的产品或服务。

收集顾客的信息，也就是做顾客方面的市场调查，这对任何创业计划来说都是很重要的。比方说，你成立了一家生产儿童食品的企业，专门为儿童生产早餐麦片，产品中含有丰富的维生素、矿物质和其他营养成分。你相信自己一定能够击败所有竞争对手，因为每一位家长都希望为自己的孩子准备一份营养丰富的早餐。但是，到底谁是你的客户呢？是那些推着购物车，站在货架旁边，对着包装盒比较营养信息的爸爸妈妈们？还是那些对营养成分根本不关心，只惦记着麦片的甜味以及包装盒里的卡通人或玩具的终端用户（“消费者”）——孩子们呢？有没有可能是那些超级连锁店的老板呢？他们可不管什么营养成分和卡通人，这些人关心的问题更加实际：你在广告宣传方面投入了多少资金；填充货源需要多少时间；你是否愿意支付给他们一笔“仓储费”以便占用他们的货架。如果你不能首先满足这些超市老板的要求，那些家长和儿童是不可能有机会看到你的产品的。同时，你要明白，其他企业也可能成为你的潜在顾客。

如果没有自己的销售队伍，你应该先找一位经销商，请他为你销售产品。家长、儿童、超市老板和经销商，这些都是你的“消费者”，你的产品必须满足所有人的需求。通过考虑如何满足这些“消费者”的需求，企业可以提高自己的竞争力。

你在为经销商、零售商、销售代表和其他相关人员提供周到服务的过程中，也为自己的销售工作、企业经营、产品包装盒产品性质制订出一份详尽的计划。如果销售商的货架更适合存放方形产品而不是圆形包装产品的话，为自己的产品选择一个方形包装会大大提高企业竞争力。即便是在互联网直接向“消费者”销售产品，你也会发现在企业和客户之间还存在着许多实体，如一些网站或者帮助客户与你进行联系的搜索引擎都可以成为企业的中间人。因此可以设计一些工作表帮助你确定客户类型。

二、选择合适的市场调查方法

市场调查的方法多种多样，如果你对一种行业很了解，你可以凭自己的经验进行预测。通常，你可以从业内人士那里了解本行业市场大小方面的有用信息。要了解某一产品的市场份额以及顾客的需求和意见并不难，你可以与该产品的主要销售商（批发商）聊聊，听听他们怎样说；也可以通过阅读行业指南、报纸、商业报刊来了解你需要的信息。你还可以抽样访问你选定的那部分顾客，与尽可能多的潜在顾客交流，看一看到底有多少人想买你的产品。

创业者亲自到市场去调查是最可靠的方法。调查前要根据项目预选中碰到的问题，列出详细的提纲和调查要达到的要求，制订时间表，考虑好调查对象、场合和时间，做好调查样本的设计和准备工作。常用的市场调查方法如下。

（一）问卷调查

调查购买者对本项目产品、服务的了解程度、购买欲望、需求多少和使用情况等，即了解市场容量方面的问题。调查有购买意向的顾客对本产品、服务的性能、质量和价格等方面的意见要求。了解顾客对竞争对手产品、服务、营销和信誉等问题的意见。

（二）实地观察

观察前应列出需要重点了解的问题。观察中要做好记录，也可以做必要的询问。主要观察点包括以下三点。

1. 需求量

观察同行企业不同时间的客流量；不同规格产品的适销情况；估计成交量和成交金额。

2. 竞争者

观察竞争者门店的装潢特点、商品陈列方式、商品品种和价格、促销优惠方法、员工情况及顾客沟通的情况；了解他们的供应商是谁。

3. 顾客特征

观察顾客是新顾客还是老顾客；了解顾客消费水平、每次购买数量；顾客对于商品的各种意见，顾客的喜好与抱怨；有无特殊顾客；个人消费和单位团体消费情况如何。

（三）座谈了解

通过各种关系，请同行业经营者（可以是业主，也可以是业务员）、供应商、熟悉的顾客、市场管理人员进行座谈，询问比较专业的问题或难以了解的意见。如政策方面、经营方面、技术方面、市场管理方面的问题和经验，听取投资、选址、产品定位、经营方式等多方面的意见。

（四）向有关专家咨询

针对前期调研中难以获得的，或者不够充分的调查内容，或是后期分析中遇到的困难，可以向有关专家咨询。咨询时首先要向专家提供相关资料和准备咨询的问题，预约好时间。

（五）试销或预展演示

这是实地调查的方法之一。尤其是对于难以把握的决策问题，难以预期效果的重要措施，可以对产品、服务做试展演示，予以验证。为了找到自己需要的信息，虽然工作量非常大，甚至有点让人生畏，但是往往会很有收获。

以上方法可根据不同调查主题和内容灵活运用。所有这些都只不过是第一步。你必须走出去，亲自观察一下实际情况，和其他人交换一下意见，然后自己判断。

三、了解你的顾客

在确定客户的时候（包括终端用户和中间人），一定要详细记录他们的所有特征：年龄、住址、职业、购物习惯和购买心理等，以帮助你了解顾客的情况。你的企业准备满足哪些顾客的需要，把你准备提供的产品或服务列出一张清单，并记录顾客需要的产品或服务的种类。你可以提出下面这些问题，把所有可能影响你的创业因素写下来。例如：顾客想要什么产品或服务？每个产品或服务的哪些方面最重要？规格、颜色、质量还是价格？顾客愿意为每个产品或每项服务付多少钱？顾客在哪儿？他们一般在什么地方和什么时间购物？他们多长时间购一次物，每年、每月还是每天？他们购买的数量是多少？顾客数量在增加吗？能保持稳定吗？为什么顾客购买某种特定的产品或服务？他们是否在寻找有特色的产品或服务？综合以上信息，可以设计一些工作表，帮助你明确客户的特征，通过做顾客调查，你可以得到上述这些问题的可靠答案，有助于判断你的创业构思是否可行。

第三节　了解市场竞争对手

对市场进行调查，只了解你的潜在顾客的情况还是不够的，你还需要了解竞争对手的情况。因为你可能要与提供相同或类似产品或服务的企业竞争，这些企业将是你的竞争对手。

通过了解竞争对手的情况，你可以学到很多东西。通过了解他们经营的方法，可以帮助你去琢磨怎样使你的创业构思变成现实。

一、明确竞争对手

研究竞争对手是市场调研的另一重要部分。你查明你所在的地区还有谁提供与你同类的产品或服务了吗？访问你的竞争对手的商店或网址，和它们的顾客谈谈，从你的竞争对手那里购买一些东西，可能的话还可以成为它们的会员。这样，你总能听到关于它们的销售和其他促销方面的消息。市场调研应包括收集你的竞争对手的具体数据，列出它们的产品的名字和价格，并把你的产品质量与它们的产品相比较。

竞争对手主要来自以下三个方面。

（一）直接竞争对手

直接竞争对手，他们可能也是一些小型企业，同样贴近客户，野心勃勃，想和你一样进入同一个目标市场。虽然对大多数市场而言，每个企业都有各自的生存空间，但是知道自己的竞争对手在做些什么是有百利而无一害的。

（二）大型企业

这是指拥有巨额营销预算的全国性企业。不要因为这些企业太大而自己太小就忽略这个问题，以往那些只有小型企业才能提供的特色服务目前已经被很多大公司采用。实际上他们也是你的竞争对手，尤其是你准备以价格作为竞争手段的时候。

（三）替代消费和惯性消费

这是指客户会把时间和金钱用在其他一些地方。他们可以改造一下厨房或者外出度假，也可以做个美发或者买一件衣服，想花钱的方法很多，不一定要去购买你的商品。作为一个刚刚起步的企业，你是没有充足的营销资金来解决这个问题的。

在大多数情况下，你应该把精力放在直接竞争对手身上，看看他们在做什么，这些竞争对手有哪些优点和缺点，他们的收费标准是什么。

通过查阅通讯录和商品广告，可以确定哪些企业是自己的竞争对手，或者请供应商、经销商告诉你当地有多少企业会和你争夺市场。如果竞争对手参加商展，最好亲自去看一看。也可以征求一下客户的意见，请他们说一说谁是你的竞争对手。

但是，你也不必投入太多的时间和精力去关注竞争对手的一举一动，小型企业的成功与否很大程度上取决于你自己都做了些什么，而不是你的竞争对手做了些什么。

你应该时常留意一下自己的竞争对手，看一看他们正在提供哪些服务，他们的收费标准是什么。如果你把分析竞争对手当作一次学习的机会，就一定可以不断改进自己的产品和服务，或者至少改进企业的营销状况。

二、如何了解竞争对手

（一）点击竞争对手的网站

不要把目光只停留在主页上，仔细浏览一下“关于我们”和新闻信息，以及产品和服务介绍。你需要在竞争对手的网站查找以下内容：产品（服务）介绍、价格、客户名单、员工状况、他们的实力、他们如何给自己定位、他们的目标市场等。

（二）通过“链接”进入对手的网站

接下来，使用 Baidu、Google 等查找能够进入竞争对手的网站链接，再通过查找到的链接进入竞争对手的网站。

（三）查阅相关文章

使用 Baidu、Google 等查阅新闻刊物上近期报道竞争对手的文章。

（四）访问相关行业网站

如果你把某一个具体行业视作自己的目标客户，可以访问相关行业协会的网站。查找一下近期结束的商展会上都有哪些企业参加过展览，借此了解自己的竞争对手正在开展哪些营销活动。

（五）寻找专业公司的帮助

如果你愿意支付一定的费用，可以通过一些专业公司获取这些企业的资料，能够帮助企业了解客户对产品的信赖程度，同时还可以提供具体、翔实的数据，让你全面了解竞争对手的财务状况和信贷状况。

不是所有的研究分析都可以在互联网上进行。你要查一查竞争对手是否在报纸或当地的黄页上刊登过广告，打电话或者登门拜访一下这些企业，看看它们在提供哪些服务，收费标准是什么。不要请求对方为你提供什么建议，只需要向他们索要一些宣传册或者通过电话简单交谈几句就可以了。最好能够加入当地行业协会，面对面了解自己的竞争对手。你可以坐下来，和这些企业的负责人聊一聊，说不定会发现有一些东西对自己很有帮助。

如果以积极的态度来看待这个问题，你会发现正是由于竞争对手的存在才促使自己不断改进产品和服务。产品和服务质量的提高会给你带来明显的经济效益。可以填写类似“企业与竞争对手比较”工作表，如表 8-1 所示，确定和分析你的竞争对手。

表 8-1 企业与竞争对手比较

竞争对手	他们的优势/实力	我的优势/实力
直接竞争对手		
互联网上的竞争对手		
其他消费途径		
惯性因素		
未来可能出现的竞争对手		

在收集竞争对手的资料时，产品价格是重要的一项。确定产品的价格对经营企业来说是一项艰难的工作，尤其是在服务行业，收费标准更是千差万别。当然，要想了解别人的产品价格并不是一件容易的事情。如果运气不错的话，这些企业会在网站或书面材料中公布他们的收费标准。假如你打算开一家零售店或一家餐厅，竞争对手的产品价格很直观，只要自己到他们的营业场所去看一看就清楚了。

但是对有些行业来说，产品价格是在一对一的基础上协商决定的。即使是相同的产品，由于服务对象不一样，价格也会不尽相同。在这种情况下，要想了解别人的产品价格就不那么容易了。要想获得这方面的信息，你需要得到业内人士、客户和行业协会的帮助，有时甚至要和竞争对手的客户联系，通过他们了解其他企业的产品价格。你可以使用“竞争对手的产品价格对比表”，如表 8-2 所示，来记录竞争对手的产品价格信息。

表 8-2 竞争对手的产品价格对比表

	1 号产品/服务	2 号产品/服务	3 号产品/服务
竞争对手 A			
产品价格			
成本			
优势存在的基础			
竞争对手 B			
产品价格			
成本			
优势存在的基础			

三、分析竞争对手

知道了竞争对手后，我们需要分析一下竞争对手到底有什么实力，这对于改进我们自己也很有益处。

（一）了解竞争对手的情况

你可以通过回答下列问题的形式来了解竞争对手的情况：

1. 他们的产品或服务的价格怎样？
2. 他们提供的商品或服务的质量如何？
3. 他们如何推销商品或服务？
4. 他们提供什么样的额外服务？
5. 他们的企业坐落在昂贵还是便宜的地段？
6. 他们的设备先进吗？
7. 他们的雇员受过培训吗？待遇如何？
8. 他们做广告吗？
9. 他们怎样分销产品或服务？
10. 他们的优势和劣势是什么？

（二）思考与分析

把你通过调查收集到的信息做一番整理，然后回答下列问题：

1. 成功的企业有相似的运作方式吗？
2. 成功的企业有相同的价格政策、服务、销售或生产方式吗？

第四节　市场营销经典理论

市场营销就是通过创造、发现和满足消费者的需求（生理的和心理的），来实现买卖双方各自利益（价值交换）的全过程。简单地说，市场营销就是满足他人的需求且自己也能赢利。市场营销可以分为三个基本层次：回应式营销（responsive marketing）；预期式营销（anticipative marketing）；塑造需求式营销（need shaping marketing）。

迄今为止，随着时代和市场环境的变化，市场营销理论先后发生了三次重大变化，先后提出了三种经典的营销理论，即以满足市场需求为目标的4P理论，以追求顾客满意为目标的4C理论和以建立顾客忠诚为目标的4R理论。

一、4P营销理论

20世纪60年代，美国的营销学专家麦肯锡教授提出了4P营销组合策略，即产品（product）、价格（price）、渠道（place）和促销（promotion）。他认为一次成功和完整的市场营销活动，意味着以适当的产品、适当的价格、适当的渠道和适当的促销手段，将适当的产品和服务投放到特定市场的行为。4P理论主要以满足市场需求为目标，从供方出发来研究市场的需求及变化，如何在竞争中取胜。它最早将复杂的市场营销活动加以简单化、抽象化和体系化，构建了营销学的基本框架，促进了市场营销理论的发展与普及，是营销学的基本理论，在营销实践中得到了广泛的应用，至今仍然是人们思考营销问题的基本模式。随着环境的变化，重视产品导向而非消费者导向的4P理论逐渐显示出其弊端，于是，更加强调追求顾客满意的4C理论应运而生。

二、4C营销理论

1990年，美国营销专家劳特朋教授提出了4C理论。它以消费者需求为导向，重新设定了市场营销组合的四个基本要素，即消费者（consumer）、成本（cost）、便利（convenience）和沟通（communication）。它强调企业首先应该把追求顾客满意放在第一位，其次是努力降低顾客的购买成本，然后要充分注意到顾客购买过程中的便利性，而不是从企业的角度来决定销售渠道策略，最后还应以消费者为中心实施有效的营销沟通。与产品导向的4P理论相比，4C理论有了很大的进步和发展，它重视顾客导向，以追求顾客满意为目标，这实际上是当今消费者在营销中越来越居主动地位的市场对企业的必然要求。这一营销理念也深刻地反映在企业营销活动中。在4C理念的指导下，越来越多的企业更加关注市场和消费者，与顾客建立一种更为密切和动态的关系。但是，从企业的实际应用和市场发展趋势看，4C理论依然存在不足。如何将消费者需求与企业长期获得利润结合起来是4C理论有待解决的问题。因此市场的发展及其对4P理论和4C理论的回应，需要企业从更高层次建立与顾客之间的更有效的长期关系。于是出现了4R营销理论，它对4P理论和4C理论进行了进一步的发展与补充。

三、4R营销理论

21世纪伊始，艾略特·艾登伯格在《4R营销》中提出4R营销理论。4R理论以关系营销为核心，重在建立顾客忠诚。它阐述了四个全新的营销组合要素：即关联（relevance）、反应（reaction）、关系（relationship）和回报（reward）。4R理论强调企业与顾客在市场变化的动态中应建立长久互动的关系，以防止顾客流失，赢得长期而稳定的市场；面对迅速变化的顾客需求，企业应学会倾听顾客的意见，及时寻找、发现和挖掘顾客的渴望与不满及其可能发生的演变，同时建立快速反应机制以对市场变化快速做出反应；企业与顾客之间应建立长期而稳定的朋友关系，从实现销售转变为实现对顾客的责任与承诺，以维持顾客再次购买和顾客忠诚；企业应追求市场回报，并将市场回报当作企业进一步发展和保持与市场建立关系的动力与源泉。

市场营销理论经过了长期发展和丰富，形成了一套以经典4R理论为基础的形式多样、不断丰富的综合理论体系。但是，未来肯定还会出现更多日益创新的营销理念和实践方案来完善和发展营销理论体系，从而进一步丰富人们的营销思路。加强营销理论的学习，特别是在实践中的领悟是每一个创业者最为重要的创业功课之一。

第五节　掌握基本营销策略

一、产品策略

产品策略是企业为了在激烈的市场竞争中获得优势，在生产、销售产品时所运用的一系列措施和手段，包括产品组合策略、产品差异化策略、新产品开发策略、品牌策略，产品的生命周期运用策略等。

产品策略强调，企业成功与发展的关键在于产品满足消费者的需求的程度以及产品策略正确与否。因此，企业制定营销战略时，必须明确企业能提供什么样的产品和服务去满足消费者的需求，这是市场营销组合策略的基础。

在产品策略中，分析产品市场是制定策略的基础。我们可以从以下方面分析市场：

（1）全局观念的市场到底有多大？

（2）当前的市场是如何被细分的？

（3）当前的市场趋势是否能指示未来一段时间内细分市场的主要变化？

（4）这个市场的增长率是多少？

（5）目前参与竞争的是哪一细分市场，所占份额有多大？

（6）竞争者所占有的市场份额有多大？

（7）能激发现有消费者更大的购买力吗？

目前，百事可乐国际公司在中国市场的旗舰品牌是百事可乐、七喜、美年达和激浪。国际著名的调查机构尼尔森公司在2000年的调查结果表明，百事可乐已成为中国年轻人最喜爱的软饮料之一。

就产品组合的宽度而言，百事的产品组合远比可口可乐要丰富。可口可乐公司的经营非常单纯，仅仅从事饮料业。而百事公司除了软饮料外，还涉足运动用品、快餐以及食品等。特别要指出的是，2001年8月百事公司宣布并购贵格公司。与贵格的联姻使百事可乐得到了含金量颇高的Gatorade品牌，并大幅提高了百事公司在非碳酸饮料市场的份额。尽管就市场规模而言，非碳酸饮料与碳酸饮料相比不可同日而语，但其成长速度却是后者的3倍。

为了能准确分析产品市场，必须做好市场调查。对首次创业的创业者来说，选择一个正处于上升阶段的产品或服务，无疑是一个明智的选择，但如果因为对市场的了解不足，造成了创业中的不恰当选择，也有可能导致创业失败。

一般的市场调查包括：商圈的选择、顾客情况和市场需求调查、产品/服务的定价等。对大多数首次创业者来说，从实用的角度出发，市场调查可以从以下方面进行。

（1）亲自考察市场，如果要买下一个餐馆，可以到现场观察几天那里的客流量，甚至到那里免费打几天工体验餐馆的商业气氛；

（2）查阅行业资料，如统计年鉴、商业名录和专业报纸杂志等；

（3）与行业专家或者企业家交谈或请教；

（4）参观行业展览会、新产品发布会，参加行业协会活动；

（5）与有关顾客交谈；

（6）听取亲朋好友对做生意和选择行业的看法。

二、定价策略

定价策略是市场营销组合中的关键组成部分。价格通常是影响交易成败的重要因素，也是市场营销组合中最难以确定的因素。企业价格的目标是促进销售、获取利润，这要求企业既要考虑成本的补偿，又要考虑消费者对价格的接受能力，可见定价策略具有买卖双方双向决策的特征。此外，价格还是市场营销组合中最灵活的因素，它可以对市场做出灵敏的反应。企业的内部因素（如企业的营销目标、产品成本）和外部因素（如市场结构、市场需求的价格弹性、市场竞争）都会影响定价。我国奇瑞汽车在高手如林的市场竞争中果断采取“性能低一点，价格低很多；价格高一点，配置高很多”的定价策略，形成了显著的性价比优势，进而在国内外市场取得了骄人的业绩。实践证明，定价策略是中间商和终端用户最敏感的利益分配筹码，精细而合理的定价策略是营销成功的重要先决条件。

在实际工作中，企业的定价方法很多。这里主要介绍几种常见的定价方法。

（一）成本定价法

在实际操作中，创业者需要对企业内部的成本有精确的核算，在此基础上，加上预期的利润，就形成了产品的销售价格。因此，成本定价法适用于产品成本容易核算的企业。如果企业提供的是服务，或者一些生产过程难以直接量化的产品，那么产品成本法就不容易操作。

（二）竞争定价法

如果创业者进入的是现成的市场，它们所提供的产品并非全新产品，在市场上已经有同行竞争者，此时创业者在价格因素中就不得不考虑竞争者的因素。一般来说，同行业的价格水平往往在人们观念中被认为是合理价格，如果创业者的价格与这一价格差距太大，消费者往往会认为企业的产品价格不合理，进而对企业的形象产生怀疑，这对于刚刚创立的企业是非常不利的。因此，许多企业倾向于与竞争者价格保持一致。尤其是在少数实力雄厚的企业控制市场的情况下，作为新进入市场的创业者，由于其资源和能力有限，往往采取价格尾随的策略，根据大企业的价格来确定自己的实际价格。

（三）心理定价法

心理定价策略是根据消费者购买商品的心理动机来制定价格的价格策略。例如，我们常常可以看到很多商家在促销产品的时候价格的尾数标注为 9、99 或者 999，这种定价方法可以使消费者发生错觉，产生购买的欲望。另外一个例子是房地产市场的价格，一些新楼盘在开盘之后，价格往往比区域的平均价格要高上一大截，这一定价方式是利用了消费者惧怕价格越来越高的恐慌心理，常常能够奏效。

（四）混合定价法

在创业实践中，制定价格时往往采取多种定价方式组合的策略。例如，如果企业出售的是一系列产品，他们可能对于高端的产品采取更高的价格，对于一般的产品采用较低的价格。如果企业的目标市场是一些不同的地理区域，创业者也可能对于不同的区域制定不同的价格，在一些消费水平较高购买力强劲的地区，价格定得高些，而在一些消费水平不高经济水平较落后的地区，价格则相对较低。在导入新产品的时候，创业者也有可能在开始的时候把价格定得很高，随着后续的竞争者进入，就开始持续降低价格，拉开与竞争者的距离，这样，创业者初始制定的高价格也为后续的降低提供了空间。

三、销售渠道策略

（一）分销策略

实战中的分销策略可分为以下三种。

1. 独家分销策略

独家分销是指一定时期内企业在某一地区只选择一家中间商销售其产品。这种分销策略要求企业在同一地区不能再授权其他中间商，同时，也要求被授权的中间商不能再经营其他企业的同类竞争品。这类分销方式适用于贵重、高价和需要提供特殊服务的商品或名牌商品。对企业来说，采取独家分销可以调动中间商的积极性，增强对销售渠道的控制力，但机会成本和风险较大。如果中间商选择不当，则有可能“吊死在一棵树上”，从而失去某一地区的市场。

2. 选择分销策略

选择分销是指企业有选择性地确定几家中间商来分销本企业的产品。这种分销方式使用较普遍，它适用于大多数商品，尤其是消费品中的选购品、特殊品以及一些标准化程度较高的工业品。这种分销方式比独家分销面宽，又比密集性分销面窄，企业能通过对中间商的精选，去掉那些效率不高的中间商，易于节省成本和费用，又较易控制和保持经常联系，能更好地督促中间商完成约定的营销职能，效果较好。多数生产商往往先采取密集性分销，以促使新产品迅速上市，而后改用选择性分销，淘汰一部分经营管理差或不守信用的中间商。

3. 密集分销策略

密集分销又称为广泛分销，是指企业同时选择众多的中间商来推销自己的产品。这种分销方式能使企业产品达到最大限度的展现，使顾客能广泛地感知和方便地购买到本企业的产品，适用于日用消费品、冲动型消费品以及工业品中的标准化、系列化、通用化程度高的产品分销。由于这种分销方式对中间商几乎是不加选择，可能会使用一些效率不高的中间商，产品的分销成本可能上升，再加上由于中间商数目太多，生产商往往难以有效控制流通渠道、终端价格和售后服务等因素。

（二）销售模式选择

销售模式，实际上是对某个市场的开发方式，具体可分为直销、经销、无店铺销售和网络营销等类型。

1. 直销

（1）直销的含义。直销最初产生于20世纪50年代的美国。世界直销协会对“直销”的定义是：直销是指在固定零售店铺以外的地方（例如，个人住所、工作地点或其他场所），独立的营销人员以面对面的方式，通过讲解和示范方式，将产品和服务直接介绍给消费者，进行消费品的行销。我国第443号国务院令公布的《直销管理条例》首次对直销明确定义——直销是指直销企业招募直销员，由直销员在固定营业场所之外直接向最终消费者推销产品的经销方式。

（2）直销模式的建立。直销模式的建立需要借助三大要素：公众消费意识的支持；一对一关系的建立与形成；增学原理的运用。

2. 经销

经销是指双方订立协议或相互约定，由供货商向经销商定期、定量供应货物，经销商在本地市场上销售。经销商与供货商之间是买卖关系，经销商必须自垫资金购买供货商的货物，自行销售，自负盈亏，自担风险。

经销协议是供货商和经销商订立的确定双方法律关系的契约，其内容的繁简可根据商品的特点、经销地区的情况以及双方当事人的意图加以确定。通常，经销协议主要包括以下几个方面的内容。

（1）经销商品。经销商品可以是供货商经营的全部商品，也可以是其中的一部分，因此，在协议中要明确指明商品的范围，以及同一类商品的不同牌号和规格。确定经销商品的范围要同供货商的经营意图和经销商的经营能力、资信状况相适应。如商品范围规定为供货商经营的全部商品，为避免争议，最好在协议中明确经销商品停止生产或有新产品推出对协议是否适用。

（2）经销地区。经销地区是指经销商行使经营权的地理范围。它可以是一个或几个城市，也可以是一个甚至是几个国家，其大小的确定，除应考虑经销商的规模、经营能力及其销售网络外，还应考虑地区的政治区域划分、地理和交通条件以及市场差异程度等因素。经销地区的规定也并非一成不变，可根据业务发展的具体情况由双方协议后加以调整。

（3）经销协议还应规定经销商在一定时期内的经销数量和金额。经销数额一般采用最低承购额的做法，规定一定时期内经销商应承购的数额下限，并明确经销数额的计算方法。

（4）经销商品的作价。经销商品可以在规定的期限内一次作价，结算时以协议规定的固定价格为准。这种方法出于交易双方要承担价格变动的风险，故采用较少。在大多数经销协议中采用分批作价的方法，也可由双方根据市场情况定期协商决定。

对经销商来说，要负责做好广告宣传、市场调研和维护供货人权益等问题。

（5）经销期限。经销期限即协议的有效期，可规定为签字生效起一年或若干年。一般还要规定延期条款，可以经双方协商后延期，也可规定在协议到期前若干天如没有发生终止协议的通知，则可延长一期。

为了防止一方利用对方履约中的一些微不足道的差异作为撕毁协议的借口，在协议中还应规定终止条款，明确在什么情况下解除协议。

3. 无店铺销售

无店铺销售是指与店铺销售相对的概念，指经销商不通过店铺而直接向消费者销售商品和提供服务的营销方式。“无店铺销售”是现代市场营销的重要形式之一，但其与各种类型的店铺销售有着运作流程和管理方式上的巨大差异。2004 年 10 月我国开始实施的《零售业态分类标准》首次将五种无店铺销售形式列为零售业态，无店铺销售方式被我国零售业正式承认。继仓储式商场、大型综合超市、便利店成为零售业发展的热点之后，无店铺销售方式极有可能成为国内零售业的新热点。

无店铺销售的基本形式有以下五种：

（1）电视购物，以电视作为向消费电视购物者进行商品推介展示的渠道，并取得订单的零售业态；

（2）邮购，以邮寄商品目录为主向消费者进行商品推介展示的渠道，并通过邮寄等方式将商品送达给消费者的零售业态；

（3）网上商店，通过互联网络进行买卖活动的零售业态；

（4）自动售货亭，通过售货机进行商品售卖活动的零售业态；

（5）电话购物，主要通过电话完成销售或购买活动的一种零售业态。

延伸阅读

美国 EFT 无店铺销售

美国 EFT 网上邮购公司就是这样的无店铺销售公司，该公司于 2001 年荣获国际直销协会“杰出公司奖”，2002 年被选入美国“优秀企业局”会员。EFT 网上邮购公司采用电子商务 B2C 的营销手段，配合奖金回馈消费者的营销策略，再以美国为世界贸易组织成员的条件，利用无国界无店铺销售网上营销优势向全世界各国服务。

根据我国加入世界贸易组织对无固定地点销售做出的承诺，在短短几年内美国 EFT 网上邮购公司产品进入中国市场后，已经受到国内各大城市的欢迎和认可。主要是美国质检部门为该公司生产销售的高科技保健品、汽车保养品以及清洁类产品颁发了合格证，国际 KSA 质量认证部门也对该公司的产品发了品质保证书。由于美国 EFT 网上邮购公司的销售模式对我们来说是一种新的概念，消费者对该公司的销售模式表现出极大的兴趣，产生了积极购买产品的热情是正常的。随着我国市场经济的不断完善，法制的不断健全以及国内外营销方式的不断进步，这种网上购物——无店铺无国界营销模式一定会在中国大地上更加健康地发展。

4. 网络营销

网络营销有广义和狭义之分，广义的网络营销指企业利用一切计算机网络进行的营销活动，而狭义的网络营销专指互联网营销。近年来，网上购物发展很快，已占无店铺销售的 90%以上，成为无店铺销售的主要形式。据易趣网董事长邵亦波介绍，目前在易趣网上，每天有近30万人网上购物，有3.5万个商品成交，月交易额达2.5亿元。

四、促销策略

促销策略是指企业如何通过人员推销、广告、公共关系和营业推广等各种促销方式，向消费者或用户传递产品信息，引起他们的注意和兴趣，激发他们的购买欲望和购买行为，以达到扩大销售的目的。企业必须在适当的地点，以适当的价格，将其产品出售的信息传递到目标市场。

常见的促销方式有两种：一是人员推销，即推销员和顾客面对面地进行推销；另一种是非人员推销，即通过大众传播媒介在同一时间向大量顾客传递信息，主要包括广告、公共关系和营业推广等多种方式。这两种促销方式各有利弊，可以互为补充。此外，商品目录、单页海报、赠品、店标、陈列、现场示范、展销等也都属于促销手段范围。好的促销策略往往能起到多方面作用，如提供信息情况、引导采购、激发购买欲望、扩大产品需求、宣传产品卖点、树立产品形象、维持市场份额、巩固市场地位等。常见的促销技法有以下几种。

（一）赠品包装促销

包装促销的主要目的，是希望凭借特殊的包装在零售货架上吸引客户眼球。包装赠品促销一般可分为以下四类。

1. 包装内赠送

这是将赠品放在产品包装内附送。此类赠品通常体积较小、价位较低，但如今也可能提升至大规格、高价值的东西，如把毛巾、餐具、酒具等附在装电冰箱的箱子内赠送。

2. 包装上赠送

就是将赠品附在产品包装上，而非置于包装内。可用透明纸将赠品包装在产品上，也有的将优待券、折价券等印在包装盒上或纸箱上，以便于消费者剪下使用。当赠品与商品彼此关联时，比如，买刮胡刀送刮胡膏，买咖啡送咖啡杯，买罐头送开罐器，买高档酒附赠香烟和打火机等，都极易吸引消费者的购买兴趣。

3. 包装外赠送

此促销方式的赠品通常体积较大，无法与产品包装在一起，但可摆在产品附近，常在零售点内送给顾客，方便消费者购物时一并带回家。例如，美国利佛兄弟公司（Lever Brothers）与玛活漫画公司（Marvel Comic Group）共同发展了一个特殊的“包装外赠”活动，凡买Aim牙膏即可获赠蜘蛛人连环漫画书（spiderman comic book），全书以漫画描绘牙齿保健的故事，利佛公司更在漫画书封底举办“生日大抽奖”活动，这搭配得如此出色的促销创意，终使利佛公司收益颇丰。

4. 可利用包装赠送

利用包装的最大卖点是当产品用完时，附赠的产品容器可再来装其他的东西。这类赠品在药品、保健品和饮料类产品中被广泛采用。

（二）免费样品

免费样品是将产品直接送达消费者手中的最便捷的促销方式，目的是刺激对新产品或改良后产品的尝试购买意愿。但免费样品促销也不是适合所有商品。通常，当产品差异性或特点优于竞争品牌时，运用样品赠送的效果尤佳。

常见的免费样品赠送方式有以下五种，创业者可酌情运用。

1. 直接邮寄

直接邮寄是样品发送的最佳方式，但寄送方式的最大问题，在于要受样品投递范围的限制，尤其是一些新区域或快递公司服务未辐射到的盲区。此外，邮寄方式是以重量计价的，成本昂贵。

2. 逐户分送

国内部分大城市已有一些食品、日用品公司采用此法促销，它们大多是委托专门的直销公司或大中专学生执行分送任务。

3. 定点分送及展示

即直接将样品交到消费者手里，通常是选择在零售店、购物中心、繁华街口、转运站或人流量大的公共场所，将样品分送给消费者，并同时宣传产品的使用和销售信息。

4. 零售点分送

在零售店内销售试用样品，已成为一项重要的新型促销方式。

5. 凭优待券兑换

消费者凭邮寄或媒体分送的优待券，可至零售店兑换免费样品，或是将优待券寄给厂商，以换取样品。

（三）竞赛与抽奖

“竞赛与抽奖”是一种能够让消费者深感兴奋并期待中奖喜悦的有效促销活动。多年来，营销人员挖空心思不断寻求诱人的奖品以吸引消费者，从无数的礼品商品赠送到金银珠宝、彩电、汽车等，几乎无所不用。而事实上，营销人员之所以不计血本地送出千百种奖品，目的都在于吸引消费者踊跃参加该促销活动。

最广为流行的抽奖类别有两种：一是直接式抽奖，即中奖者是从所有参加者中抽出；二是兑奖式抽奖，厂商事先选定的数字或标志，一组奖券派送完成或到指定日期后，经由媒体告知消费者，参加者只要符合已选定的数字或标志，即可中奖。“健力宝”饮料和“绿得”八宝粥就是国内抽奖方式的早期代表，其规模也甚为宏大，吸引了无数消费者。

还有一种抽奖方式是要求消费者根据商品标签、包装或广告来回答问题，然后厂商再从答案正确的参加者中抽出幸运中奖者。这在家电类产品和营养保健品等竞争激烈的产品中应用较多，是各厂商进行品牌识别的一个简单而极为有效的宣传促销方式。

（四）优待券

优待券是运用最为广泛，成效最显著的促销之一。以往，优待券一直被认为是持有人在购货时享受折价、特惠价或换取某种赠品的一种凭证。而最近优待券则被运用于提供消费者各式各样的优惠奖励上，从退费优待到联合促销，甚至赠送免费样品，不一而足。优待券运用的方式很多，但是在某种产品或服务未能如期销售或获利时，为协助其达到预期的目标所特别策划的促销活动，以赠送优待券最具效果。因散发方式的不同，优待券可分为以下三类：

（1）直接送达消费者的优待券；

（2）媒体发放的优待券；

（3）随商品发放的优待券。

其中，随商品发放的优待券是通过商品发送，借助“下次购买时享受优惠”的卖点来吸引消费者的。这种方式外资和合资公司较常用，值得创业者借鉴。其运用的方式可分为“包装内”和“包装上”两种。所谓“包装内”，即指将优待券直接附在包装里面，并在商品外包装上“标贴”注明以吸引消费者注意。在食品类商品使用包装内优待券时，应严格执行食品管理法规。

思考练习

1. 简述市场细分的意义。
2. 简述目标评价要点及策略。
3. 简述市场调查的常用方法。
4. 简述常用了解竞争对手的方法。
5. 简述基本的营销策略。

CHAPTER

第九章 创业企业风险及防范

引导案例

2017年全国大学生创业优惠政策汇总

黑龙江：大学生可以优先转入相关专业学习，允许保留学籍休学创业创新，和毕业生一样享受国家的自主创业扶持政策，到2020年，将有1/10的应届高校毕业生参加创业培训。哈尔滨市对大学生创业项目给予补贴。凡大学生在哈市创业的，在城镇创业的对其创业项目给予2000元的一次性创业项目补贴；为鼓励大学生返乡创新创业，对返乡到农村（乡镇及以下）创业的大学生给予3000元的一次性创业项目补贴。对科技含量高、市场潜力大、能在短时间内形成经济增长点的优秀和重点科技创业项目，经评审给予20万元至30万元经费资助；开展大学生创业大赛与大学生创业典型评选活动，大力扶持网络创业。

江西：高校学生休学创业最多可保留7年学籍，财政每年注入1000万元资金充实青年创业就业基金，每年重点支持1000名大学生返乡创业。

天津：对高校毕业生、留学回国人员注册资本50万元以下的公司可零首付注册，开辟“绿色通道”支持自主创业。

浙江杭州：大学生创业项目申请无偿创业资助的，资助金额的额度从原来的最高10万元提高到20万元；“实行房租补贴机制”——大学生创业园所在城区政府为入园企业提供两年50平方米的免费用房，对在创业园外租房用于创业的，由纳税地财政在两年内按标准给予房租补贴，补贴标准为第一年补贴每天1元/平方米、第二年每天补贴0.5元/平方米（实际租用面积超过100平方米的，按100平方米计算；房租补贴超过实际租房费用的，按实际租房费用补贴）。

重庆：半年以上未就业有固定户口的大学毕业生可在其户口所在地居委会登记，申请3000~4000元人民币的银行抵押和担保贷款；自谋职业的毕业生，根据本人意愿，可将户口和人事档案暂存就读学校2年或由市大中专毕业生就业指导中心存管2年，存管期间免收档案管理费。

四川：大学生创业可享有万元创业补贴、创业培训补贴和在校大学生创业担保贷款贴息等福利。

福建：*2014—2017* 年，引领 *3* 万名大学生实现创业，在全省各地和高校扶持建设 *50* 个创业孵化基地（创业园）。每年为 *1000* 名创业大学生提供孵化服务，评选资助一批优质大学生创业项目。

江苏南京：河西金融集聚区的专项资金将由每年 *6000* 万元，扩充至每年 *1* 亿元。建邺区财政将每年安排 *3000* 万元，设立专项扶持资金，用于扶持大学生创业小额担保贷款贴息等，凡在建邺区工商登记注册的初始创业大学生，按每人 *1000* 元的标准给予创业补贴。凡经市级验收评定为“大学生创业园”的，给予 *30* 万元的一次性建园奖励补贴。

陕西：高校毕业生可接受 *SYB* 模块培训（“创办你的企业”），培训合格后 *6* 个月内成功开业且在开业后 *6* 个月内提供不少于 *3* 次后续跟踪指导服务、开业单位（企业）正常经营的，再按 *800* 元/人对创业培训机构给予补贴；每人每年可享受一次；组织相关专家对创业项目进行论证，提供开业过程中的信息咨询，指导办理工商、税务注册登记手续；个人自主创业且符合申请小额担保贷款条件的，可申请不超过 *10* 万元的贷款扶持；合伙经营或组织起来就业的，可申请不超过 *50* 万元的贷款扶持。

山东：扩大省级大学生创业孵化基地、创业园区支持范围，通过财政奖补支持，鼓励政府、高校和企业建设一批孵化条件好、承载能力强、融创业指导服务为一体的创业孵化基地和创业园区，为劳动者提供优良的创业平台。

安徽合肥：给予创业培训补贴和房租、水电费补贴，为大学生提供最高 *10* 万元小额担保贷款。

内蒙古：重点支持大学生到新兴业态创业，支持社会力量举办创业沙龙、创业大课堂、创业训练营等创业培训活动

西藏拉萨：首个大学生创业孵化园预计将于 *2016* 年 *6* 月完工建成，届时，拉萨市的大学生们可以在孵化园内直接享受到减免场租费等多项“政策红包”。

新疆乌鲁木齐：在天山区建创业孵化基地，既为创业者提供场地、给予政策帮扶，还让在校大学生进行创业实习，为他们今后的创业积累经验。

市场经济从微观角度来说是一种风险经济，新创企业作为市场的基本单位时刻置身于风险之中，越是开放发达的市场经济，其中隐藏的风险和不确定性越大。企业风险评估的确立是全面开展科学的风险管理的先决条件。竞争日趋激烈的多元化社会，企业面临各种可能发生的危机。自 2003 年暴发 SARS 以后，危机管理在我国成为一个热门概念，公共机构和企业都开始重视危机管理。从中国企业创业失败比率较高的现状来看，其主要的原因就是创业者对新创企业存在的风险和创业危机缺乏正确的认识，处理不当，从而导致了创业失败。

任何创业都不可能没有风险。没有风险，也就失去了创业的价值和意义。勇于承担失败的风险和拥有风险评估能力是创业者必备的素质。事实证明，创业者多半是不轻言失败和放弃的。创业者如果没有冒险精神和竞争的冲动，是很难迈出创业第一步的。关键在于对创业

风险的正确评估以及对创业危机的有效预防和管理。

第一节 创业风险概述

万事开头难。毫无疑问，创业是一个需要面对并战胜众多困难的艰苦过程，但新创立的企业往往规模小，资金实力薄弱，各项工作都处于起步阶段，因而此时的企业抗风险能力最差，如果不能对创业时期的各种风险实施有效的管理，将会使企业举步维艰，甚至可能使新生的企业夭折。

发达国家的新建企业中，只有一半能维持生存 18 个月，而仅有 1/5 能生存 10 年。在倒闭的企业中，70%的企业生存时间不足 3 年。我国的情况也相似，每年有成千上万的新企业因为决策或经营管理上的失误而停业。企业的自然淘汰率相当高，从改革开放至今，能够存活下来的只占 20%~30%，因此，如何对风险进行评估和化解，对创业企业来说至关重要。

一、风险评估的概念与任务

创业者应该辩证地认识风险。创业者一方面必须从全局监控的角度出发采取各种办法认识风险的存在，尽力避免和减少遭受风险带来的损失。与此同时，创业者也应该清醒地认识到，没有风险就不会有超额利润或收益，因此，有得必有失，发生一定的损失是不可避免的，问题的关键在于密切监视这些风险并将损失控制在可接受的范围内。现代企业面对的运营环境变化莫测，无论社会结构、科技、经济、环保及政治等因素，都使企业面对种种不确定因素。新创企业若要生存，必须在回避风险、寻找商机之余，有效确保经营利益。创业风险评估的目标，也就在于如何正确发现及识别创业风险，从而为有效地控制风险奠定基础。

（一）风险的概念

风险是引致损失事件发生的一种可能性。所谓风险首先强调了损失事件的存在，这种损失是不可测定的。风险事件并非特指不幸的事件，因为风险不仅仅与损失相联系，而且与赢利相联系，这对认识、管理风险有更积极的意义。风险是可以被感知的客观存在，无论从微观角度还是从宏观角度，都可以对其进行判断和估计，从而对风险进行评估和有效的管理，正是风险的这种可识别性和可管理性，使得各类组织越来越重视对他们所面临的各种风险进行评估和管理，从而更顺利地实现组织的目标。

（二）风险的特征

风险的特征指的是一般风险的共同性质。新创企业面临技术风险、市场风险、财务风险、管理风险、环境风险等一系列风险难题，其风险具有如下基本特征。

1. 客观必然性

风险是由客观存在的自然现象和社会现象引起的，它本身是一种不以人的意识为转移的客观存在。风险具有客观性，那么产生风险的前提条件在完全消除之前，风险的发生是不可避免的。虽然风险的存在是客观的必然，但由于风险是未来的结果，对风险程度的评价是主观的，是人们根据所掌握的客观规律做出的主观判断。对风险的选择也是主观的，取决于人们对风险的主观判断和自身承受风险的能力。也就是说，人们在风险面前是具有主观能动性的，主观能动性作用的效果取决于主观的判断和选择是否与客观变化规律相符合。

2. 不确定性

风险的发生是必然的，但是，风险是否发生，在何时、何地发生以及将如何发生、损失的程度如何等完全是一种偶然的、杂乱无章的组合和不确定的结果。单个风险的发生具有偶然性，风险损失往往是偶然和不确定的。风险产生的不确定性是由风险形成过程的复杂性和随机性决定的，而人们对其产生不能完全理解和全面掌握。

3. 可度量性

风险是无法达到期望结果的可能性，这种可能性起源于不确定性，但又不同于不确定性。风险与不确定性的区别在于：不确定性强调未来有不同的结果，风险强调未来结果发生的可能性。尽管风险具有不确定性，但是任何事物的产生、发展都不是偶然的，而是有规律可循的，因此，随着科学技术的进步和人们素质的提高，风险的规律是可以逐步被认识和掌握的。企业可以根据以往类似事件的统计资料，运用一定的技术方法，对各种结果发生的概率做出估计和判断。如果风险程度不能加以度量，风险管理便失去了存在的意义。

4. 双面性

风险具有两面性，既有损失的一面，又有风险价值的一面。风险的这一特性有助于我们全面把握风险的实质。既要看到风险的危害性，提高风险的控制能力，实现风险的消除、转化或降低；同时要加强对风险规律的探索和研究，准确把握时机，进行科学决策，获取风险收益，促进企业快速发展。

5. 转移性

随着诱发风险的客观条件的变化和风险管理措施的采取，风险的形态、后果、性质在一定条件下会发生转化。风险转移性的基本表现有以下三点。一是风险性质的转移。风险会随着风险管理措施的实施，由一类风险转化为另一类风险。二是风险承担者的转移。通过一定的风险管理机制，可以把风险从一部分人身上转移到另一部分人身上。三是风险形态的转移。随着科学技术的进步发展，消除风险与制造风险几乎是同步的，高科技在提供征服自然能力的同时，又带来了新的风险。

（三）风险的类型

根据划分标准不同，创业风险大致有以下三种分类方法。

1. 按风险来源分类

根据风险来源可将风险分为非系统风险和系统风险。非系统风险是指企业一定程度上可以控制的风险因素，主要包括技术风险、财务风险、管理风险等。这类非系统风险又称可分散风险，它可以通过设立风险防范机制来加以控制或化解。系统风险是指企业本身控制不了的风险因素，主要是指企业所面临的环境中的风险因素。主要包括市场风险、政策风险、自然风险等。系统风险又称不可分散风险，创业者只能在创业过程中尽量回避。

2. 按创业阶段分类

就新创企业产业化过程而言可分为四个阶段：技术开发阶段、产品开发阶段、生产能力开发阶段和市场开发阶段。新创企业的风险也就相应分为技术开发风险、产品开发风险、生产能力开发风险和市场开发风险。一般企业的生命周期由种子期、创建期、成长期、扩充期、成熟期和衰退期构成，从这个角度来看，风险也就相应地分为种子期风险、创建期风险、成长期风险、扩张期风险、成熟期风险和衰退期风险。

3. 按风险成因分类

按照风险产生的原因可以将风险划分为主观风险与客观风险。主观风险本质上是创业者一种心理的不确定性，而这种心理的不确定性源于个人的思维方式和心理状态。客观风险和主观风险的不同之处主要在于其更精确的可观测性以及由此而来的可衡量性。主观风险解释了在不同形势下做出不同决定的人们的行为。因为创业者总是希望找到“安全途径”，即使在其他途径并无风险时也是如此。客观风险主要表现出一种客观存在性，但持不同风险态度的人对其的处理方式是不一样的，所以仅知道客观风险是不够的，还必须了解人们对风险的态度。

（四）风险评估的任务

新创企业通过对风险的识别、衡量和控制，以最小的成本使风险损失达到最低的程度。创业风险评估的任务主要有以下三方面。

1. 减少决策失误

通过风险识别、评估与预测，运用各种控制手段对风险进行处理，有助于减少新创企业生产经营中的各种风险，避免决策失误。正确的经营决策必须综合考虑企业内外部因素，否则会因缺乏长远规划或者定位不当而使企业陷入困境。

2. 保障财务安全

在新创企业的发展过程中，资金问题一直是困扰创业者的主要问题。由于缺少积累，往往资金实力薄弱，现金流量不足，创业者常常通过各种渠道争取对企业的投入。即使是有一定实力的企业，也往往会遇到资金周转不灵的困扰。所以，采用合适的风险管理，有助于降低管理成本，使企业资金得到更有效的使用。

3. 实现经营目标

企业的首要经营目标是盈利，增加收入和减少支出是实现盈利的基本途径。通过风险评估和管理，以最少的支出达到最小的损失，有助于企业增加收入和降低支出，提高经济效益。企业通过及时把握风险因素，排除各种经营障碍，合理调整营销策略，为经营目标的实现提供了保证。

二、风险评估的途径和方法

创业风险评估是企业依据创业活动的迹象，在各类风险事件发生之前运用各种方法对风险进行的辨认和鉴别，是系统地、连续地发现风险和不确定性的过程。由于创业的特殊性，企业除了要识别如国家经济政策的调整、市场需求的变化等显性风险，还要识别当某一形势变化的连锁反应所可能带来的半显性风险，同时还要识别遭遇突发事件的隐性风险。

（一）风险评估的基本途径

1. 环境分析

企业环境的构成极其复杂。自然、经济、政治、社会、技术等环境构成宏观环境，而企业的微观环境主要包括投资者、消费者、供应商、政府部门和竞争者等。创业风险评估的环境分析是指通过对环境的分析，明确机会与威胁，发现企业的优势和劣势，找出这些环境可能引发的风险和损失。运用环境分析法，重点是分析环境的不确定性及变动趋势。分析环境中的变动因素及其相互作用对企业的各种制约和影响。此外，应从整体角度分析外部环境与内部环境的相互作用及其影响程度。

2. 财务分析

财务分析是以新创企业的资产负债表、利润表以及财务状况等资料为依据对企业的固定资产、流动资产等情况进行风险分析，以便从财务的角度发现企业面临的潜在风险。由于财务报表的特点，可以使管理人员便于掌握资料，提高风险评估工作效率。报表集中反映了企业财务状况和经营成果，通过报表分析，可以为发现风险因素提供线索。

3. 专家调研

专家调研是一种重要而又广为应用的风险评估途径。运用专家的经验、知识和能力，发挥专家的特长，对风险的可能性及其后果做出判断和估算。运用专家调研的基本步骤为：一是选择主要的风险项目，选聘相关领域的专家；二是专家对各类可能出现的风险进行评估；三是回收、整理、分析专家意见，再将结果反馈给专家；四是把专家的第二轮结果分析汇总，以此类推，直到结果令人较满意为止。

（二）风险评估的主要方法

风险评估就是在识别出的风险基础上，结合定性与定量分析，主要利用统计分析技术方法对风险进行测量。它是风险管理中最关键的环节。常见的风险评估方法有以下几种。

1. 德尔菲法

德尔菲法又称专家调查法，即通过建立风险评级表和风险指数，组织专家对各风险项目进行打分而判定风险程度的风险估计方法。企业针对某个风险同时咨询多个专家，专家们根据自己的经验做出各自的评估；再综合这些评估得出一个折中的结果，把该结果送交给专家们，专家们据此对自己的评估进行修改，直至达到一致。德尔菲法的优点是简单易行，取各家之长，避各家之短，有一定的科学性和实用性，缺点是仍属主观判断，所需时间较长。

2. 概率估计法

该方法首先估测出各种风险事件发生的概率及其结果的大小，然后求出其期望和方差，从而判定风险的大小。概率通常有以下两种。一是客观概率。这主要是根据大量试验，利用大量统计数据采用统计方法进行估算。具体可用累积频率分析法和时间序列预测法。二是主观概率。有些风险事件是在不可能做出准确分析，很难计算出客观概率，而又必须做出估计的情况下产生的，一般组织有关专家对风险事件的概率做出合理的估计。风险结果的估测具体可采用回归分析法、计量模型法和敏感度分析法。概率估计法具体又可分为概率树与逻辑树分析法、外推法、蒙特卡·罗模拟分析法等，该方法是风险评估的主要方法。

3. 风险价值法

风险价值定义为在一定时期内，一定的置信水平上可能的最大损失。它可将企业的风险大小以一定的货币量表示出来，实现不同风险的相互比较。目前求解风险价值主要有两种方法：参数方法和模拟仿真法。风险价值是一个概括性数值，能够直接刻画企业具体的风险大小，较之以往以方差来代表企业风险的做法有了很大的改进。

4. 层次分析法

层次分析法是一种定量和定性分析相结合的多目标决策方法。利用层次分析的递阶层次结构模型，企业将风险评价总目标进行逐层分解，得到从不同方面衡量风险的多变量准则层，每个待评估的方案按不同准则相互比较，构建判断矩阵，求出矩阵最大特征值对应的特征向量，便可得到项目风险大小关系。层次分析法可很好地处理定性和定量相结合的问题，将决策者的主观判断与政策经验导入模型，并加以量化处理。

5. 模糊综合评价法

在风险评估过程中，有许多事件的风险程度很难精确描述或用数字准确地表达出来，而要用一种边界不清楚的概念来表示。对这类风险的评估，可引入模糊数学的相关理论和技术，构建风险评价指标集和评语集，得到综合评价矩阵，根据合成算子求出风险总评分。

另外，还有其他一些风险估计方法，如全面风险管理法、敏感分析法、风险调整贴现率法、肯定当量法。而在实际估计新创企业的风险时，应结合企业的具体情况和要求及各种方法的适用性来选用合适的不同估计方法。若能同时或交叉使用几种方法对同一种风险进行估计，则效果更佳。

三、风险评估过程注意事项

（一）新创企业风险因素的特征

新创企业的风险是一个多主体、多因素以及多阶段的动态系统，与企业成长过程的不确定性密切相关，而且其风险因素不仅来自外部环境，更来自新创企业内部。新创企业的风险因素可分为以下几方面。

1. 客观风险因素与主观风险因素

客观风险因素，是指由于客观因素导致创业失败的可能性，如市场的变动、政策的变化、竞争对手的出现、创业资金缺乏等。主观风险因素，是指由于创业者或创业团队的身体与心理素质等主观方面的因素导致创业失败的可能性。

2. 系统风险因素与非系统风险因素

系统风险因素是指创业企业本身控制不了的风险因素，主要是指创业环境中的风险因素，主要包括：市场因素、政策因素和自然因素。非系统风险因素是指创业企业一定程度上可以控制的风险因素，主要包括：技术因素、财务因素和管理因素等。

3. 可管理的风险因素与不可管理的风险因素

可管理的风险因素是指那些在企业成长过程中出现的可回避或可控制、可转移、可分散的风险因素。对那些既不可回避，又不可控制、不可转移、不可分散的风险因素称为不可管理风险因素。

（二）新创企业风险识别的原则

新创企业风险识别直接关系到风险评估和风险防范的好坏，因此需要遵循一些基本原则。

1. 系统性原则

系统性原则要求在风险识别时要将新创企业的参与方视为一个系统，以系统整体风险的最小化为准绳，系统中各子系统的风险相互关联、相互作用，系统内外的风险相互可以传递，即外界的风险会传递到企业中来，新创企业的风险亦会通过一定的媒介传递到周围环境中去。新创企业的风险与社会上其他风险是相互关联的，有时甚至互为因果，它们之间亦有可能通过风险传递的乘数效应而将风险放大。因此，在风险识别时，应该将各个子系统的特性放到大系统的整体中去权衡，以整体系统的总风险最小化来衡量各个子系统的风险，真正识别出新创企业的风险事件和风险源，将那些局部的细微风险忽略，在宏观层面上把握住企业合作创新风险的脉络，有利于组织风险管理资源的合理、经济使用。

2. 谨慎性原则

谨慎性原则的本质就是资本保持或资本维持，其经济含义是只有在资本得到维护或成本得到弥补以后，才能确认收益。新创企业在风险识别过程中，必须认真对待每一个不确定性因素或风险源，不随意排除风险源的存在，只有在对风险源进行了很好的分析和控制，并经风险管理人员以及相关的专业人员确认此风险源不会形成有影响的风险事件之后，才可确认风险的排除。正所谓“失之毫厘，谬以千里”。很多引致巨额损失、影响面大的风险事件都是由一些看来微不足道的细小风险源开始的。

3. 动态性原则

动态性原则是指必须以动态和发展的眼光看待新创企业面临的各种风险。在新创企业中，各参与方对其在项目完成后可能获取的收益或是损失也处于不断调整之中。即使是在项目开始前已经有了很好的项目评估，参与人心里已经有了确定的预期，但随着周围环境的变化，还是会不断地调整预期，即风险总是处于一种动态的变化之中。因此，必须要以敏锐的眼光、专业的精神去捕捉不断变化的、不断涌现的风险源，对原有的风险源进行重新审视，将那些以前视作风险源，而在新的时期不再成为风险源的因素去除；将以前忽略掉而在新的时期里可能形成风险事件的风险源予以重视，始终保持风险识别和风险管理的动态性。

4. 全程性原则

全程性原则是指企业风险识别必须贯穿全过程。从前期准备开始直到产品上市销售的所有过程中，必须不断地对各个过程中所出现的风险源和风险事件进行识别，而不是仅停留在某一阶段或某一过程上。创业是一个牵涉面广、过程复杂、涉及程序多的系统工程。各过程之间既相互独立又相互有内在逻辑联系。前一过程的输出即是后一过程的输入，前一过程的风险有可能顺着过程向后传递。创业的每一个阶段、每一个过程，风险源于不同的因素，风险事件的发生概率也会相差很大。必须对新创企业的每一个过程、每一个阶段进行跟踪，不断地对过程中的风险源进行动态的识别，抓住每一过程中的主要风险源，防范风险事件的发生，使新创企业风险得到全程的有效监控和管理。

5. 全员性原则

全员性原则是指新创企业风险的识别不能仅仅依靠少数的管理人员或是技术人员，而必须依靠参与企业创新中来的所有人员，包括管理人员、设计人员、技术人员、生产人员、销售人员等。新创企业风险存在于企业运行过程中的任何时间、任何地点，不可能指定过多的风险管理人员来负责此项工作。事实上，从微观层面上讲，新创企业风险的识别、传导与评估研究创新是由具体参与的工作人员来完成的，风险源就藏匿于这一个个工作及其周围环境之中，风险源有多少、各自形成风险事件的概率和可能造成的损失大小等都是第一线参与人员最先知道。新创企业风险管理人员必须充分发挥全员的力量，对藏匿于每一个具体工作中的风险源和风险事件一一加以全面地识别。

第二节 创业各阶段风险分析

创业是一种高风险的活动。虽然市场有效性在逐渐提高，信息可得性也在逐渐提高，然而创新的不确定性却增大了，创业的风险也会进一步加大。当前的创业大多发生在高科技产业，如信息、生物、新材料、新能源，等等，更多是凭借创业者的高智力劳动进行的，高智力劳动使得创新过程更难以把握，创新结果的不确定性更大，这也会加剧创业的风险。

创业阶段一般从开始有创业的准备到进入稳定发展扩张。创业阶段的具体工作包括企业从有一个好的创意，到开始注册公司，到后来成为稳定、可盈利的企业。一般要经过以下若干环节：创意—第一笔投资—注册（组建公司）—产品开发—新品上市—市场营销—构建经营网络—完善组织结构—盈利。跨过这一阶段就进入了再融资、扩大规模的发展阶段。创业前期、创业过程和创业后期很难截然区分，各类风险在创业的各个时期都一直存在，只是由于阶段的不同各类风险表现的强弱不同而已。

一、创业前期面临风险

本书提出的“创业前期”从本质上讲是指创业活动从酝酿走向企业生存的阶段，它应包括孕育、论证、筹建、开业等过程。按照企业生命周期理论，这个阶段是最容易遭遇挫折或失败的，遇到的主要问题是资金不足，缺乏长期目标和长期投资能力，或者将短期资金用在长期项目上，不注意资本运用和资本结构，经营管理缺乏计划和目标，投机意识强，风险意识差。所以，在遇到复杂情况或困难时缺乏应变策略和抗风险能力。

（一）项目风险

1. 时机不当

国家有规定许多的行业是不能由私营业主经营的。也有一些行业原先允许经营，因政策改变而受到限制，甚至会无限期对某个行业关停并转等，作为创业者这些都要事先了解清楚。所以，有的创业者创业不久就受到国家、地方新颁布的行业管理条例所限制，造成资源浪费或无法经营。如果产品的生命周期太短，又或者生产出来的产品不合潮流，产品面世不久就遭到淘汰命运，这种不合潮流容易被淘汰的产品，在创业之后，短期内就很可能遭到失败的命运。

2. 盲目跟风

有些创业者在确定经营方向时爱盲目跟风，哪行赚钱就做哪行，对当下市场的需求变化匆忙做出反应。然而，市场运作有其自然周期，“一窝蜂”热潮有时意味着“恶性竞争”即将来临。一些创业者由于缺乏全面管理的能力，没有建立必要的财务会计的管理系统，企业的重大决策缺乏可靠依据，草率估算或低估企业的资金需求，错误选择设备和技术。因此，创业前周密的市场调查和理性的分析尤为重要。成功的创业者关键就在于迈好了这第一步，而创业失败的案例中，不少创业者就是夭折在这一关。

（二）资源配置风险

1. 资金短缺

只有提供足够的现金，创业项目才能实施，企业才能生存。资金短缺，必将影响企业的营利能力和偿债能力，从而影响企业的信用等级和资金周转，甚至资不抵债，走向破产。处在创业前期的企业融资条件苛刻，只能主要依靠自有资金运作来创造自由现金流。自由现金流一旦出现赤字，企业将发生偿债危机，甚至导致破产。有些创业者对现金流入的状况预设太理想，在没有足够的流动资金的前提下就贸然创业，在遇到困难需要坚守一段时日时，就因为没有充足的流动资金而捉襟见肘。产生现金风险的主要原因有：过分注意利润和销售的增长，忽视现金管理；固定资产投资过多，使资金沉淀；不考虑条件和时机，盲目扩张。

2. 配置失衡

在创业初始阶段，有限的资源应该用在刀刃上，要精兵简政。创业初期的企业规模必须精简，生产、管理和营销要有效率、重实质，不能一味追求表面的浮华，徒增费用，不要着急过大老板的瘾。有些创业者在创业初期提出不切实际的扩张目标，盲目铺摊子、上规模，结果只能“企而不立，跨而不行”。

（三）管理风险

由于创业者管理经验不足，在创业前期管理风险凸显。比如用人不当，造成不必要的内耗；财务制度有漏洞，导致损公肥私现象产生；有些时候由创业者本人独自管理全部业务的局面难以为继，但却不愿意或不放心授权别人分担责任，也不注意建立一个管理班子；不采用有效的领导和管理方式，工作不论轻重，事必躬亲，认为“只有我才能干好”，对下级缺乏信任感。一些创业者只强调员工的忠诚，而不重视员工的利益。一旦员工提出利益诉求，创业者就视其为不忠，从而影响彼此的有效沟通和合作。利益是任何员工生存和成长的根本物质基础，如果创业者忽视这一问题，不但难以吸引优秀的人才，就连已有的人才也将流失。

（四）团队风险

提摩在他所著的《开创新企业》一书中提出了一个创业管理模式，他认为创业活动，必须将机会、创业团队、资源三者做出最适当的搭配，并且这是一个动态的过程，随着企业的发展而做出动态的平衡。创业流程由机会启动，在取得必要的资源后，组成创业团队是十分重要的。创业前期，创业团队的成员大都是朋友或亲戚，但是经过一个阶段时间的合作之后，各种矛盾就会显现出来，制约企业的发展。这时创业团队都要经过一个痛苦的“洗牌”过程。创业团队的风险主要来源于以下几个方面。

1. 结构松散

企业管理团队必须在专业领域、技能、经验等方面保持一个合理的平衡关系，并且其结构要与企业发展不同阶段的主要任务动态适应。而初创阶段的企业，其人力资源结构显然无法达到这种要求，难以满足企业经营管理的专业化要求，使企业经营暗藏巨大风险。

2. 纪律松懈

在创业企业的团队创建过程中，有一个比较普遍的现象是，过于追求团队的亲和力与人情味，团队成员之间不论分工皆兄弟相称。而相对严明的团队规范和纪律将会阻碍团结。这种情结直接导致了管理制度的不完善，或者虽然制定了相应的制度，但执行不力，形同虚设。过于松散的气氛常常使得管理软弱无力。

3. 效率低下

许多创业者一旦取得初步成功，创业成员内部就为各自的利益开始争斗，导致财产、市场、技术、人才分割，最终使企业垮掉。管理团队的合作必须以明确的责、权界定为基础，有的创业团队主要由同学、亲戚组成，产权关系不清晰，角色模糊，责任、权力不明确，缺乏有效的激励约束和监督机制，使得合作协同困难重重。常常会为职位安排、报酬分配而产生矛盾，影响企业形象和运行效率。

二、创业过程中面临风险

创业过程与创业前期和创业后期很难截然区分。因此，创业前期和创业后期企业面临的各类风险在创业过程中也相应存在。在创业过程中，风险主要来自两个方面，一是市场，二是资金。

（一）市场风险

这里的市场风险是新创企业从事经营活动所面临亏损的可能性和赢利的不确定性。主要表现为：市场接受能力的不确定性，市场接受时间的不确定性，竞争激烈程度的不确定性等。无论是处于分散风险的考虑，还是发现市场机会的趋利性使然，多元化曾经一度成为企业发展的一个趋势和潮流，但对于很多企业来讲，尤其是新创企业目前最大的市场风险来自多元化的经营。虽然俗话说“不要把鸡蛋都放在一个篮子里”，但对新创企业来讲，有时候把鸡蛋都放在一个篮子里，集中精力看管好这个篮子不失为一个聪明的选择。

1. 市场进入与进入风险

市场进入是指企业根据自身的发展战略而决定进入一个企业尚未涉足的新领域或新产业领域的行为或过程。市场进入是一项充满风险的挑战性事业，在市场进入中，各种因素的复杂性、变动性的影响，往往使企业进入的实际结果与预期发生背离，导致利益损失。市场风险主要可以从以下几个方面进行分析。一是市场进入收益与进入成本。进入成本主要是企业在退出时无法收回的费用，一般称为沉没成本，包括处置专用性资产、设备所造成的损失，无形资产的损失以及取得政府许可的费用。这些在企业退出市场以前是无法预期和弥补的，也是企业在整个生命周期内所无法收回的。沉没成本越大，意味着企业进入市场的机会成本越高。二是市场进入的定位。从整体而言，市场是一个巨大的系统，它是由众多提供各种产品的子市场系统和区域市场系统构成的。因此，任何一个企业都没有能力进入所有的市场，既无法为所有的客户服务，只能根据自己的优势和特长，进入某一细分市场，在其目标市场上确定自己的竞争优势。企业进行进入区位（包括产业区位和地理区位）选择时，既要考虑竞争者，又要考虑消费者，做到消费者导向和竞争者导向有机结合。

2. 市场营销风险

市场营销风险一般分为以下几类。一是消费者风险。产品的接受程度，直接决定新创企业的生存和发展。消费者的购买行为受到如下因素影响：消费者可以用其他产品或技术来满足自身的需要；信息不对称导致消费者对创新产品的认知存在障碍；消费者不愿投入太多使用成本；存在对新产品的缺陷和副作用的恐惧心理及预防心理。二是竞争者风险。企业在市场上面对的竞争者有两类，一类是受到威胁的行业中的中低技术者，另一类是行业中的其他同类企业。低技术企业可以大幅降低销售价格提高产品的性价比，并通过成熟的销售渠道提供全方位的服务。行业中的其他同类企业也会竞相推出新的产品以避免老产品被淘汰带来的损失，价格竞争也就更可能发生。三是政策法规风险。很多国家对新技术产品的检查和管制日益加强，技术输入与输出也受到强制性和规范化控制。

市场营销风险产生的原因可归纳为以下几方面。一是企业的营销实力不足。降低市场风险首先要靠一个过硬的营销队伍，尤其是新创企业要求营销人员不仅仅是营销专家，还应是技术内行，因为他们不仅要销售产品，还要负责技术推广并正确地反馈市场信息。二是进入市场的时机选择不当。何时进入市场、以什么样的方式进入市场对市场竞争力的影响很大，若进入过晚，则很难挤占现有市场，取得好的销售业绩。三是过分依赖价格策略。价格策略严重脱离定位策略，不能反映产品和品牌定位。由此引发价格大战，竞争双方两败俱伤。四是市场不规范。由于我国目前市场体系不完善，法规不健全，一些企业可能采用恶性竞争手段排挤对手，使得原本激烈的竞争更加无序。

规避市场风险的基本策略有以下几种。一是树立以市场为导向的整合营销理念。在产品规划、价格制定、销售渠道选择上以市场为导向，从客户的需求出发。二是加强营销队伍的建设，产品的技术含量高要求营销人员既要掌握营销技能又要掌握技术知识，注意招聘和选拔符合条件的人员充实到营销队伍中，同时加强现有人员的培训。三是制定合理的价格策略。在确定价格时，降价不是向顾客表明优质产品的最好方式。尤其对于技术含量比较高的产品，顾客对产品质量的要求使得企业不能采用牺牲品质降低价格的策略，加之市场的不完全竞争性，企业更应积极主动控制价格。

（二）资金风险

资金风险是指因资金不能适时供应导致创业失败的可能性。创业资金有两个特点：一是资金需求的规模大，而此时的收入却没有或很少；二是融资渠道少。对新创企业来讲，资金缺乏是普遍的问题。资金作为企业的生命线，直接关系到企业的生存。

1. 筹资风险

筹资风险是由于筹资效益带来的不确定性给出资人带来的损失或不确定性。筹资风险是企业风险管理的首要环节和重要内容。企业筹集借入资金给财务带来的风险主要在两个方面，一是指负债筹资导致企业所有者权益下降的风险；二是指负债筹资可能导致企业财务困难甚至破产的风险。筹资风险产生的原因主要是举债规模过大、举债方式和负债结构不尽合理以及制度环境的变化。筹资风险的防范策略主要有如下两点。一是确定适度的负债数额，保持合理的负债比率。财务风险是一种客观存在的，只要企业对外欠债就会有财务风险，适当的对外负债有利于企业发展，所以应该有选择地使用。二是根据企业实际情况，制订负债财务计划。

2. 投资风险

投资风险是指投资项目不能达到预期收益，从而影响创业企业赢利水平和资金回收的风险。主要表现在：急于求成，盲目扩张而不考虑实际和步骤；低估项目投资，将大量资金投入土地、建筑物、生产设备等无形资产和固定资产。对投资风险的防范策略如下。一是择优投放建设项目，将有限的资金用在高效产品上。如果企业没有一种产品能形成规模经济效益，力量分散，将使企业缺乏自我改造和发展的能力。二是在项目选择上尽可能选择技术成熟，短平快的项目。创业企业经不起太长时间的入不敷出。技术不成熟，就会给市场开拓造成困难，项目的销售周期太长，有限的资金很可能在项目成功之前就消耗殆尽。三是优化资金配置。降低固定资产、无形资产等在资产总额中的比重，因为固定资产、无形资产流动性较差。四是在立足主业的基础上适当进行多元化经营以分散风险。但多元化经营有一个度的问题，就是一定要和企业的实际情况相适应，否则就会给企业带来更大的资金风险。

3. 现金流量风险

现金流量风险指企业在收益不错的情况下，由于实行权责发生制，不错的收益并不等于有足够的现金，一旦资金链断裂，就会把企业带入困境。其产生的主要原因有：片面重视利润和销售的增长，忽视手头可以使用的资金；原料库存占用流动资金过多；销售额、投资金额和费用，无论在数量还是时间的进度上都会偏离预期。防范现金流量风险的主要策略如下。一是改善企业经营活动，开源节流，增收增效。企业经营活动的净现金流等于经营活动的现金流入减去付现的全部成本费用，所以，需要企业在销售货款的增加以及付现成本费用的降低上下功夫。二是加快资金周转，让有限的流动资金创造出更大的收益，比如加快应收账款的回收。三是密切关注现金流量指标。权责发生制在确认、计量和记录企业的资产、负债、收入、费用时采用了一系列应计、分配和摊销的方法，难免带来人为的主观因素，而相对客观的现金流量成为衡量企业经营业绩和财务状况的一个日益重要的指标。

三、创业后期面临风险

新创企业在经历了创业前期和创业过程之后，有的发展得比较顺利，进入了再融资、扩大规模的发展阶段。在创业后期，分析企业面临的风险就要站在比较宏观和系统化的立场上进行考量，因为此时的新创企业无论在生产、财务、管理、营销、人力等方面都比较正规和稳定，企业面临的某些不确定性和盲目性经过创业初期的摸爬滚打之后相对减少；企业面临的某些外部不确定性和风险经历了市场残酷的竞争选择之后相对缓解。综合影响新创企业成败的文献资料，可以将创业后期的风险影响因素分为五大类，即环境因素、技术及产品因素、市场因素、管理能力因素和融资因素。各类风险因素相互作用、相互影响。

（一）环境因素

环境因素是指属于外部环境的风险因素。

1. 经济形势

宏观经济环境是新创企业风险环境要素中最根本的组成要素，国家或地区的经济体制、经济结构、经济发展水平的情况，直接限定了新创企业发展的方向、方式、规模和结构，进而影响到企业的发展。

2. 竞争对手

包括潜在的竞争对手和显现的竞争对手。竞争对手的数量和竞争力的大小也是影响新创企业成败的重要影响因素。新创企业不仅面临国内同行的竞争，而且也面临着来自进口产品的威胁，创业者应该了解国际市场的信息变化情况，追踪同类产品的技术发展趋势，熟悉了解进口产品在国内的市场竞争地位，将进口产品的影响作用降到最低。

3. 消费需求

新创企业面对的是一个全新的市场，产品能否适应市场要求，关键在于是否了解消费者的需求变化、产品是否能满足消费者的消费诉求。对消费需求有三点理解。一是只有生产出受消费者欢迎的产品才是富有竞争力的企业。二是消费者已养成喜好于某种已有品牌的习惯或者已熟悉原有某一品牌产品的操作技能而不愿意使用哪怕是技术与效率更高的其他新产品等，这就是消费者对原有产品的一种依赖性。消费者对竞争产品的依赖性程度的大小，直接影响到新创企业产品的市场销售前景和产品的市场占有率。三是消费者对新产品在节能性、使用方便性、安全性等方面的了解和熟悉的情况以及对新产品的某些特定的要求，这一因素决定着用户对新产品的可能接纳程度，接纳的程度越高，产品的销路就会越好。

4. 产业环境

新创企业置身比较复杂的外部产业环境，对之认识越全面、分析越透彻，所面临的风险就会相对减少。产业环境大致包含以下内容。一是产业集中的程度。产业集中的程度越高，市场竞争就越激烈，实现创业企业预期经营目标的难度就越大，风险就越高。二是原材料及零部件的供应。原材料和零部件价格的波动、供给不足会影响创新产品的成本和价格，使创业时的预期设想发生变化，从而增加了新产品生产的不确定性。三是专业性中介服务结构。

专业性服务机构是新创企业发展的外部支撑条件，健全完善的专业服务机构是创业企业顺利成长必不可少的条件之一。

（二）管理因素

新创企业的管理十分复杂，拥有一支高素质的管理团队则是评判新创企业是否具有发展潜力的前提和基础。

1. 创业者素质

一是创业者应该具有支撑其持续奋斗的进取心，具备领导能力与战略眼光，了解目标市场，忠诚正直，团结协作，开拓创新。二是创业者是否有行业从业经验是一个重要因素。行业从业经验可以帮助创业者熟悉行业规范，了解行业的技术标准和操作模式，快速建立盈利模式，具有行业从业经验的创业者成功的可能性更大。三是创业者对行业的熟悉程度。创业者对行业越熟悉，就越能洞悉行业的发展变化趋势，避免行业的变动带来的技术和市场风险，也有利于把握行业先机，赢得市场竞争优势。

2. 团队结构

首先，创业企业管理团队的人员结构必须合理，应该包括技术开发、企业管理、财务运作及市场营销等各种专业特长且具有丰富经验的人士。其次，创业企业内部的产权关系必须明晰，否则，待创业企业发展壮大以后就会引发核心人员之间的财产之争，进而导致核心团队的瓦解，管理风险增加。

3. 资源整合

新创企业成长的过程就是创业者组合创业资源，形成产品（或服务）并创造价值的过程。创业者或创业团队能否具有将其拥有的创业资源加以有效的整合并形成企业的核心竞争优势的能力，直接关系到创业企业的生存和发展。

4. 财务管理

财务管理能力体现了企业的资金运作水平，直接影响企业目标的实现，也反映了创业投资对其投入资本的关注。

5. 市场营销

市场是新创企业生存与发展的基础，营销能力反映了企业针对目标市场推广其产品或服务的实力。

（三）技术与产品因素

拥有创新技术，开发出功能独特的产品无疑将增强企业的竞争力。

1. 技术优势

一是技术创新能力，反映了产品在相关产业的竞争力。新技术是创造市场、使创新企业获取超额利润的决定性因素。技术创新内容主要包括设备与工具、生产工艺、能源与原材料等方面的创新。二是技术的独占性，是获取技术垄断进而形成市场进入壁垒的前提，增加技术的独占性，减少技术溢出效应可能带来的竞争对手，是新创企业保持竞争优势，赢得市场主导地位的有效途径。

2. 知识产权

具有独立知识产权的技术有高度的专属性与排他性，对创业企业的发展起着重要的保护作用。

3. 产品研发

高技术的市场垄断性和高附加值使得产品的更新换代速度加快，拥有新产品的持续开发能力是创业企业维持竞争优势的重要保证。一般新创企业的技术更新速度，应比社会或同行业同一种技术的更新速度快才有竞争力。

（四）市场因素

新创企业能否发展壮大直至实现创业者的奋斗目标，取决于市场对企业的认可。

1. 潜在市场

产品或服务市场应有一定的规模，而且能迅速地成长。潜在的市场规模决定了企业潜在的获利能力。一个高速增长的市场提供企业扩张的空间，决定了企业的长期发展，使得创业投资公司采取长期投资而可能获得高额回报。

2. 市场拓展

市场拓展一是指开拓新的市场，主要包括地域市场开拓和客户群体市场开拓两方面。产品或服务不是被动地走在市场的后面，而要能开拓出一个新的市场，以此来引导消费，控制潮流。新创企业的市场拓展人员越多，素质越好，市场开拓能力就越强。二是指市场营销网络，包括批发商、代理商、零售商等，是产品进入市场的主要渠道。健全的营销网络有利于产品快速进入市场，实现产品的市场化。

3. 竞争优势

包括主要竞争对手产品、市场进入壁垒、替代产品的威胁等情况。

（五）融资因素

资金短缺是制约新创企业发展壮大的瓶颈要素，其关键在于是否具有良好的融资环境。

1. 银行贷款

银行贷款是创业企业的主要资金来源之一，能否获得银行的贷款将对高科技创业企业的发展起到十分重要的作用。

2. 风险投资

风险投资是新创企业的“助推剂”。风险投资家不仅提供风险投资，而且还会提供决策咨询、企业管理、市场运作等方面的服务，风险投资的存在会给新创企业插上腾飞的翅膀。

3. 政策扶持

如果新创企业能够获得国家和地方政策资金的支持，无疑对于缓解企业的资金压力，促进企业发展具有较大的影响作用。

从上述罗列的新创企业面临的五大类、十八个方面的风险影响因素，结合一些学者的研究成果，可以得出影响创业企业成败的关键风险因素主要有以下几个：一是创业者素质；二是技术优势；三是市场拓展；四是团队结构；五是产品研发。从这五个关键性要素的分布来看，影响创业企业成功的因素可以归结为：管理因素、技术及产品因素和市场因素三大类。

第三节　常见创业风险的防范措施

一、创业环境风险

创业环境风险主要来源于目标行业的进入壁垒，进入壁垒是新进入企业与在位企业竞争过程中所面临的不利因素。创业之前要先对创业环境进行仔细分析，首先是金融工具、政策方面支持，如所在城市是否有对大学生创业提供金融支持的会计事务所或者有无税收优惠政策以及对提高大学生创业知识的培训与教育，如果从事制造方面的还应该留意政府采购项目和科研成果转移，然后对目标市场的开放程度和进入难度进行考察，初步把握市场竞争的情况。其次还要大概了解当地的基础设施，如土地、交通、网络、法律服务机构的分布和使用情况。最后要确保所创的企业符合当地的社会文化和经济发展趋势。

二、关键员工离职的风险

企业的关键员工拥有专门技术并掌握核心业务，对企业的经营与发展会产生深远影响。他们一般占据企业总人数的20%~30%，但集中了企业80%~90%的技术和管理，创造了企业80%以上的财富和利润，是企业的骨干。这些员工的离职会使企业的有形和无形资产都遭受损失，削弱企业的核心竞争力。另外，企业需要追加招聘和培训成本，否则影响企业的正常运转和发展的连续性。创业对关键员工离职风险的防范从以下几个方面着手。

（1）定时或不定时地了解员工的情况（待遇、工作成就感、自我发展、人际关系、公平感、地位、生活、对企业的信心、对企业战略的认同感等）；

（2）用培训和开发来激发员工，因为对于高素质的关键员工而言，这比提高薪水更有意义；

（3）契约约束，如签订“竞业禁止”协定，要求员工在离职后一段时间内不得从事与本企业有竞争关系的工作，并要为企业保守商业、技术机密。

三、市场营销风险

市场营销风险是指企业制订并实施的营销计划与其营销环境的不协调，从而使营销策略无法顺利实施，导致目标市场缩小，无法实现赢利的可能性。创业者一方面可以建立市场监测及策略调整机制，也就是在企业运营过程中，定期分析市场，保持对关键市场信号的敏感度，结合试销阶段，调整前期制定的营销策略。另一方面可以借助行业中强势企业的力量，借船出海，有效规避市场风险。

四、管理风险

创业管理风险是指在创业管理运作过程中因信息不对称、管理不善、判断失误等影响管理的水平，而导致创业失败的风险。创业者要加强学习，培养企业家的精神，锻炼自我的诚信力、决策力、管理力、创新力、社交力、理财力，掌握科学的管理理念和方法，并运用到创业团队的管理中去。

五、财务风险

财务风险是指公司财务结构不合理、融资不当使公司可能丧失偿债能力而导致投资者预期收益下降的风险。企业财务风险产生的原因很多，既有企业外部的原因，也有企业自身的原因，而且不同的财务风险形成的具体原因也不尽相同。创业财务风险防范措施有以下几点。

（1）建立一套完整的风险预警机制和财务信息网络。

（2）保持自有资金和借入资金的比例和适当的负债结构（长短结合，避免还款期过于集中或处于销售淡季）。当投资利润率高于利息率时，企业扩大负债，适当提高借入资金与自有资金之间的比率，就会增加企业权益资本收益率；反之，投资利率低于利息率时，企业负债越多，企业权益资本收益率也就越低，严重时企业会发生亏损甚至破产。

（3）制订还款计划，谨慎负债。利用举债加速企业发展的同时，必须加强企业管理，加速资金周转，努力降低资金占用额，尽力缩短生产周期，提高产销率，降低收账款项，保证企业信誉。

第四节　创业政策和法规

一、大学生创业的相关政策

从2002年开始，上至中央下至各级地方政府，纷纷出台各项扶持政策，涉及融资、开业、税收、创业培训、创业指导等诸多方面，支持鼓励大学生创业。随着《中华人民共和国中小企业促进法》的进一步贯彻落实，国家在法律政策中提出的对中小企业提供资金支持、创业扶持、技术创新、市场开拓、社会服务等方面的规定，主管部门都正在抓紧实施。可以说，一个关注、培育、扶持中小企业发展和鼓励创业的社会环境与政策环境正在初步形成，突出体现在多种形式的扶持政策等方面。对打算创业的大学生来说，优惠政策就好比是创业的助推器，能降低创业成本，提高创业的成功率，了解这些政策，才能走好创业的第一步。这些政策主要包括如下几个方面。

（一）与大学生创业有关的优惠政策

1. 行政事业性收费减免

大学生从事个体经营，可以免交工商登记费等行政事业性费用。2007年4月22日国务院办公厅发出《关于切实做好2007年普通高等学校毕业生就业工作的通知》（国办发〔2007〕26号），指出“对从事个体经营的高校毕业生，除国家限制的行业外，自工商行政管理部门登记注册之日起3年内免交登记类、管理类和证照类的各项行政事业性收费”。

免交的收费项目具体包括以下几个。

（1）工商部门收取的个体工商户注册登记费（包括开业登记、变更登记、补换营业执照及营业执照副本）、个体工商户管理费、集贸市场管理费、经济合同鉴证费、经济合同示范文本工本费；

（2）税务部门收取的税务登记证工本费；

（3）卫生部门收取的行政执法卫生监测费、卫生质量检验费、预防性体检费、卫生许可证工本费；

（4）民政部门收取的民办非企业单位登记费（含证书费）；

（5）劳动保障部门收取的劳动合同鉴证费、职业资格证书工本费；

（6）国务院以及财政部、国家发展改革委员会批准设立的涉及个体经营的其他登记类、证照类和管理类收费项目；

（7）各省、自治区、直辖市人民政府及其财政、价格主管部门按照管理权限批准设立的涉及个体经营的登记类、证照类和管理类收费项目。

2. 提供政策性贷款支持

支持创业大学生申请小额担保贷款，贷款利息可获财政贴息。

为解决大学生创业的筹资难问题，2003年的国办发〔2003〕49号“通知”中要求“有条件的地区由地方政府确定，在现有渠道中为高校毕业生提供创业小额贷款和担保”。而国办发〔2007〕26号“通知”则进一步明确了贷款贴息政策，指出“对自主创业且符合条件的毕业生，在其自筹经费不足时，可向当地经办银行申请小额担保贷款，对从事微利项目的，贷款利息由财政承担50%”。各地的政策各有特色，如武汉市人事局发布《关于鼓励和支持各类人才在全民创业中发挥主导作用的若干意见》（武人〔2008〕41号），武汉市大中专毕业生创办企业可享受最高100万元贴息贷款。天津市对初次创业的高校毕业生给予2万~5万元的小额贷款支持；对创业成功后，还款及时、信誉度高、经营好的创业者，还将提高贷款额度，延长还款期限，给予年度10万元的循环贷款支持。

3. 提供创业培训等创业服务

提供创业服务一般包括创业培训、创业项目推介、创业政策咨询、专家评析、创业孵化、融资服务、开业指导和后续服务等创业服务。创业培训形式很多，目前不少地方开始建立创业见习（实训）基地，实行创业见习（实训）补贴政策。

4. 落户政策

符合条件的创业大学生可以在创业当地落户。如杭州市规定，“在杭州市区自主创业的普通高校应届毕业生，可凭毕业证书、户口迁移证、同意落户证明、工商登记的营业执照和税务登记证明到落户地公安派出所申请办理落户手续”。武汉市则明确“对来我市领办、创办企业的普通高校本科及以上学历的毕业生不受限制，大专学历毕业生在毕业两年内，办理毕业生就业落户等相关手续”。

5. 资助政策

如北京市教育委员会发布《关于实施北京市大学生科学研究与创业行动计划的通知》

（京教高〔2008〕6号），决定正式启动大学生科学研究与创业行动计划，创业大学生最高可获得政府1万元的资助；苏州市出台《苏州市区创业补贴实施办法》（苏劳社就〔2008〕27号），对“经创业培训初次创业大学生”等10类困难人群，给予一次性创业补贴2 000元；杭州市则出台了《杭州市高校毕业生创业资助资金实施办法（试行）》（杭人才〔2007〕370号、杭财教〔2007〕799号）。

6. 税收优惠

大学生创业时可以根据现有税收优惠政策，享受减免。例如，按照《企业所得税法》《企业所得税法实施条例》及其相关优惠政策规定，小型微利企业减按20%的税率缴纳企业所得税；国家需要重点扶持的高新技术企业，减按15%的税率缴纳企业所得税；软件生产企业实行增值税即征即退政策，所退还的税款由企业用于研究开发软件产品和扩大再生产，不予征收企业所得税；境内新办软件生产企业经认定后，自获利年度起，享受企业所得税二免三减半优惠等。

有些地方为鼓励大学生创业，允许大学生参照下岗失业人员享受再就业的有关税收优惠政策。鉴于扶持性政策各地各有不同，具体可以咨询当地人事、税务、工商等政府部门。

以上优惠政策是国家针对所有自主创业的大学生所制定的，各地政府为了扶持当地大学生创业，也出台了相关的政策法规，而且更加细化，更贴近实际。了解这些优惠政策，会让大学生感受到国家和政府的支持力度，更加坚定创业的决心。

（二）云南省创业相关扶持政策

2009年，云南省出台了《云南省人民政府关于鼓励创业促进就业的若干意见》，指出各级政府和有关部门要从以人为本、执政为民、构建社会主义和谐社会的高度，把做好就业创业工作作为当前和今后一段时期各级政府保障和改善民生的首要任务，要加大政策扶持力度，鼓励创业，促进就业。

1. 放宽市场准入限制

（1）申请个体工商业、创办合伙企业或独资企业登记，一律不受出资额限制。申办营业执照工商部门在1个工作日内办结。

（2）创业人员从事个体经营给予免费办理有关证照，首次创业人员，3年内免收管理类、登记类和证照类等有关行政事业性收费。

（3）允许创业人员将家庭住所、租借房、临时商业用房等作为创业经营场所。其经营活动应符合国家法律法规和政策规定。

2. 财政扶持

（1）省财政2009年继续安排2亿元资金，用于扶持中小企业发展，鼓励中小企业吸纳就业。

（2）省财政每年安排1亿元创业资金，重点用于支持有创业能力的大学毕业生、农民工、复转军人、留学回国人员等自主创业。

3. 金融支持

（1）省内金融机构2009年用于支持中小企业发展的新增贷款不低于500亿元。

（2）创业人员申请小额担保贷款额度每人最高放宽到5万元；当年新招用我省失业人员达到企业在职职工总数30%（超过100人的企业达15%）以上，并与其签订1年以上劳动合同期限的劳动密集型小企业，参照每人不超过5万元的额度，贷款最高可达200万元。

（3）各级财政对以上小额担保贷款给予贴息。

4. 培训和创业补贴

（1）凡参加经劳动保障部门认可的创业培训，当地劳动保障部门按每人不超过1300元的标准给予创业培训补贴。

（2）从事个体经营的首次创业人员，省级劳动保障部门给予一次性创业补贴，即带动我省3~5人（含5人）就业的，给予1000元的一次性创业补贴；带动我省6人以上就业的，给予2000元的一次性创业补贴。其中，对首次创业的大学生，再增加一次性创业补贴1000元。

5. 社会保障优惠

（1）首次创业从事个体经营人员，可按上年度统筹地区职工月平均工资的60%为基数，缴纳城镇职工基本医疗保险费；参加工伤保险的，可按用工人数、经营面积或工程总造价等情况实行实名制定额缴费。

（2）享受城市居民最低生活保障人员自主创业，前2年继续保留享受城市居民最低生活保障待遇。

之后，云南省政府又先后出台了《云南省鼓励创业“贷免扶补”实施办法（暂行）》，云南省人力资源和社会保障厅、云南省财政厅、云南省地方税务局、云南省工商行政管理局通过《关于贯彻落实云南省人民政府鼓励创业促进就业若干意见有关问题的通知》进一步落实和推动劳动者积极创业。

二、大学生创业的相关法律法规

在中国经济快速增长的过程中，人们都在关注如何创造财富，很多人已经加入或即将加入创业的行列。但一组统计数据表明：欧美企业的平均寿命是40年，日本企业30年，中国企业7.3年，中国民营企业2.9年，中国每年约有100万家民营企业倒闭。

另外一组统计数据也能说明一些问题：美国企业支出的法律风险防范费用平均占企业总收入的1%，中国企业为0.02%。我国有的企业家有时一日消费数万元，却觉得支出有限的费用聘请一个法律顾问极不划算。许多企业家只有在“打官司”时才会想到法律，缺少对法律风险的充分认识，漠视法律和法律风险，甚至认为顾及法律规定就会束缚手脚，影响企业发展。国外的投资公司来华后的第一件事就是找律师了解一下项目相关的政策、法律规定；而后让律师对欲合作的公司进行详尽调查，了解合作公司的信用、财务状况，将法律风险降到最低。而我们中国的许多企业家，大部分都是在公司出现纠纷以后，才想到了律师，殊不知，当纠纷出现时再找律师，那只能是“亡羊补牢”，此时的律师只能做些补救措施，而此时企业付出的代价却是极其昂贵的！

法律风险是企业面临的最大风险，商业风险在很大程度上就是法律风险，或者最终以法律风险的形式体现。因此，商业活动必须依靠法律的规范，企业寻求利益最大化的前提是合法，即使犯罪能够带来丰厚的回报，理性的人也不会选择这种方式去寻求经济利益。轻视法律风险产生的后果，往往是企业和企业家，特别是刚起步的创业者“不能承受之重”。

（一）与创业有关的法律法规

作为创业者，你必须了解以下与创业密切相关的我国的法律规定。

1. 规定企业如何设立、组织、解散的法律

这方面的法律法规主要有《公司法》《合伙企业法》《个人独资企业法》《公司登记管理条例》《企业破产法》等。我们在设立企业之前，就必须了解这些法律法规的有关规定，包括设立企业要符合哪些条件、企业的组织机构应如何设置、企业的规章制度应如何制定等。

2. 规范企业劳动关系的法律

这方面的法律法规主要有《劳动法》《劳动合同法》《就业促进法》《社会保险费征缴暂行条例》《社会保险登记管理暂行办法》《工伤保险条例》《最低工资规定》等。我们常说，21 世纪最缺的是人才，每个企业都必须要用人，而要处理好企业与劳动者之间的关系，使得劳动者充分发挥其积极性为企业创造效益，就必须严格按照这些法律法规的规定办理。

3. 规范企业市场交易活动的法律

这方面的法律法规主要有《合同法》《担保法》《产品质量法》《反不正当竞争法》《反垄断法》《广告法》《消费者权益保护法》等。这部分法律法规主要解决的是合法经营、公平交易问题。

4. 规范国家宏观调控行为的法律

这方面的法律法规主要有《环境保护法》《对外贸易法》、税法、金融法、投资法等。在这里，政府是管理者，企业是被管理的对象，但是企业如果对政府行为有异议的，也可以通过行政复议、行政诉讼等途径讨一个说法。

5. 与创业纠纷解决相关法律

这方面的法律法规主要有《民事诉讼法》《行政诉讼法》《仲裁法》《劳动争议调解仲裁法》等。

6. 与企业知识产权相关的法律及与特定行业管理相关的条例和许可证制度

这方面的法律法规主要有知识产权、专利权、商标权、著作权等。

（二）知识产权法

知识产权的重要性毋庸置疑，对于今天的中国企业来说，怎么强调都不过分。知识产权对于高科技企业而言，是企业的核心竞争力，是企业的生命。对于其他企业也意义重大。保护知识产权至关重要。知识产权通常包括著作权、商标权和专利权，此外字号、域名、非专利技术、技术秘密、商业秘密、动植物新品种、集成电路布图设计等也已被纳入知识产权保护领域。企业应当在律师的帮助下设计知识产权保护的整体方案，根据不同知识产权的不同特征、不同的法律规定，从不同角度、不同层次综合保护知识产权，将知识产权保护落实到企业经营管理的各个环节。

1. 著作权

著作权包括发表权、署名权、修改权、保护作品完整权、复制权、发行权、出租权、展览权、表演权、放映权、广播权、信息网络传播权、摄制权、改编权、翻译权、汇编权以及应当由著作权人享有的其他权利等十七项权利。著作权的保护期限为作者有生之年加去世后 50 年。

在我国，受著作权法保护的作品包括以下列形式创作的文学、艺术和自然科学、社会科

学、工程技术等作品：①文字作品；②口述作品；③音乐、戏剧、曲艺、舞蹈、杂技艺术作品；④美术、建筑作品；⑤摄影作品；⑥电影作品和以类似摄制电影的方法创作的作品；⑦工程设计图、产品设计图、地图、示意图等图形作品和模型作品；⑧计算机软件；⑨法律、行政法规规定的其他作品。

不受著作权法保护的有：①法律、法规，国家机关的决议、决定、命令和其他具有立法、行政、司法性质的文件，及其官方正式译文；②时事新闻；③历法、通用数表、通用表格和公式；④依法禁止出版、传播的作品。

我国实行作品自动保护原则和自愿登记原则，即作品一旦产生，作者便享有版权，登记与否都受法律保护；自愿登记后可以起证据作用。国家版权局认定中国版权保护中心为软件登记机构，其他作品的登记机构为所在省级版权局。

2. 商标权

商标包括注册商标和未注册商标，目前我国只对人用药品和烟草制品实行强制注册，通常所讲商标均指注册商标。商标注册申请人，必须是依法成立的企业、事业单位、社会团体、个体工商户、个人合伙以及符合《商标法》第九条规定的外国人或者外国企业。

注册商标，包括商品商标、服务商标、集体商标和证明商标。文字、图形、字母、数字、三维标志和颜色组合，以及上述要素的组合，均可以作为商标申请注册。注册商标的有效期为十年，可以申请续展，每次续展注册的有效期也为十年。

侵犯注册商标专用权的行为包括：①未经商标注册人的许可，在同一种商品或者类似商品上使用与其注册商标相同或者近似的商标的；②销售侵犯注册商标专用权的商品的；③伪造、擅自制造他人注册商标标识或者销售伪造、擅自制造的注册商标标识的；④未经商标注册人同意，更换其注册商标并将该更换商标的商品又投入市场的；⑤给他人的注册商标专用权造成其他损害的。

3. 专利权

专利包括发明专利、实用新型专利和外观设计专利，授予专利权的发明和实用新型的条件，应当具备新颖性、创造性和实用性；授予专利权的外观设计，应当同申请日以前在国内外出版物上公开发表过或者国内公开使用过的外观设计不相同和不相近似，并不得与他人先取得的合法权利相冲突。

对下列各项，不授予专利权：①科学发现；②智力活动的规则和方法；③疾病的诊断和治疗方法；④动物和植物品种，但生产方法除外；⑤用原子核变换方法获得的物质。

发明专利权的期限为二十年，实用新型专利权和外观设计专利权的期限为十年，均自申请日起计算。

思考练习

1. 风险的主要特征是什么？
2. 风险评估的基本途径和方法有哪些？
3. 简述新创企业内在风险因素的特征和原则。
4. 简述创业过程中面临的风险。
5. 简述常见创业风险的措施。

参考文献

[1] 徐俊祥．大学生创业基础知能训练教程［M］.北京：现代教育出版社，2014.

[2] 杜葵，林思宁，刘云婷．大学生创业羊皮卷［M］.上海：华东师范大学出版社，2018.

[3] 黄妮妮，张翔，赵秋．大学生创新与创业基础［M］.北京：北京师范大学出版社，2020.

[4] 唐丽．大学生创新创业基础［M］.北京：化学工业出版社，2018.

[5] 陈奎庆，丁恒龙．大学生创新创业教程［M］.北京：科学出版社，2014.

[6] 卫晓怡，吴芹．大学生创新创业实践简明教程［M］.北京：首都经济贸易大学出版社，2016.

[7] 庄文韬．创新创业实用教程［M］.厦门：厦门大学出版社，2016.

[8] 陈永奎．大学生创新创业基础教程［M］.北京：经济管理出版社，2015.

[9] 冯丽霞，王若洪．创新与创业能力培养［M］.北京：清华大学出版社，2013.

[10] 彭怀祖．大学生创新创业教育教程［M］.北京：科学出版社，2011.

[11] 王妮娜，熊伟．大学生创新创业教育与实践［M］.北京：北京师范大学出版社，2016.

[12] 孙昀．大学生创新创业教育［M］.北京：高等教育出版社，2014.

[13] 王延荣．创新与创业管理［M］.北京：机械工业出版社，2015.

[14] 沈斐敏，徐国立．大学生创新与创业教程［M］.北京：高等教育出版社，2014.

[15] 袁光群，胡美琴．大学生创新与创业教育［M］.武汉：华中科技大学出版社，2016.

[16] 张溪，张富强．大学生创新创业教程［M］.北京：人民邮电出版社，2016.

[17] 孙德林，黄林，黄小萍．创业基础教程［M］.北京：高等教育出版社，2012.

[18] 杨乐克．大学生创新创业教程［M］.北京：中国时代经济出版社，2014.

[19] 董青春，董志霞．大学生创业基础［M］.北京：经济管理出版社，2017.

[20] 吴晓义．创业基础［M］.北京：中国人民大学出版社，2014.